세무사 1차 시험 대비

PUBLIC FINANCE

최종점검 재정학

최영한

머리말

저서라 말하기에 보잘 것 없는 작품입니다. 주로 세무사 1차 시험을 준비하는 학생을 대상으로 재정학을 가르치며 느낀 점은 학생들이 너무 편하게 넘어가려 하니 제대로 익히지 못한다는 사실입니다. 아마 2차 시험과목에 있어 주관식 또는 논술형 시험을 치러야 한다면 체계적으로 생각하고 이해하려 노력했을 것입니다. 하지만 1차 시험에 객관식, 그것도 일정 점수만 확보하면 되니 열심히 노력할 필요가 없었을 것으로 생각됩니다. 학생들도 느끼겠지만 대충대충 넘어가면 자신에게 남는 것이 많지 않음을 명심했으면 합니다.

재정학 공부를 위해 경제학원론 지식을 갖추어야 한다고 늘 이야기하지만 경제원론을 별도로 공부하는 학생을 찾기 어려웠습니다. 전체를 다 읽어보려면 힘드니 '소비자이론과 생산자이론만 읽으라' 해도 '소 귀에 경읽기'였습니다. 재정학 교과서를 가지고 강의하며 그때그때 필요한 것들을 가르치며 메모하게 하는데, 자신이 읽어보고 설명을 듣는 것과 그냥 처음부터 가르치는 사람의 음성에 의존하는 것은 차이가 많습니다. 경제원론에 바탕이 없는 상태에서 응용이론인 재정학을 세우려하니 자신의 것으로 만들기 어려운 것입니다.

시중에 훌륭한 재정학 교과서와 깔끔하게 잘 정리된 연습서가 많습니다. 교과서를 정독하고 연습서에서 문제를 풀고 어느 정도 눈에 익으면 자신의 지식이 된 것처럼 생각합니다. 물론 아무 준비 없을 때와 비교하면 상당한 진전임에 틀림없습니다. 하지만 바탕이 중요하다는 점을 계속 말씀드리고 싶습니다. 재정학의 경우 경제원론 교과서(소비자이론, 생산자이론)를 읽고 재정학 교과서를 꼼꼼하게 정독하고 연습서에 있는 문제를 풀며 익혀나가면 용이하게 고득점을 할 수 있습니다.

그런데 최종적으로 자신이 공부한 부분을 읽고 점검하는 과정이 있으면 좋다고 생각했습니다. 시중 학원에 보면 일일특강이라는 이름으로 강좌가 개설된 것도 보았습니다. 어떤 형태로든 마무리하는 과정이 필요하다고 생각했습니다. 따라서 시험을 앞둔 학생들이 주로 듣는 강의시간에 기출문제를 중심으로 복습하고 문제풀이를 하며 마지막으로 다듬는 형태로 진행하였습니다. 적지 않은 학생들이 호응을 했고 많은 도움이 되었다는 말도 들었습니다. 이에 용기를 내 간단하게 책으로 엮게 된 것입니다.

책의 진행순서는 여느 교과서와 마찬가지입니다. 그런데 특정 주제에 대해 간단히 언급하고 해당부분 기출문제를 배치했습니다. 이미 공부한 것을 빨리 읽고 문제를 확인하며 다듬는 과정입니다. 총 19개 장으로 나뉘었고 문제빈도가 높은 장도 있지만 그렇지 않은 장도 있습니다. 분량을 보아 몇 개 장을 하나로 합할까도 생각했는데 형식이 중요한 것은 아니니 그대로 두었습니다. 수록되어 정리된 기출문제는 2016년부터 2021년까지 5년간 문제입니다. 기출문제 활용은 무한정 가능하니 더 많이 수록할 수 있으나 빠르게 다듬어 나가는 과정이므로 5년이면 충분하다고 생각했습니다.

기출문제 중 문제의 의도를 잘 알 수 없는 것, 계산이 너무 복잡한 것은 몇 개 제외시켰습니다. 제가 부족하여 어렵게 느껴질지 모르겠으나 불필요하다고 생각되는 것 몇 개, 함께 담아두지 않았습니다. 내용서술에 꼭 필요한 그래프일지라도 설명과정에 단 하나의 그래프도 삽입하지 않았습니다. 짧든 길든 말로 표현하려 했습니다. 여러분의 머릿속에 간단한 그림표가 다 있을 것으로 생각하기 때문입니다. 문제해설도 마찬가지로 그림표나 수식의 구체적 전개는 생략하고 몇 군데 핵심만 짚어 설명을 이어갔습니다.

제목 그대로 시험을 앞두고 또는 이론서 공부를 마치고 스스로 '최종 점검'하는 과정이라 생각했습니다. 기본적인 내용을 잘 다듬고 교과서에 매달리시기 바랍니다. 교과서를 다 읽고 문제풀이에 시간을 할애하시기 바랍니다. 마지막으로 점검하실 때 이 책이 유익했으면 합니다. 어려운 상황, 제대로 판매할 곳도 마땅치 않은 사람의 책을 수락해준 이 은경 사장님께 감사드립니다. 책을 만들며 만난 출판사 직원분들의 따뜻한 눈길에 감사드립니다. 독자 여러분의 건승을 빌며 주변 모두에게 감사드리고 싶습니다.

2021년 8월   경기도 파주에서
저자 최영한

Contents

01 재정의 의의 6
1. 재정의 기능 6
2. 경제안정을 위한 총수요관리 6

02 후생경제학의 기초 10
1. 파레토효율성 10
2. 보상원칙 12
3. 시장실패, 불확실성의 해소방안 14
4. 후생경제학의 정리 16
5. 사회후생함수 17
6. 일반적 불가능성정리 20
7. 차선의 정리 22

03 정부경비 : 경비팽창과 예산 23
1. 경비팽창의 원인 23
2. 재정착각 25
3. 예산제도 25

04 공공재 27
1. 순수공공재 27
2. 비순수공공재 27
3. 클럽재 28
4. 린달의 자발적 협상모형 29
5. 사무엘슨의 최적공급모형 30
6. 수요표출메커니즘 32

05 공공선택이론 34
1. 최적다수결 34
2. 투표제도 : 과반수다수결과 중위투표자정리 35
3. 투표의 모순과 점수투표제 37
4. 관료모형 39
5. 애로우의 불가능성 정리 40

06 외부성 41
1. 외부성의 의미 및 종류 41
2. 긍정적 외부성과 보조금 43
3. 부정적 외부성과 피구세 44
4. 외부성 : 비용함수 47

5. 피구세 계산 48
6. 오염배출권제도 49
7. 코우즈 정리 50
8. 공유지의 비극 52
9. 외부성해결방안 53

07 비용편익분석 56
1. 이론적 근거 56
2. 공공투자의 타당성평가방법 57
3. 비용과 편익의 종류 61
4. 위험에 대한 대처 62
5. 환경정책과 편익의 측정 64

08 소득분배 및 재분배 65
1. 최적분배이론 : 공리주의 65
2. 현금보조 및 현물보조 66
3. 보조금과 초과부담 68
4. 정량현물보조 69
5. 저소득층을 위한 바우처 70
6. 로렌츠곡선 71
7. 분배상태 측정지표 72
8. 앳킨슨 지수 : 계산 예 75
9. 조세에 의한 소득재분배 76
10. 부의 소득세 78
11. 근로장려세제 80
12. 우리나라 소득재분배정책 82

09 조세이론의 기초 84
1. 목적세 84
2. 조세원칙 86
3. 경제적 능력의 평가기준 87
4. 수평적 공평과 수직적 공평 88
5. 누진성평가 89
6. 공평과세원칙 : 편익원칙 91
7. 공평과세원칙 : 능력원칙 93
8. 세율 : 한계세율/평균세율, 명목세율/실효세율 95

10 조세와 효율성 : 초과부담과 최적과세 98
1. 조세의 중립성과 초과부담 98
2. 초과부담의 결정요인 104
3. 초과부담과 비효율성 계수 107
4. 여가가 선택대상인 경우 109
5. 근로소득세의 초과부담 110
6. 최적상품과세 111
7. 최적소득과세 114

11 조세의 전가와 귀착 116
1. 조세전가와 귀착 116
2. 경쟁시장의 전가 118
3. 경쟁시장의 전가 : 계산 예 120
4. 독점시장의 전가 121
5. 독점시장의 전가 : 계산 예 123
6. 기타 불완전시장 전가 125
7. 생산요소과세 귀착 126
8. 일반균형귀착분석 127

12 개인소득세 129
1. 포괄적 소득 : 헤이그-사이먼즈의 소득정의 129
2. 소득공제와 세액공제 130
3. 과세단위선택 131
4. 선형소득세수함수의 이해 133
5. 누진성의 판단/해석 134
6. 인플레이션과 조세부담 137
7. 최적탈세모형 138
8. 근로소득세의 노동공급효과 140
9. 후방굴절노동공급곡선 143
10. 이자소득세의 효과 144
11. 인플레이션과 실질이자율 145
12. 위험자산보유에 미치는 영향 146

13 법인소득세 148
1. 법인세 : 과세대상과 세율 148
2. 법인세의 전가/귀착 149
3. 법인세와 소득세의 통합 149
4. 법인세와 기업투자 151
5. 기타 : 인플레이션 및 M-M정리 154

14 소비세 156
1. 개별물품세의 가격효과 156
2. 간이과세자 156
3. 우리나라 부가가치세 157

15 재산세 159
1. 보유과세 159
2. 조세의 자본화(조세환원) 159
3. 자산과세와 동결효과 161
4. 소득세와 자산과세의 조합
　　: 소득세 면세점 인상＋재산세 증세 162

16 사회보장제도 163
1. 사회보험제도 개요 163
2. 국민연금제도 : 경제적 효과 164
3. 우리나라 국민연금제도 167
4. 건강보험 : 도덕적 해이 169
5. 건강보험 : 요금제 170
6. 고용보험 : 경제적 효과 171

17 공공요금이론 173
1. 공기업의 의의 173
2. 규모수익체증과 공공요금 174
3. 공공요금 : 램지규칙 175
4. 공공요금 : 이부요금제도 176

18 국공채 178
1. 공채부담 : 학파별 논의 178
2. 공채발행의 효과 180
3. 정부지출승수 181

19 지방재정 183
1. 중앙정부와 지방정부 : 역할분담 183
2. 지방분권화 185
3. 끈끈이효과 187
4. 우리나라 보조금 188

01 재정의 의의

1. 재정의 기능

재정의 기능은 첫째 자원의 효율적 배분기능, 둘째, 소득의 공평한 분배기능, 셋째, 경제안정기능 등 세 가지이다. 자원의 효율적 배분을 위한 재정의 기능은 주로 시장실패 치유를 목적으로 정부가 개입하는 것을 생각하면 된다. 독과점의 폐해를 제거하기 위해 공정거래법을 제정 개입하는 것, 외부성문제를 치유하기 위해 오염방출기업에 대해 공해세를 부과하는 것, 효율적 규모의 공공재를 공급하기 위해 정부가 개입하는 것, 불확실성문제의 해결을 위한 정부개입 등이 여기에 해당된다.

소득의 공평한 분배노력은 정부지출측면과 조세측면 둘로 구분할 수 있다. 우선 정부지출 측면에서 가계소득규모가 최저생계비에 미달할 때 국민기초생활보장법에 근거, 기초생활수급자를 선정 매월 일정액을 지급하는 것이 대표적인 예이다. 저소득계층에 대한 현금보조인 셈이다. 현금보조 이외에도 현물보조 및 가격보조도 있는데, 현물보조는 정부가 특정 재화를 구입하여 의도된 서비스급여를 현물(現物)로 지급하는 것이다. 부식비 명목의 쌀이나 반찬제공, 교환권 지급, 경로우대 버스표지급 등이 여기에 해당된다. 조세정책을 통해 재분배는 소득세에서 초과누진세율의 적용, 상속과 증여 등 불로소득에 대한 중과세 등이 대표적이다.

경제안정을 위한 정부의 노력은 물가 및 실업문제 해결에 초점을 둔다. 인플레이션에 따른 불안정을 시정하고자 하며 실업증가에 따른 경제불안정 역시 중요한 개입대상이다. 최근에 물가상승보다 실업문제가 큰 현안이므로 주로 실업문제 해결을 위한 정부노력이 관심대상이다. 실업문제해결을 위해 정부는 정부지출과 통화량조절을 통한 총수요관리정책을 선택하며, 경기부양을 위해 적극적 정부지출증가정책을 선호한다. 정부지출증가는 승수효과를 통해 국민소득을 증가시키며 나아가 고용창출에 기여한다는 것이 케인즈의 입장이다. 경제안정을 위한 조치는 정부가 필요하다고 판단할 때 정부지출 증가정책을 사용하자는 재량적 재정정책과 재정구조 안에서 자동적으로 경제안정이 가능하다는 자동안정장치로 구분할 수 있다.

2. 경제안정을 위한 총수요관리

경제안정을 위한 정책수단으로 재량적 재정정책과 자동안정장치가 있다. 우선 재량적 재정정책은 정부가 지출증가가 필요하다고 판단되는 시점에 정부지출증가를 시행하는 것이다. 케인즈(Keynes)의 말에 따르면 정부지출증가는 승수배 만큼 국민소득증가를 가져와 실업률감소에 효과적이라는 지적이다. 그러나 재량적 지출증가정책은 필요할 때 정부가 능동적으로 대응할 수 있으나 정책효과가 발휘될 때까지 시차문제(time-lag)가 있다.

현재 실업률이 높아 불안정요인이라 판단되면 정부가 개입하여 정부지출증가를 시행할 수 있다. 그런데 실제 필요한 시기와 정책당국자가 필요성을 인식한 시기 사이에 차이가 있을 수 있다. 늘 적기에 판단하는 것은 아니기 때문인데 이같은 시차를 인식시차라 한다.

인식한 이후 바로 정부가 지출을 집행할 수 없는데 사전에 의회의 승인을 필요로 하기 때문이다. 의회에서 지출증가를 승인 받아 실행에 옮기기까지 시간이 필요하며 이런 시간을 실행시차라 한다.

정부지출증가를 실행에 옮겼는데 지출증가의 국민소득증가효과가 나타나는 시기가 언제일지 아무도 모른다. 정부지출증가 이후 소득증가효과로 나타날 때까지의 시간을 외부시차라 한다. 인식시차, 실행시차, 외부시차라는 상당한 시간을 결과한 뒤에야 재량적 정책의 효과를 기대할 수 있다는 것이다.

필요할 때 효과가 바로 나타나지 않고 일정 시간이 경과한 뒤에 효과가 나타나므로 정책의 유효성에 의문이 있는 것이며, 효과가 나타나는 시기조차 명확하지 않으므로 불확실성의 요인이 될 수 있다.

자동안정장치는 경제구조 내부의 자동적 조절로 정부가 재량적으로 개입하지 않아도 경제안정을 가능하게 만드는 제도적 장치를 의미한다. 자동안정장치의 예로 소득세의 초과누진율제도와 실업수당제도를 둘 수 있다. 경기가 상승하여 지나친 호황으로 접어들 때 유동성 과잉이 걱정된다. 그러나 초과누진 세율구조 때문에 소득증가 이후 소득증가율보다 조세부담증가율이 더 크므로 가처분소득 증가율은 소득증가율 보다 작아진다. 따라서 경기상승이 우려할 만한 과열로 나타나지 않을 것이다.

반대로 총수요 감소로 경기가 하강하면 실업률이 증가한다. 우리나라의 경우 고용보험이 제도화되어 있으므로 실업자가 많아지면 그들에게 일정기간 실업수당이 지급된다. 만약 고용보험이 없다면 실직은 곧 소득이 전무한 상황인데 실업수당 때문에 실직상태일지라도 일정기간 소득은 보장되는 셈이다. 따라서 경기하강 폭은 생각보다 크지 않다는 것이다.

정부가 재량적으로 간섭하지 않아도 초과누진세율구조 및 고용보험(실업수당지급)이 제도화되어 있으므로, 호황과 불황의 반복에도 불구하고 경기의 상하진폭이 자동적으로 조절되어 경제안정의 유지가 가능하다는 것이다.

01 2020

래퍼곡선(Laffer curve)에 관한 설명으로 옳은 것은?

① 세율을 높임에 따라 조세수입이 계속 증가한다는 것을 보여준다.
② 특정한 조세수입에 대하여 한 개의 세율만 존재한다.
③ 세율을 가로축에, 조세수입을 세로축에 두고 래퍼곡선을 그리면 단조증가하는 형태가 된다.
④ 세율이 적정 수준보다 높아지는 경우에는 조세 수입이 감소한다.
⑤ 조세의 효율성보다는 형평성과 관련된 논의이다.

✓ 공급중시경제학을 대표하는 것이 래퍼곡선이다. 경제안정을 위해 한계세율을 인하하자는 것이 이들의 주장인데 세율이 지나치게 높은 경우 오히려 조세수입이 감소할 수 있음에 근거를 둔다. 래퍼곡선은 세율증가에 따라 조세수입이 증가하는 모습으로 시작하지만 세율이 일정수준을 초과하면 세율인상이 오히려 조세수입 감소로 나타난다. 따라서 횡축에 세율, 종축에 조세수입을 두고 그림을 그리면 우상향 하다 정점을 지나면 우하향하는, 즉 종모양의 그림으로 그려진다. 한계세율인하의 근거는 각종 의욕증가, 즉 효율성에 있음은 물론이다. 🔖 ④

02 2019

경제안정을 위한 재정의 총수요관리에 관한 설명으로 옳지 않은 것은?

① 총수요관리를 위한 재정정책의 유형으로 자동안정장치(built-in stabilizer), 공식에 의한 신축성(formular flexibility), 재량적 재정정책(discretionary fiscal policy) 등이 있다.
② 자동안정장치의 대표적인 정책수단으로는 누진세제도와 실업보험제도 등이 있다.
③ 자동안정장치는 시차문제에서 재량적 재정정책에 비해 더 나은 정책수단이라 할 수 있다.
④ 재량적 재정정책은 자동안정장치에 비해 총수요관리에 보다 능동적으로 대처할 수 있다.
⑤ 자동안정장치는 불황기일 경우 재정긴축, 호황기일 경우 재정확장으로 작동된다.

✓ 재량적 재정정책은 수요관리에 있어 자동안정장치에 비해 적극적이며 능동적으로 대응할 수 있으나 시차문제가 있다. 자동안정장치란 재정구조 안에 누진세와 실업보험제도가 있어 불황기에 자동적으로 재정확장효과, 호황기에는 자동적으로 재정긴축효과를 가져온다. 🔖 ⑤

03 2018

세제개편 내용으로 자동화안정장치(built-in stabilizer)가 아닌 것은?

① 담배 소비세를 인상하였다.
② 소득세 최고세율 적용 과표구간을 확대하였다.
③ 저소득가구에 대한 근로장려금 지급을 확대하였다.
④ 법인세 최고 과표구간을 신설하여 세율을 인상하였다.
⑤ 소득세 최저세율 적용 과표구간을 축소하였다.

◎ 자동안정효과가 발생하려면 경기변화에 따라 조세수입이 탄력적으로 변화되어야 한다. 개인소득세나 법인소득세의 한계세율인상이 좋은 예이며 근로장려금 지급도 경기변화와 대응적인 효과를 기대할 수 있다. 하지만 담배소비세같은 소비세의 경우 조세수입의 소득탄력성이 작아 경기변화와 관련짓기 어려워 경기안정효과와 거리가 멀다.

目 ①

02 후생경제학의 기초

1. 파레토효율성

　파레토 효율적 상태란 현재 상태에서 다른 상태로 옮겨갈 때 파레토개선이 불가능한 상황이다. 한 사람의 효용증가를 위해 반드시 다른 한 사람의 효용감소가 필요한 상황을 의미한다. 파레토 효율성을 정의하려면 생산물시장과 생산요소시장 모두 완전경쟁이며 외부성이 없어야 한다는 전제가 필요하다. 두 개의 생산요소, 두 개의 상품 그리고 두 명의 소비자를 가정할 때 파레토 효율성조건은 다음과 같이 정의할 수 있다.

　첫째, 소비측면에서 파레토 효율성조건은 두 소비자가 두 재화를 소비할 때 한계대체율(MRS)이 일치하는 것이다. 한계대체율은 재화의 상대가격비율 또는 한계효용비율이므로 두 소비자의 한계대체율이 일치하지 않는다면 재화소비의 교환을 통해 효용증가가 가능하다는 의미이기 때문이다. 한계대체율이 일치하는, 즉 효율성조건을 충족하는 점들만 연결하여 계약곡선을 그릴 수 있고 소비자의 효용공간에서 효용가능곡선으로 변환할 수 있다.

　둘째, 생산의 파레토 효율성조건은 두 재화를 생산할 때 두 생산요소(노동과 자본)의 한계기술대체율($MRTS$)이 일치하는 것이다. 한계기술대체율은 두 생산요소의 상대가격비율 또는 두 생산요소의 한계생산비율이므로 $MRTS$가 일치하지 않는다면 생산요소의 교환을 통해 재화생산량의 증가가 가능한 것이기 때문이다. 한계기술대체율이 일치하는 상태만 연결하여 계약곡선을 그릴 수 있으며 재화생산량공간으로 옮겨 생산가능곡선을 도출할 수 있다.

　셋째, 소비와 생산이 동시에 효율적인 조건은 한계대체율(MRS)과 한계변환율(MRT)이 일치할 때이다. 한계대체율은 두 재화의 상대가격비율이며 한계변환율은 생산가능곡선의 기울기이며 두 재화생산의 한계비용비율이다. 따라서 MRS와 MRT의 일치란 시장가격과 한계비용의 일치를 의미한다. 완전경쟁시장에서 시장가격은 한계비용과 일치하며 파레토 효율적 배분이 가능하다.

　효용가능곡선, 생산가능곡선 그리고 효용가능경계(효용변경)는 파레토 효율성 조건을 충족하는 점의 집합이다. 효용가능곡선위의 많은 점(상태) 어디라도 효율적이며 생산가능곡선도 마찬가지이다. 따라서 효용가능곡선이나 생산가능곡선은 수많은 점(상태)의 집합이므로 파레토 효율적 상태란 무수히 많이 존재한다.

01 2021

효용가능경계(utility possibility frontier)에 관한 설명으로 옳은 것을 모두 고른 것은?

> ㄱ. 효용가능경계 상의 각 점에서는 소비의 파레토 효율성만 충족된다.
> ㄴ. 효용가능경계 상의 한 점은 생산가능곡선 상의 한 점과 대응관계에 있다.
> ㄷ. 효용가능경계 상의 일부 점에서만 $MRS = MRT$가 성립한다.
> ㄹ. 소비에 있어서 계약곡선을 효용공간으로 옮겨 놓은 효용가능곡선의 포락선(envelope curve)이다.
> ㅁ. 효율과 공평을 동시에 달성시키는 점들의 궤적이다.

① ㄱ, ㄴ ② ㄴ, ㄹ ③ ㄷ, ㅁ
④ ㄴ, ㄷ, ㄹ ⑤ ㄴ, ㄷ, ㄹ, ㅁ

✓ 생산가능곡선의 한 점을 정하면 소비배분의 효율성을 설명하는 효용가능곡선을 도출할 수 있다. 생산가능곡선의 다른 모든 점들로부터 동일한 과정을 반복할 수 있으므로 무수히 많은 효용가능곡선을 그릴 수 있다. 많은 효용가능곡선 중 가장 높은 효용을 주는 점들만 연결한 곡선(포락선)이 효용가능경계이다. 따라서 효용가능경계는 모든 점에서 소비의 효율성 및 생산의 효율성을 모두 포함하고 있다. 하지만 공평성은 별개의 문제이다. 답 ②

02 2016

파레토최적에 관한 설명으로 옳지 않은 것은?

① 생산자 간 생산요소 배분의 효율성은 모든 생산요소시장이 완전경쟁시장이면 달성된다.
② 소비자 간 재화 배분의 효율성은 모든 상품시장이 완전경쟁시장이면 달성된다.
③ 시장경제에서 생산자 및 소비자 모두가 완전경쟁상태에 있다면, 강단조성을 갖는 동시에 외부성 등이 존재하지 않는다는 조건 하에서 파레토효율이 이루어진다.
④ 파레토최적 배분상태는 효용가능경계곡선 상에서 하나만 나타난다.
⑤ 재화의 최적구성은 생산에 있어서 두 재화 간 한계변환율과 소비에 있어서 두 재화 간 한계대체율이 같을 때 이루어진다.

✓ 생산물과 생산요소시장이 모두 완전경쟁시장이며 외부성이 없다는 전제하에 파레토 효율적 배분이 이루어진다. 파레토 효율적인 상태는 효용가능경계에 나타나므로 효용가능경계곡선 위에 있는 모든 점은 파레토 효율적이다. 그리고 생산과 소비가 동시에 효율적이려면 MRS와 MRT가 일치해야 한다. 답 ④

2. 보상원칙

사회상태 변화를 기준으로 개선여부를 판단할 때 파레토기준(또는 파레토개선)과 보상원리가 주로 사용된다. 파레토 개선은 현재 상태에서 다른 상태로 변화할 때 '효용이 감소되는 사람 없이 최소한 한 사람의 효용이 증가'되면 사회적 개선으로 평가한다. 그런데 어떤 변화이든 손해 보는 사람은 하나 없으면서 이득을 보는 사람만 있다는 것은 매우 비현실적이다. 따라서 보상원리(칼도어 기준)를 이용해 판단하는 것이 보편적이다.

칼도어(Kaldor)기준이란 어떤 변화로부터 이득을 얻는 사람의 '이득의 화폐가치'가 손해를 보는 사람의 '손해의 화폐가치'보다 클 때 개선으로 평가한다는 것이다. 이득을 본 사람이 이득금액으로 손해 본 사람의 손실금액을 보상하고도 남기에 개선이라 말할 수 있다는 점이다. 물론 이득을 본 사람이 손실을 입은 사람을 하나하나 찾아다니며 실제 보상을 한다는 것은 아니며 잠재적으로 행한다는 의미이다. 칼도기준은 다른 보상원리와 마찬가지로 개인간 효용을 직접 비교하지 않고 사회후생을 평가하는 방법으로 고안된 것이다.

칼도기준은 사회상태의 변화가 발생되는 과정에 효용가능경계가 변화하지 않는다는 가정을 하고 전개된 것이다. 그런데 자원배분 이후 효용가능경계가 변화하지 않는다는 보장은 없다. 따라서 이런 상황을 감안하여 '한 상태에서 다른 상태로 변화한 것이 칼도기준에 의해 개선으로 판단되면, 그 반대로의 변화는 칼도기준에 의해 개선이 아니어야 확실한 개선으로 판단'할 수 있다. 이를 제안한 스키토브스키(Scitovsky)의 이름을 따 스키토브스키 기준으로 부른다.

보상원리에 대한 비판도 만만치 않다. 칼도기준을 적용할 때 한 사람은 엄청난 부자이고 다른 한 사람은 극빈자일 때 이들이 느끼는 화폐의 가치를 동일하게 다룰 수 있는지 의문이 제기된다. 따라서 버그슨(Bergson)은 명백한 가치판단을 전제로 기수적 사회후생함수를 설정한 뒤 변화의 개선여부를 판단하는 것이 좋다고 주장한다.

03 2020

보상기준에 관한 설명으로 옳지 않은 것은?

① 효용가능곡선이 교차하지 않는 경우, 보상기준이 충족되면 잠재적으로 사회후생이 증가된다.
② 스키토브스키(T. Scitovsky)기준은 칼도－힉스(Kaldo－Hicks)기준의 모순을 보완하기 위한 기준이다.
③ 파레토기준은 칼도－힉스의 보상기준을 충족한다.
④ 칼도기준은 상태 변경으로 이득을 얻는 사람의 이득으로 손해 보는 사람의 손실을 보상하고도 남는 경우를 말한다.
⑤ 힉스(J. R. Hicks) 기준은 상태 변경으로 손해를 보는 사람이 이득을 얻는 사람을 매수하는데 실패하는 경우에 해당한다.

✓ 파레토효율성기준과 파레토기준이 현실에 부합되지 않는 반면 보상원리는 현실적용가능성이 매우 크다. 보상원리란, 이득을 본 사람의 이득금액이 손실을 본 사람의 손실금액을 보상하고도 남음이 있으면 바람직한 것으로 평가하자는 기준이다(Kaldor). 유사한 표현이나 손해를 입은 사람이 이득을 본 사람을 매수하는데 실패하면 바람직하다는 것이다(Hicks). 효용가능곡선의 교차가능성이 있으므로 한 상태에서 다른 상태로 이동이 보상의 기준에서 타당하다면 그 반대의 이동은 보상의 관점에서 타당하지 않다는 것을 함께 요구하는, 즉 두 번의 검증이 필요하다는 것이 스키토브스키의 주장이다. 🔲 ③

04 2018

보상원칙에 관한 설명으로 옳지 않은 것은?

① 파레토 기준의 한계를 보완하는 차원의 접근이다.
② 개인 간의 직접적 효용비교 없이 어떤 변화가 개선인지의 여부를 평가할 수 있는 방법이다.
③ 판단하는 시점에서는 보상 여부를 감안하지 않지만 선택 결정 이후에는 보상이 이루어져야만 성립한다.
④ 하나의 상태가 다른 상태로 변화했을 때 이득을 보는 사람이 손해를 보게 되는 사람의 손실을 보전하고도 남는 것이 있을 때 칼도기준을 충족한다.
⑤ 사회구성원들이 1원에 대해 똑같은 사회적 가치평가를 한다고 암묵적으로 가정하고 있다.

✓ 보상원리에서 '보상을 하고도 남음이 있음'이라 말하는 것은 잠재적으로 보상이 되었다고 가전제한 것이다. 즉 실제 보상이 있어야 한다는 의미는 전혀 아니다. 🔲 ③

3. 시장실패, 불확실성의 해소방안

완전경쟁시장이면 시장가격이 한계비용과 일치하는 자원배분이 가능하며 이를 파레토 효율적이라 한다. 그러나 생산물시장이나 생산요소시장의 완전경쟁이 이루어지지 않거나 외부성이 존재하거나 어느 하나라도 충족되지 못하면 시장배분이 효율적일 수 없다. 이처럼 시장의 자원배분이 효율적이지 못할 때 시장실패(market failure)라 한다. 시장실패의 원인은 다양하다.

첫째, 불완전경쟁은 시장실패의 원인이다. 독점이나 과점처럼 불완전경쟁 상황에서는 시장가격이 한계비용과 일치하지 않고 균형 상태에서 시장가격이 한계비용보다 크다. 즉 추가로 생산되어야 효율적인데 생산량이 부족하다는 의미이다. 완전경쟁에 비해 시장가격은 비싸고 생산량은 부족하다.

둘째, 공공재의 존재 때문에 시장기능이 실패한다. 공공재는 공동소비의 특성이 있으며 비경합성과 배제불가능성을 특징으로 한다. 비경합성 때문에 한 사람 더 소비에 참여할 때 한계비용이 영(0)이므로 양(+)의 가격부과가 바람직하지 않다. 배제불가능성은 가격을 지불하지 않은 소비자를 소비에서 배제시키는 것이 불가능하다는 의미이므로 정상적으로 양(+)의 가격을 징수하는 것이 불가능한 것이다. 따라서 공공재의 경우 가격부과가 바람직하지 않고 가격을 부과하는 것 자체가 불가하다면 시장의 가격기구가 공공재를 적절하게 공급할 수 없다.

셋째, 외부성 때문에 시장실패가 야기된다. 외부성이란 한 사람의 행동이 다른 사람에게 뜻하지 않게 이득이나 손실을 주었음에도 이에 대한 대가를 주고받지 않은 것을 의미한다. 타인에게 이득이나 손해를 주었는데 대가가 오가지 않았다면 가격기구 밖에서 발생되는 문제로 보아야 한다. 외부성은 긍정적인 경우와 부정적인 경우로 구분하는데 긍정적인 경우 시장생산량은 적정생산량에 미치지 못하고 부정적인 외부성이 있을 때 시장생산량은 적정생산량을 초과한다. 생산량이 최적상태에 이를 수 없으므로 효율적 배분에 실패했음을 뜻한다.

넷째, 일반경쟁균형이 파레토 효율성을 가져다주려면 확실성이 전제되어야 한다. 따라서 불확실성이 존재한다면 파레토 효율적 배분이 불가능하다. 애로우(Arrow)의 주장에 따르면 조건부 거래시장이 완벽할 때, 즉 완벽한 모습으로 보험이 제공된다면 불확실성이 존재해도 효율적 배분이 가능하다. 그런데 불확실한 미래에 대한 완벽한 대비는 불가능할 것이며 도덕적 해이 및 역선택 현상으로 완벽한 보험을 기대하기는 곤란하다.

도덕적 해이와 역선택의 문제는 정보의 비대칭성 때문에 나타난다. 거래 당사자 중 한쪽이 정보를 제대로 갖지 못한 경우 도덕적 해이나 역선택의 문제가 발생하는 것이므로, 조건부 거래시장(보험시장)이 완전할 수 없는 이유는 정보의 불완전성 때문이다.

다섯째, 보완적 시장의 미비, 즉 완비되지 못한 시장여건 때문에 시장실패가 야기된다. 컴퓨터 프린터가 생산되지 않으면 복사용지나 프린터 용지(用紙)의 생산에 뛰어들 기업도 없을 것이다. 프린터시장이 제대로 작동하려면 프린터 용지시장이 제대로 갖추어져 있어야 한다는 의미이다. 한 시장의 보완적 시장의 미비가 시장실패의 원인이 된다는 것이다.

05 2021

시장실패에 관한 설명으로 옳지 않은 것은?

① 불완전한 경쟁의 경우 시장실패가 일어날 수 있다.
② 공공재는 그 특성에 의해서 시장실패가 발생하게 된다.
③ 정부개입의 필요조건을 제공한다.
④ 완비되지 못한 보험시장의 경우 시장실패가 일어날 수 있다.
⑤ 외부불경제로 사회적 최적생산량보다 과소 생산되는 경우에 발생한다.

✓ 시장실패란 시장배분 결과 효율적 배분에 실패하는 것을 의미한다. 불완전경쟁, 공공재, 외부성, 정보의 비대칭성, 완비되지 못한 시장 등이 시장실패의 원인이다. 외부불경제로 야기된 시장실패의 모습은 적정생산량에 비해 과다한 생산이다.   답 ⑤

06 2019

마을 주민이면 누구나 방목할 수 있는 공동의 목초지가 있다. 송아지의 구입가격은 200,000이고, 1년 후에 팔 수 있다. 마을 전체의 이윤을 극대화시키는 방목 송아지 수(A)와 개별 주민 입장에서의 최적 방목 송아지 수(B)는? (단, 송아지의 1년 뒤 가격 $P=1,600,000-50,000Q$, Q : 방목하는 송아지 수)

① $A:12$, $B:12$ ② $A:13$, $B:16$ ③ $A:14$, $B:28$
④ $A:15$, $B:29$ ⑤ $A:16$, $B:30$

✓ 사회적 최적배분은 평균수입과 한계비용이 일치($AR=MC$)할 때 이루어지고 사적 최적은 한계수입과 한계비용이 일치($MR=MC$)할 때 이루어진다. 문제에서 한계비용은 20(만 원), 수요함수(평균수입)는 160(만 원)-5(만 원)Q이다.

사회적 최적은 $160-5Q=20$을 충족하는 $Q=28$인 반면 사적 최적은 $160-10Q=20$을 충족하는 $Q=14$일 때이다. 불완전한 시장에서 자원이 배분되면 28마리가 방목되어야 최적인 송아지수가 14마리로 작아진다. 개인의 이윤극대추구 때문이다.   답 ③

4. 후생경제학의 정리

후생경제학의 1정리 및 2정리는 완전경쟁시장과 자원배분의 효율성의 관계를 설명하고 있다. 후생경제학의 1정리는 '모든 소비자 선호체계가 강단조성을 갖고 외부성이 존재하지 않는다면 일반경쟁균형의 배분은 파레토 효율적'이라는 것이다. 일반균형배분이란 완전경쟁상태에서 자원배분을 의미하므로 후생경제학 1정리는 애덤 스미스(Smith, A.)가 말하는 '보이지 않는 손'의 원리를 정당화시키는 역할을 한다. 시장이 완전한 경우 정부개입 없이 자원의 효율적 배분이 가능하기 때문이다.

그러나 자원의 효율적 배분상태는 무수히 많이 존재하므로 모든 효율적인 상태가 다 바람직한 것은 결코 아니다. 효율성은 물론 공평성까지 겸하여 거론되는 것이 후생경제학의 제 2정리다. 재분배 및 소득이전에 대한 설명이 가능하기 때문이다.

후생경제학의 2정리는 초기부존자원이 적절하게 배분된 상태에서 '모든 소비자 선호체계가 볼록성을 가지면 파레토 효율적 배분은 일반경쟁균형'이라는 것이다. 소득불평등이 존재할 때 이를 적절하게 재분배하고 이후 자원배분은 시장의 가격체계에 맡기면 일반경쟁균형의 결과를 얻을 수 있다는 점이다. 따라서 효율성의 논의에서 공평성과 관련된 논의를 분리할 수 있음을 의미하며 후생경제학이 1정리의 역(逆)도 성립된다는 점을 알려주고 있다.

재분배를 위한 정책을 사용할 때 시장 가격체계를 변화시키는 정책은 곤란하므로 정액세 부과와 현금보조가 바람직하다. 파레토 효율적인 상태는 특정 소비자가 대부분을 다 가진 경우에도 성립된다. 소득분배상태가 매우 열악한 상황에서도 효율적 배분은 가능하다는 의미이다. 이 때 고소득자에게 정액세를 부과하여 이것을 현금보조 형태로 저소득자에게 이전하면 적절하게 재분배가 가능하며 이후 효율적 배분은 시장의 가격체계에 맡기자는 것이다.

07 2019

자원배분의 효율성에 관한 설명으로 옳지 않은 것은?

① 어떤 배분상태가 효율적이기 위해서는 그 상태로부터 다른 상태로 옮겨갈 때 파레토 개선이 불가능해야 한다.
② 후생경제학의 제2정리에서는 시장이 완전경쟁이라면 자원은 효율적으로 배분됨을 보여 주는데, 아담 스미스의 '보이지 않는 손'이 달성됨을 의미한다.
③ 공공재는 그 특성상 가격을 설정할 수 없기 때문에 시장실패의 원인이 될 수 있다.
④ 중립세(neutral tax)를 제외한 조세부과는 자원배분상 비효율을 초래할 수 있다.
⑤ 도덕적 해이는 정보의 비대칭성으로 발생하는 현상이며, 자원배분 상 비효율을 초래할 수 있다.

✓ 1) 파레토 효율적 상태란 파레토 개선이 불가능한 상태이다.
2) 후생경제학의 '제1정리'가 애덤 스미스의 보이지 않는 손의 달성을 의미한다.
3) 공공재는 배제불가능성 때문에 무임승차자 문제가 발생하고 비경합성 때문에 '한계비용=0'의 상황이 만들어진다.
4) 럼프섬세를 제외한 모든 조세는 초과부담을 야기한다.
5) 정보 비대칭성 때문에 도덕적 해이 및 역선택의 문제가 발생한다. 답 ②

5. 사회후생함수

개인의 효용수준이 $U1$, $U2$ 등으로 주어질 때 개인효용과 사회후생(SW ; Social Welfare)의 관계를 함수형태로 표시한 것이 사회후생함수이며, $SW = f(U1, U2, U3, \cdots)$으로 나타낸다. 사회후생함수는 개개인이 효용수준이 주어질 때 이를 종합하여 하나의 사회후생수준으로 바꾸어주는 역할을 한다. 개개인의 효용이 주어져 있어도 어떤 가치판단을 기준으로 평가하는가에 따라 결과는 달라진다. 동일한 상태에 대해 어떤 가치판단기준으로 바라보는가에 따라 평가는 제각각일 수 있다.

소비자 효용함수로부터 무차별곡선을 도출하듯 사회후생함수가 주어지면 이를 기반으로 동일한 사회후생수준을 알리는 점들을 연결하여 사회적 무차별곡선을 그릴 수 있다. 사회후생함수에 반영된 가치판단의 차이는 사회적 무차별곡선의 모양으로 판단할 수 있으므로 사회적 무차별곡선을 기준으로 가치판단을 구분하면 된다. 가치판단의 예는 공리주의적 판단, 평등주의적 판단 그리고 롤즈적 가치판단으로 구분된다.

첫째, 공리주의적 가치판단에 따르면 사회후생은 개인효용을 단순히 합계한 것이다. 개인 1과 개인 2 두 명이 있을 때 이들 효용이 각각 10과 5라면 사회후생은 이들의 합계인 15이다. 두 사람 사이에 효용의 배분이 어떻든 상관없다는 입장이며 낮은 효용수준을 갖는 사람이라고 해 배려하는 입장은 아니다. 공리주의적 상황을 무차별곡선으로 표시하면 기울기가 -1인 직선으로 나타난다.

둘째, 평등주의적 가치판단기준에 따르면 사회적으로 처지가 나은 사람보다 처지가 못한 사람이 우대받는, 즉 약자를 더 배려하자는 취지의 기준이다. 개인효용을 기준으로 사회후생을 산출할 때 개인의 처지가 반영되는 것이므로 소득수준에 따라 가중치를 달리한다는 점이 특징이다. 소득세에서 초과누진율구조나 저소득자에 대한 보조금 지급 등 사회적 조치는 평등주의적 정의관에 따라 만들어진 것이다.

평등주의적 정의관을 무차별곡선으로 표시하면 원점에 대해 볼록한 모습을 갖는다. 원점에 볼록한 곡선은 특정 개인의 효용이 증가할 때 그 사람 소득의 사회적 중요도가 점점 작아진다는 것을 뜻한다. 무차별곡선의 기울기가 점점 작아진다는 것이 특정 개인의 효용이 증가할수록 상대적 중요도가 낮아진다는 의미이기 때문이다.

셋째, 롤즈적 가치판단기준에 따르면 가장 못사는 사람의 효용을 가능한 크게 개선시키는 것이 목적이다. 따라서 사회후생은 그 사회에서 가장 못사는 사람의 효용수준에 의해 결정된다는 입장이므로 $SW=\min(U1, U2, \cdots)$로 나타낼 수 있다. 가장 못사는 사람의 경제적 처지가 개선되지 않는 한 사회후생의 변화는 없는 것이므로 사회적 무차별곡선은 영어 알파벳 L자 모양으로 나타난다. 생김새는 레온티에프(Leontief) 생산함수와 동일하다.

08 2021

사회후생함수에 관한 설명으로 옳지 않은 것은?

① 그 사회가 선택하는 가치기준에 의해서 형태가 결정된다.
② 사회후생함수에서는 개인들의 효용을 측정할 수 있다고 가정한다.
③ 평등주의 사회후생함수는 각 개인의 효용에 동일한 가중치를 부여하게 된다.
④ 공리주의 사회후생함수에 의하면 사회후생의 극대화를 위해서는 각 개인소득의 한계효용이 같아야 한다.
⑤ 사회후생을 극대화시키는 배분은 파레토 효율을 달성한다.

✓ 사회후생함수는 개인의 효용을 기반으로 한 사회의 가치판단기준에 따라 다양하게 제시된다. 공리적 후생함수는 효용 합이 극대일 때 최적이므로 한계효용이 일치할 때 총효용이 극대화된다. 평등주의적 후생함수는 저소득계층에 높은 가중치를 부여하여 현실적 재분배조치(예 초과누진세율)를 정당화한다. 롤즈적 후생함수에 따르면 가장 열악한 계층의 효용이 사회후생을 결정한다. 　답 ③

09 2021

분배에 대한 공리주의적 주장으로 옳지 않은 것은?

① 가장 바람직한 분배 상태는 최소극대화의 원칙을 따른다.
② 바람직한 분배가 모든 사람이 동일한 효용함수를 가지지 않을 때에도 나타날 수 있다.
③ 벤담(J. Bentham)은 사회 전체의 후생을 극대화하는 분배가 가장 바람직하다고 보았다.
④ 불균등한 소득 분배도 정당화될 수 있다.
⑤ 효용함수는 소득의 한계효용이 체감한다는 가정이 필요하다.

✓ 최소극대화(maximin), 즉 가장 열악한 처지의 사람에게 가장 큰 가중치를 두는 것은 롤즈적 관점이다. 공리주의는 효용극대화가 목적이며 모든 사람의 효용함수가 동일하면 균등분배가 최적이나 개인의 효용함수가 각기 다른 경우 불균등분배가 정당화될 수 있다. 　답 ①

10 2017

사회후생함수에 관한 설명으로 옳지 않은 것은?

① 사회후생함수는 그 사회가 어떠한 가치 기준을 선택할 것인가에 대한 해답을 제공해 준다.
② 사회후생함수는 개인들의 효용을 측정할 수 있다고 가정한다.
③ 공리주의 사회후생함수일 경우 사회후생이 극대화되려면 각 개인의 소득의 한계효용이 서로 같아야 한다.
④ 사회후생을 극대화시키는 배분은 파레토효율을 실현한다.
⑤ 어떤 배분이 총효용가능경계선(utility possibility frontier)상에 있다면 그 배분에서는 효율과 공평을 함께 증가시킬 수 없다.

✓ 1) 한 사회의 가치기준에 따라 거기에 맞는 사회후생함수가 제시된다. 그러므로 사회후생함수가 어떤 가치기준을 선택할지에 대한 해답을 주는 것이 아니다.
2) 효용의 측정가능성이 전제되어야 한다.
3) 총효용극대를 위해 한계효용의 일치가 필요하다.
4) 사회후생의 극대는 파레토효율성을 실현하는 것이다.
5) 효용가능경계는 가장 효율적인 점들의 집합이므로 효율성만 논의할 수 있다. 공평성에 대해 언급하려면 사회후생함수가 필요하다.

답 ①

11 2016

두 사람(A, B)만 존재하고 X재의 양은 1,000이고, A와 B의 효용함수는 각각 $3\sqrt{X_a}$, $\sqrt{X_b}$이다. 공리주의 사회후생함수의 형태를 가질 경우 사회후생의 극대값은? (단, X_a는 A의 소비량이고, X_b는 B의 소비량이며, X_a와 X_b는 모두 양의 수이다.)

① 60 ② 70 ③ 80
④ 90 ⑤ 100

✓ 문제의 효용함수를 일차미분하면 한계효용을 구할 수 있다. 그리고 A와 B의 한계효용이 일치할 때 총효용이 극대화된다. 공리주의 사회후생함수이므로 사회후생은 두 개인효용의 합계이다. 한계효용이 일치하는 수준에서 X재를 배분하면 A와 B의 소비량은 각각 $X_a=900$, $X_b=100$이다. 따라서 사회후생은 100이다.

답 ⑤

6. 일반적 불가능성정리

파레토 효율성 조건을 충족하는 점들을 이용하여 효용가능곡선, 생산가능곡선 그리고 효용가능경계를 찾아갈 수 있다. 효용가능경계 위의 모든 점들은 모두 효율적 조건을 충족하는 점들인데 우리는 그 중 한 상태를 '가장 바람직하다.'며 골라야 한다. 가장 바람직한 한 상태를 찾기 위해 가치판단기준이 필요하며 가치판단기준에 따라 사회후생함수가 제시되면 효용가능경계와 사회적 무차별곡선이 접하는 점에서 최적 중의 최적(bliss point), 즉 가장 바람직한 한 점을 찾을 수 있다.

그런데 애로우(Arrow)에 의하면 개인 선호를 사회 선호로 통합하기 위해 모든 조건이 충족될 수 없다. 따라서 합리적 성격을 갖춘 사회후생함수는 현실적으로 존재할 수 없다는 것이며 이를 '불가능성 정리'라 한다. 사회후생함수가 존재할 수 없다면 사회적 무차별곡선을 그릴 수 없고 사회적 무차별곡선이 도출되지 않으면 가장 바람직한 한 상태를 선택하는 것이 불가능하다. 애로우가 제시한 바람직한 조건은 다음과 같다.

첫째, 완비성과 이행성이다. 완비성은 모든 사회상태 중 어느 상태가 선호되는지 알 수 있어야 한다는 것이며. 이행성이란 사회상태 a를 b보다 선호하고 사회상태 b를 c보다 선호하면 당연히 사회상태 a가 c보다 선호되어야 한다. 즉 논리적 선호체계를 갖추어야 한다는 것이다.

둘째, 파레토 원칙이다. 파레토 원칙에 의하면 사회구성원이 사회상태 a를 b보다 선호하면 사회선택도 상태 a를 b보다 선호해야 한다는 것이다.

셋째, 무관한 선택대상으로부터 독립성이다. 사회상태 a와 b에 대한 우선순위 선정에서 이와 무관한 사회상태 c가 a와 b의 선택에 영향을 미치면 안된다는 의미이다.

넷째, 비독재성이다. 사회구성원 중 특정인 한 명의 선호가 사회선호로 채택되면 안된다는 조건이다. 한명의 선호가 사회선호로 채택된다면 이는 정치적 독재에 비유할 수 있는 것이므로 결정적 집합이 최소한 두 사람 이상이어야 한다.

12 2019

사회후생함수에 관한 설명으로 옳지 않은 것은? (단, n명으로 구성된 사회에서 개인의 후생은 w_i, 사회후생은 W)

① 공리주의적 사회후생함수는 모든 사회구성원의 개인적 후생의 총합으로 나타내며 $W = w_i + \cdots + w_n$ 가 된다.

② 앳킨슨(A. Atkinson)의 확장된 공리주의 사회후생함수는 $W = \dfrac{1}{\alpha}\sum_{i=1}^{n} w_i^\alpha$로 표현되는데, 이는 α가 1보다 작은 경우에는 개인후생의 합뿐만 아니라 분배에 의해서도 사회후생이 영향을 받는다는 것을 보여준다.

③ 롤즈(J. Rawls)의 사회후생함수는 도덕적 가치관을 중시하는 규범적 규율을 반영하는 데, 이를 표현하면 $W = \min\{w_1, \cdots, w_n\}$로 나타낼 수 있다.

④ 평등주의적 사회후생함수는 개인의 후생수준이 높을수록 더 작은 가중치를 적용한다.

⑤ 애로우(K. Arrow)는 합리적인 사회적 선호체계를 갖춘 사회후생함수가 존재함을 실증을 통해 입증했다.

◎ 애로우(Arrow)는 합리적 성격을 갖춘 사회후생함수가 존재할 수 없다는 점을 증명했는데 이를 불가능성정리라 한다. 공리주의자는 개인효용의 총합을 사회후생으로 보았고, 평등주의자는 소득이 높을수록 낮은 가중치를 적용하자는 요구를 했으며, 롤즈적 가치관은 최소극대원리로 요약된다.   🖺 ⑤

13 2018

애로우(K. Arrow)의 불가능성정리에서 사회적 선호체계가 가져야 할 바람직한 속성이 아닌 것은?

① 볼록성   ② 이행성   ③ 비독재성
④ 파레토 원칙   ⑤ 제3의 선택가능성으로부터의 독립

◎ 애로우가 요구하는 조건은 선호표명이 있어야 한다는 완전성, 선호표명이 논리적이어야 한다는 이행성, 한 사람의 선호가 사회선호가 되면 안된다는 비독재성, 제3의 선택 대상으로부터 독립적이어야 한다는 독립성, 다수의 의사가 사회선호로 채택되어야 한다는 파레토 원칙 등이다.   🖺 ①

7. 차선의 정리

현실적 제약 때문에 최선의 상태가 실현되기 어렵다면 차선의 선택이라도 할 수 있도록 노력해야 하는데 차선의 선택을 하는 것도 어렵다는 점을 '차선의 이론'에서 가르치고 있다. 몇 개의 파레토 효율성 기준이 있을 때 모두 충족할 수 없고 하나 이상의 효율성조건이 이미 파괴되는 경우가 많다. 시장구조가 기본적으로 불완전경쟁이며 개별적 조세도 여러 종류이며 정치적 또는 제도적 이유 때문에 경제적 교란요인이 존재할 수 밖에 없기 때문이다.

그렇다면 모든 효율성조건이 충족될 수 없으니 충족되는 효율성조건의 수가 중요하다고 생각할 수 있다. 하나의 조건보다 두 개의 조건을 충족하면 더 효율적이며 두 개 조건이 충족되는 것보다 세 개 조건이 충족될 때 더욱 효율적인 것으로 판단할 수 있다. 그런데 충족되지 않는 하나의 조건이 있을 때 나머지 모든 조건이 다 충족되어도 최선은 물론 차선의 결과도 구하기 어렵다는 것이다.

우리나라 뿐 아니라 정부의 정책을 보면 비합리적인 것이 존재할 때 하나씩 고쳐나가려고 하는 경우가 많다. 그런데 하나씩 개선하는 과정에 나타날 수 있는 부정적 영향이 있으므로 비합리성을 일시에 제거한다면 최선의 상태가 되지만, 그 중 일부를 개선하여 더 나은 결과를 기대하기 어렵다는 것이다. 차선의 정리를 통해 배울 수 있는 부분이다.

03 정부경비 : 경비팽창과 예산

1. 경비팽창의 원인

정부의 경비팽창에 대해 가장 먼저 언급한 사람은 독일 역사학파 경제학자 바그너(Wagner, A.)이다. 바그너가 밝힌 경비팽창의 원인은 경제성장에 따른 정부지출의 증가인데, 국민소득이 증가할 때 '공공부문의 지출이 국민소득에서 차지하는 비중이 점차 증가한다.'는 것이다. 이를 '경비팽창의 법칙'이라 하며 공공지출의 증가율이 국민소득증가율보다 크므로 공공지출의 소득탄력성이 1보다 큰 상황이다. 이어 여러 학자들이 경비팽창의 원인을 설명하는데 주요 내용은 다음과 같다.

첫째, 피콕과 와이즈먼(Peacock & Wiseman)의 전위효과가설이다. 피콕과 와이즈먼은 사회적 격변기 정부지출이 급속히 증가하며 경비지출 추세선 자체가 상방으로 이동한다는 것인데 이를 '전위효과'라 한다. 사회적 격변기가 지난 후에도 지출이 감소하지 않는 이유는 '점검효과'로 설명할 수 있다. 점검효과에 따르면 격변기가 지난 후 국민들의 사회적 관심이 높아져 공공서비스의 질이나 양이 증가할 수 밖에 없다는 것인데, 국민이 정부 경제활동에 대해 세심하게 챙기므로 정부지출이 증가할 수 밖에 없다는 의미이다. 추세선의 증가를 그림으로 그려보면 톱니바퀴와 같은 모양을 가진다고 해서 '톱니효과'라고 부르기도 한다.

둘째, 보몰(Baumol, W.)의 '비용병' 명제이다. 보몰에 따르면 노동집약적 공공부문이 민간부문에 비해 생산성향상이 더디기 때문에 경비가 팽창한다. 생산성과 지출(비용)은 상호 역의 관계에 있으므로 공공부문의 생산성이 낮다면 동일한 규모의 산출을 위해 더 많은 경비가 소요된다는 의미이다. 제조업과 서비스업을 비교하면 제조업의 생산성 증가속도는 매우 빠른 반면 서비스업의 생산성증가는 더디게 이루어진다. 공공부문이 공급하는 것은 대부분 서비스형태를 띠므로 정부의 생산성 증가속도가 느리게 나타날 수 밖에 없다. 생산성 증가속도가 느려 지출이 증가하는 현상을 '보몰효과'라고 한다.

셋째, 부캐난(Buchanan)의 주장에 의하면 특수이해집단의 사익추구가 경비팽창의 원인이 된다. 특수이익집단은 기를 쓰고 어떤 프로그램의 관철을 위해 노력하므로 그들이 원하는 방향으로 정부지출이 이루어질 가능성이 크다. 그런데 조세부담은 일반대중에게 분산되므로 크게 느껴지지 않는다. 즉 공공지출편익은 수혜자에게 직접 인식되는 반면 공급비용인 조세는 모든 사회구성원에 분산되므로 과소평가된다고 지적한다. 이런 이유로 정부지출의 과도한 증가현상이 불가피하다고 보는데 이를 '리버이어던 가설'이라 한다. 일반 대중이 정부지출의 팽창에 적극적 반대를 하지 않으므로 전설적 수중동물인 리바이어던(Leviathan)의 모습과 같은 비대한 정부가 탄생하게 된다는 의미이다.

01 2019

공공경비팽창에 관한 설명으로 옳은 것을 모두 고른 것은?

> ㄱ. 바그너(A. Wagner)의 법칙이란 1인당 국민소득이 증가할 때 공공부문의 상대적 크기가 증가하는 것을 말한다.
> ㄴ. 피코크-와이즈만(A. Peacock and J. Wiseman)은 사회적 격변기에 정부지출 수준이 급속히 높아져 일정기간 유지되면, 추세선 자체가 상방으로 이동하게 되는데 이를 전위효과(displacement effect)라고 불렀다.
> ㄷ. 보몰(W. Baumol)은 노동집약적인 공공부문이 민간부문보다 생산성 향상이 더디게 일어나기 때문에 경비가 팽창하게 된다고 보았다.
> ㄹ. 부캐넌(J. Buchanan)은 특정 공공지출의 편익은 수혜자들에게 직접적으로 인식되는 반면, 공공서비스의 공급비용은 모든 사회구성원들에게 조세형태로 분산되기 때문에 공공서비스 공급비용을 과소평가한다고 설명하였다.

① ㄱ, ㄷ ② ㄴ, ㄷ ③ ㄱ, ㄴ, ㄷ
④ ㄱ, ㄷ, ㄹ ⑤ ㄱ, ㄴ, ㄷ, ㄹ

✅ 1) 경비팽창의 법칙이 바그너법칙이다.
2) 피콕과 와이즈먼은 사회적 혼란기, 정부지출의 급등이 경비팽창의 원인으로 보았다.
3) 보몰은 공공부문의 생산성향상속도가 느린 점에서 경비팽창의 원인을 찾았다.
4) 부캐난은 공공지출편익은 직접 인식되는 반면 비용은 모든 사람에게 조세부담으로 분산되므로 공공서비스 공급비용을 과소평가하는 것이 보통이다. 여기에 경비팽창의 원인이 있다고 보았다. 🅰 ⑤

02 2017

1인당 국민소득이 증가할 때 정부지출이 국민경제에서 차지하는 비중이 점차 증가하는 현상에 대한 원인이 아닌 것은?

① 소득증가율에 비해 공공재에 대한 수요가 더 빠른 속도로 증가하기 때문이다.
② 시장의 기능이 자연적으로 축소되기 때문이다.
③ 관료가 예산을 극대화하려는 성향을 보이기 때문이다.
④ 기술혁신에 따른 생산비 절감효과 측면에서 공공재가 사적재에 비해 뒤떨어지기 때문이다.
⑤ 복지를 포함한 공공서비스 수요의 소득탄력성이 크기 때문이다.

✅ 1) 소득이 증가할 때 공공재수요가 더 빠른 속도로 증가하여 정부지출의 상대적 비중이 증가하는 것을 '바그너 법칙'이라 한다.
2) 시장기능의 불완전성을 보완하는 정부개입이므로 시장축소와 관련시킬 수 없다.
3) 관료의 예산규모 극대화경향이 정부지출증가의 원인이 될 수 있다.
4) 보몰에 의하면 공공부문의 생산성 향상이 민간부문을 따라오지 못해 공공부문이 비대해진다.
5) 현실적으로 복지재정에 대한 수요가 계속 증가하므로 정부지출비중이 증가한다. 🅰 ②

2. 재정착각

재정착각(또는 재정환상, fiscal illusion)의 존재가 정부지출 프로그램의 확대를 요구하여 경비팽창이 발생한다는 것이다. 보통 사람의 경우 정부가 제공하는 공공서비스와 자신의 조세부담 사이에 어떤 관계가 있는지 정확하게 인식하는 경우는 드물다. 예를 들어 무상급식은 납세자 개개인의 조세부담 결과 만들어진 세입으로 정부가 제공하는 공짜식사인데 자신의 부담은 잊고 정부지출 편익만 있다고 생각한다. 이와 같이 재정에 대한 '체계적 오해' 때문에 발생하는 선호의 왜곡을 재정착각이라 한다. 보통 일반 대중은 어떤 지출프로그램과 관련하여 자신의 조세부담을 과소평가해 정부지출의 확대를 지지하는 입장에 선다는 것이다. 그렇다면 재정착각의 존재는 정부지출확대로 귀결된다.

재정착각의 원인은 다양하지만 몇 가지 추려보면 다음과 같다. 첫째, 조세제도의 복잡성이 재정착각을 부른다. 우리나라도 국세와 지방세 합쳐 30여개의 세목으로 조세부담을 요구하므로 납세자 자신이 언제 어떤 세금을 납부한지 모른다는 것이다. 세제가 복잡할수록 이런 현상은 심각해질 것이므로 조세부담의 과소평가의 원인이 된다.

둘째, 조세수입의 높은 소득탄력성 때문이다. 조세수입이 소득에 탄력적이면 경제성장과 더불어 정부의 징세수입은 소득증가율 이상으로 확대된다. 세율인상과 같은 구체적 조치 없이 세입이 증가하는 부분에 대해 일반 대중이 제대로 인식하지 못하므로 재정착각의 원인이 된다는 것이다.

셋째, 국공채가 미래 조세부담이라는 점을 제대로 인식하지 못하기 때문이다. 어떤 프로그램을 제공할 때 공채수입으로 재원을 조달하면 조세부담은 없다. 사람들의 비용증가 없이 정부지출이 가능하므로 정부지출프로그램의 편익에 대해 높게 평가하게 된다. 그러나 훗날 공채원리금 상환을 위해 조세부담이 증가한다는 사실은 제대로 인식하지 못한다.

3. 예산제도

정부가 한정된 조세수입을 효율적으로 사용하게 만드는 제도가 예산이다. 효율적 예산제도가 마련되어 있다면 여기에 입각해 지출을 할 것이며 따라서 경비지출도 효과적일 것으로 기대할 수 있기 때문이다. 몇 가지 예산제도를 소개하면 다음과 같다.

첫째, 점증주의이다. 다음 년도 예산을 편성할 때 금년 예산의 일정비율만큼 증액 편성하는 것을 의미한다. 경제상황이 시시각각 변화하는데 '금년 예산 대비 일정비율 증가'라는 방식으로 예산을 편성한다면 이는 무책임하고 비효율적인 것이다.

둘째, 합리주의적 시각으로 편성하는 예산이다. 정부 각 부처의 공공서비스에 대한 국민의 수요를 파악한 이후 예산을 편성하자는 것이다. 만약 국민들이 A부처의 서비스에 대해 중요하게 여긴다면 수요의 가격탄력성이 작을 것이므로 다른 부서에 비해 더 높은 비율로 예산을 증액하면 된다.

셋째, 프로그램 예산제도이다. 정부 각 기관이 지출항목에 따라 예산을 편성하는 것을 '품목별 예산'이라 하는데, 유사한 업무를 담당하는 부처에서 중복지출이 있을 수 있다는 점이 문제이다. 프로그램 예산제도란 사업단위별로 관련부서를 함께 묶어 예산을 편성배분하자는 것이며 정부활동의 산출에 초점이 있으므로 효율성평가가 용이하다는 장점이 있다. 과거 계획기능을 강조하는 $PPBS$(계획예산제도)가 프로그램예산제도와 같은 것이며 우리나라도 2007년부터 프로그램예산제도를 시행하고 있다.

넷째, 영기준 예산제도($ZBBS$)이다. 영기준예산은 말 그대로 해마다 모든 사업을 원점에서 다시 검토하여 예산을 배분하자는 것이다. 점증주의적 타성을 극복할 수 있는 효율적 방법임에는 틀림없으나 모든 사업을 해마다 원점에서 검토한다면 그에 따른 행정비용이 만만치 않다는 부분이 단점이다.

다섯째, 성과주의 예산이다. 성과주의 예산은 재정사업의 목표와 성과지표를 설정하고 이에 따라 평가결과를 재정운영에 반영하자는 것이다. 예를 들어 교육부에서 고교학습지원사업을 하는 경우, 과거에는 예산이 제대로 집행되었나에 중점이 있었다면 성과주의는 학습지원의 결과 '어떤 성과가 있었는가?'에 초점을 맞춘다는 것이다.

여섯째, 총액배분 자율편성제도이다. 각 부처별로 지출한도를 설정하고 구체적 지출내용은 각 부처에서 자율적으로 결정하게 만들면 전문성을 적극 활용 효율적 집행이 가능하다는 장점이 있는데 이를 총액배분 자율편성(top−down)제도라 한다. 총액배분 자율편성제도가 시행된다면 이에 대한 보완책으로 성과주의를 도입할 수 있다.

03 2018

다음 설명 중 옳지 않은 것은?
① 조세지출예산제도는 조세지출의 남발을 억제하기 위해 도입된 제도이다.
② 성과주의예산제도는 관리기능을 강조한 제도이다.
③ 프로그램예산제도는 계획기능을 강조한 제도이다.
④ 영기준예산제도는 점증주의적 예산을 탈피하여 효율적 자원배분을 제고할 수 있는 제도이다.
⑤ 성과주의예산제도는 예산의 과목을 부서별로 나누어 편성하는 제도이다.

◎ 1) 조세지출예산은 조세지출의 비효율성을 시정하기 위한 예산제도이다.
  2) 성과주의예산은 예산의 관리기능을 중시하는 것이다. 사업의 성과에 비중을 두기 때문이다.
  3) 프로그램예산은 정부정책에 초점을 맞춘, 즉 경제계획에 부합하려는 예산제도이다.
  4) 해마다 영(0)에서 검토한다는 측면에서 효율성을 강조한다.
  5) 성과주의예산은 공공사업의 결과에 초점을 두는 것이므로 부서별로 예산과목을 구분하는 것과 어울리지 않는다.

답 ⑤

04 공공재

1. 순수공공재

공공재는 누가 공급하든 일단 공급되면 모든 사람이 소비편익을 공유할 수 있는 재화 또는 서비스이다. 공급주체와 무관하게 정의되며 공동소비가 가능하다는 것이 특징이다. 공공재는 비경합성과 배제불가능성이란 두 가지 특성이 있다.

첫째, 비경합성은 한 사람의 소비참여가 다른 사람의 소비에 아무런 영향을 미치지 않는 성격이다. 비경합성 때문에 공공재의 사회전체 수요는 개별수요를 수직으로 합계한다. 그리고 어떤 사람이 추가로 소비에 참여해도 혼잡에 따른 비용이 일체 발생하지 않는다는 의미에서 한계비용이 영(0)인 서비스이다. 그렇다면 가급적 많은 사람이 소비에 참여하는 것이 사회적으로 더욱 바람직하다는 의미이다.

둘째, 배제불가능성은 대가를 지불하지 않고 재화소비에 참여하는 사람을 소비에서 배제시킬 마땅한 방법이 없다는 의미이다. 시장은 가격을 지불하지 않은 사람을 소비에서 배제시킬 수 있는, 즉 '배제의 원칙'이 적용될 때 제 기능을 다할 수 있다. 따라서 배제가 불가능하다면 시장에서 효율적 배분이 불가능하며 누구든 공짜로 소비에 참여하려 들 것이므로, 즉 무임승차자(free rider) 문제가 발생되어 시장실패의 원인이다.

배제불가능성 때문에 공공재에 대해 양(+)의 가격을 부여하는 것이 불가능 또는 아무 의미가 없으며, 한계비용이 영(0)인 특성 때문에 양(+)의 가격을 부과하는 것이 효율적인 것도 아니다. 효율적 배분이 되려면 시장가격과 한계비용(MC)이 일치해야 하는데 공공재소비의 한계비용이 영(0)이라면 양(+)의 가격 자체가 비효율성을 의미하는 것이다.

2. 비순수공공재

비경합성과 배제불가능성이 모두 지켜지면 순수한 공공재이다. 그런데 순수공공재의 예로 들 수 있는 것은 국방서비스정도에 불과하다. 현실 대부분의 공공재는 두 가지 성격이 완벽하지 않은, 즉 순수하지 않은 공공재이다. 특히 소비하려는 사람이 많을 때 혼잡의 문제가 생기면 비경합성이 완전하지 않은 것인데 이런 공공재를 '혼잡가능공공재'라 하며 비순수공공재의 예로 들 수 있다.

공원의 경우 사용자수가 적을 때에는 혼잡이 문제가 없지만 일정 수준 이상으로 사용자가 많아지면 혼잡의 문제가 발생하는데 이를 혼잡비용(또는 정체비용, congestion cost)이라 한다. 사용자수가 일정수준을 초과할 때 혼잡비용이 발생하는 재화가 비순수공공재의 대표적인 예이다. 도로서비스, 대중교통서비스 등도 이 범주에 포함된다.

3. 클럽재

클럽재(club goods)란 테니스클럽이나 헬스클럽처럼 사용자수가 많아지면 혼잡의 문제가 발생하는 재화 및 서비스를 의미한다. 일정수준까지 공동소비가 가능하다는 의미에서 비순수공공재와 동일하지만 공동소비 가능인원이 매우 작다는 것이 클럽재의 특징이다. 도로에서 혼잡의 문제가 나타나려면 도로를 이용하는 차량 수가 몇 만대는 되어야 하나 헬스클럽의 경우 한정된 공간에 수십 명만 모여도 시설을 제대로 사용하기 힘들어 혼잡의 문제가 발생한다.

클럽규모가 일정하다고 가정하면 회원 한 명이 추가될 때 일인당 비용과 편익의 변화를 살펴볼 수 있다. 회원 한 명이 추가될 때 혼잡비용의 추가분이 한계비용(MC)에 해당되며, 회원 한 명이 추가되어 일인당 부담비용이 감소되는 규모를 한계편익(MB)으로 측정할 수 있다. 한계비용이 한계편익을 초과하면 회원수 감소가 바람직하며 반대로 한계비용에 비해 한계편익이 크다면 회원수 증가가 바람직하다. 따라서 최적 이용자수는 회원 한 명 추가에 따른 한계편익과 한계비용이 일치할 때 이루어진다.

클럽재의 경우 각 개인에게 회비(가격)를 부과하여 효율적 배분이 가능하다는 의미이므로 이는 사적재의 성격이며 공동소비의 범위가 작더라도 공동소비의 성격이 있다는 점은 공공재의 성격이다. 결국 클럽재는 공공재와 사적재의 성격을 동시에 갖는다.

01 2019

공공재의 성격에 관한 설명으로 옳은 것은?
① 비경합성이란 소비자의 추가적인 소비에 따른 한계비용은 0(zero)이 됨을 의미한다.
② 순수 공공재는 배제성과 비경합성을 동시에 충족한다.
③ 대부분 공공재는 순수공공재로 볼 수 있으며, 시장이 성립하지 못한다.
④ 클럽재는 배제성 적용이 불가능하다.
⑤ 공공재의 소비자들은 자신의 수요를 정확하게 표출한다.

✓ 1) 공동소비의 가능성에서 '한계비용＝0'의 특성을 찾을 수 있다.
2) 순수공공재의 특징은 배제불가능성과 비경합성이다.
3) 대부분의 공공재는 순수하지 못하다. 사용자수가 증가하면 한계편익이 감소하는 경합성이 발생하기 때문이다.
4) 클럽재는 공동소비의 특성이 있으나 회비부과를 통해 배제가 가능하다.
5) 대부분의 개인은 자신의 공공재선호를 정확히 표출하지 않는다.

답 ①

4. 린달의 자발적 협상모형

린달(Lindahl, E.)에 의하면 외부성이 없고 각 개인이 공공재에 대해 자신의 진정한 선호를 표출한다면 당사자의 자발적 교환에 의해 효율적 공급이 가능하다. 각 개인의 공공재에 대한 선호는 그들의 수요곡선으로 나타나며 비용부담용의는 부담비율(%)로 표시된다. 따라서 부담비율의 합계는 1, 즉 100%이다.

개인의 부담비율은 그들의 공공재에 대한 선호에 의해 결정되므로 공공재에 대한 선호가 높은 사람의 부담비율이 더 크다. 개인선호에 따라 공공서비스에 대한 부담비율이 결정되므로 시장가격과 유사한 기능을 한다. 이를 '준시장적' 해결책이라 부르는 이유이다. 한편 공공재의 효율적 수준과 비용부담비율은 당사자간 자발적 협상의 결과로 해석할 수 있어 린달모형은 '자발적 교환모형'이라고 한다.

개인의 공공재 한계편익에 따라 조세부담(린달 조세, Lindahl Tax)이 결정되므로 수직적 공평성 충족은 단언할 수 없다. 공공재에 대해 높은 선호를 가진 사람이 고소득자라는 근거가 없기 때문이다. 따라서 공공재수요가 소득에 탄력적이라는 가정이 있어야 누진적 조세부담이 정당화된다.

02 2020

린달모형(Lindahl model)에 관한 설명으로 옳은 것은?
① 공공재에 관한 진정한 선호를 표출하기 때문에 무임승차의 문제가 생기지 않는다.
② 자발적 교환을 통한 공공재의 공급문제를 다루고 있다.
③ 린달모형은 개인 간 갈등해소를 위해 정부가 적극적으로 개입해야 함을 시사한다.
④ 개별 소비자의 공공재 비용 분담 비율은 소비자의 소득에 의해서 결정된다.
⑤ 린달모형에서는 파레토 최적이 달성되지 않는다.

✓ 린달모형에 의하면 모든 사람이 공공재에 대해 진정한 선호를 표출한다면 무임승차문제 없이 파레토 효율적 배분이 가능하다. 본인의 선호 만큼 스스로 부담(조세부담)하므로 자발적 선택모형으로 불리는데 공공재에 대한 선호가 소득에 탄력적일 때 누진성이 실현될 수 있다. 답 ②

5. 사무엘슨의 최적공급모형

사무엘슨은 순수사적재 하나와 순수공공재 하나를 대상으로 두 사람으로 구성된 경제를 가정한다. 경제전체의 생산가능곡선이 주어지고 두 사람 중 한 사람에게 우선적으로 효용을 유지시켜주기로 한다. 소비자 효용은 무차별곡선으로 표시되며, 생산가능곡선과 무차별곡선의 차이가 나머지 한 사람이 사용할 수 있는 잔여분이다. 잔여분은 그의 소비가능집합이며 그는 효용을 극대화하는 선택을 한다.

한 사람의 효용을 주어진 것으로 가정하면 나머지 한 사람의 효용을 극대화하는 점이 사회전체의 효용을 극대화하는 것이므로 최적 공공재공급량을 구할 수 있다. 순수공공재는 비경합성이 특징이므로 두 사람의 소비량이 동일하며 사적재는 경합성이 있으므로 두 소비자 소비량의 합계가 전체 생산량과 일치한다.

효용극대화점에서 생산가능곡선의 기울기인 한계변환율과 무차별곡선의 기울기인 한계대체율을 각각 구할 수 있다. 이 점에서 '한계변환율(MRT)이 한계대체율(MRS)을 합계한 것과 일치한다.' 경제학자 사무엘슨(Samuelson, P.)이 밝힌 것으로 '사무엘슨 조건'이라고 한다.

여기서 한계대체율은 소비자가 평가하는 공공재소비의 한계편익과 같고 한계변환율은 공공재생산에 따른 기회비용과 일치하는 것이므로, 사뮤엘슨조건은 한계편익의 합계가 한계비용과 일치한다는 린달균형과 다를 바 없다. 한계편익곡선은 개인수요곡선이며 한계비용곡선은 개별공급곡선과 같은 것이다.

03 2021

공공재의 과다공급 원인으로 옳은 것을 모두 고른 것은?

> ㄱ. 다수결 투표제도
> ㄴ. 정치적 결탁(logrolling)
> ㄷ. 다운즈(A. Downs)의 투표자의 무지
> ㄹ. 갤브레이드(J. K. Galbraith)의 의존효과

① ㄱ, ㄴ ② ㄱ, ㄷ ③ ㄴ, ㄷ
④ ㄴ, ㄹ ⑤ ㄷ, ㄹ

✓다수결투표제도를 통해 중위투표자정리 또는 투표의 모순을 설명할 수 있다. 나아가 다수결은 투표의 거래 또는 담합이라 불리는 로그롤링(log-rolling ; 정치적 결탁)을 불러일으키기도 한다. 정치적 결탁이 이루어지면 내가 원하는 것을 공급받기 위해 타인이 원하는 서비스에 지지표를 던져야 하므로 과다 공급된다. 다운즈의 투표자무지는 '자신의 의사가 사회 전체의 결정에 영향력이 없을 것으로 판단, 의사표시를 포기하는 경우'를 말한다. 따라서 투표자의 무지는 공공재의 과소공급을 가져올 확률이 높다. 갈브레이스의 '의존효과'에 따르면 사적재가 광고나 선전 등에 의존해 확대생산된다는 것이므로 공공부문은 상대적으로 위축된다. **답** ①

04 2019 ㄱ

4가구(가~라)가 있는 마을에서 강을 건너기 위한 다리를 건설하기로 합의하였다. (가)는 다리를 건널 필요가 없는 농가이고, (나)는 다리를 이용하여 강 건너 직장에 출퇴근하여 500의 총편익을 얻는다. 다리 이용에 따른 (다)의 총편익은 $400+30M+20M^3$이고 (라)의 총편익은 $400+70M+30M^3$이다. 이때 다리의 총 건설비용은 $3,850M+700$이다. 다리의 적정 규모 M은? (단, M : 다리규모)

① 2 　　　　　　　　② 3 　　　　　　　　③ 4
④ 5 　　　　　　　　⑤ 6

✓가의 $MB=0$, 나의 $MB=0$, 다의 $MB=30+60M^2$, 라의 $MB=70+90M^2$이다. 따라서 MB의 총계는 $100+150M^2$이다. $MC=3,850$이므로 최적배분은 $100+150M^2=3,850$일 때 이루어진다. 따라서 $M=5$일 때 최적이다. **답** ④

05 2018 ㄱ

A와 B 두 사람만이 존재하는 경제에서, 비경합적이고, 배제불가능한 연극공연에 대한 A의 효용함수는 $U_A=100+20D-D^2$이고 B의 효용함수는 $U_B=20+12D-2D^2$으로 주어져 있다. 연극공연의 한계비용이 $MC=2D$라고 할 때 사회적으로 바람직한 최적 연극공연은 몇 회인가? (단, D는 연극공연 횟수이다.)

① 1회 　　　　　　　② 2회 　　　　　　　③ 3회
④ 4회 　　　　　　　⑤ 5회

✓비경합성과 배제불가능성이 충족되므로 연극공연은 순수공공재이므로 한계편익의 합이 한계비용과 일치할 때 최적생산량이 결정된다. A의 한계편익은 $20-2D$, B의 한계편익은 $12-4D$이므로 한계편익의 합은 $32-6D$이다. 한계비용이 $2D$이므로 $32-6D=2D$를 충족하는 $D=4$가 최적이다. **답** ④

06 2016

두 사람(A, B)이 존재하는 경제에서 공공재 X의 한계비용(MC_X)은 $2X$, A의 한계효용(MU_A)은 $4-X$, B의 한계효용(MU_B)은 $8-2X$이다. 공공재의 균형량은?

① 2.4 ② 2.8 ③ 3.0
④ 3.4 ⑤ 4.0

✓ 공공재이므로 한계효용의 '합'이 한계비용과 일치할 때 균형이 된다. $4-X+8-2X=2X$를 충족하는 X는 $\frac{12}{5}$, 즉 2.4이다. **답** ①

07 2016

다수가 사용하는 공공재의 최적공급이론에 관한 설명으로 옳은 것은?

① 비배제성이 존재할 경우에도 공공재의 정확한 수요를 도출할 수 있다.
② 공공재의 전체 수요곡선은 개별수요곡선을 수평으로 합계한 것이다.
③ 공공재의 최적공급 상황에서는 동일한 소비량에 대하여 상이한 가격을 지불하게 된다.
④ 파레토 효율은 공공재 개별 이용자의 한계편익과 한계비용이 일치할 때 달성된다.
⑤ 공공재의 각 이용자가 부담하는 공공재 가격은 공급에 따르는 한계비용과 일치한다.

✓ 1) 비배제성은 무임승차문제의 원인이므로 배제가 불가능할 때 진정한 선호를 표출하지 않을 것이다.
  2) 공공재의 경우 전체수요곡선은 개별수요곡선을 수직으로 합계한다.
  3) 최적상황에서 개별적으로 지불하는 금액은 개인마다 다르다. 능력원칙에 따르면 개인의 소득에 의해 결정되며 편익원칙에 따르면 개인이 기꺼이 지불할 수 있는 금액에 의해 결정된다.
  4) 공공재의 효율적 배분조건은 "한계편익의 합계=한계비용"이다.
  5) 개별이용자의 부담금액은 공공재생산의 한계비용과 무관하다. **답** ③

6. 수요표출메커니즘

공공재와 관련된 정부개입이 효율적이려면 모든 개인이 공공재에 대해 진정한 선호를 표출하는 것이 최우선이다. 모든 사람이 진정한 선호를 나타낸다면 무임승차자가 없다는 의미이며 이들 수요를 합하여 구한 사회전체의 수요도 의미있는 것이기 때문이다. 각 개인들로 하여금 진정한 선호를 표출하도록 유도하는 도구로 수요표출 메커니즘을 들 수 있다.

모든 개인에게 자신의 선호를 표출하게 만들고 적정공공재수준과 본인의 부담금액을 결정하는 방식이다. 여기서 핵심은 본인부담(일명 클라크세 ; Clarke Tax)을 결정할 때 본인이 표출한 선호와 무관하게 결정된다는 점이다. 다른 사람의 선호에 의해 본인부담이 결정되며 따라서 본인이 거짓선호를 표출해도 본인에게 이득으로 돌아올 것이 없다. 진정한 선호를 표명하는 것이 본인에게 우월전략이라는 점이다. 그러나 구성원이 담합하여 거짓 선호를 함께 표출하는 경우 성립될 수 없어 무임승차문제가 해결되지는 못한다.

행동경제학에서도 무임승차문제를 논의하는데 무임승차자의 명제, 즉 무임승차하려는 성향이 강하다는 것이 반드시 옳은 것은 아니다. 모든 사람이 무임승차하려 들면 공공재가 전혀 생산될 수 없고 부분적으로 무임승차경향이 있다면 최적수준에 미치지 못하는 공공재가 공급된다. 행동경제이론가들의 분석에 따르면 무임승차를 할 수 있는 상황에서도 사람들은 무임승차행동을 자제한다는 것이다. 무임승차가 떳떳하지 못한 행동이므로 자제한다는 입장, 무임승차행위가 다른 사람의 분노를 촉발하야 나중에 더 큰 불이익을 볼 수 있다는 두려움 때문이라는 입장 등이 있다. 그러나 구성원의 수가 많아지면 익명성이 보장되고 따라서 어떤 형태의 징벌도 불가하므로 무임승차경향이 늘어날 가능성이 큰 것은 사실이다.

08 2019

공공재의 수요표출 메커니즘에 관한 설명으로 옳은 것을 모두 고른 것은?

> ㄱ. 수요표출 메커니즘의 궁극적 목적은 파레토 효율적 자원배분을 실현하기 위함이다.
> ㄴ. 클라크 조세(Clarke tax)의 핵심은 개인이 부담할 세금의 크기와 표출한 선호 간 독립성을 확보하는 것이다.
> ㄷ. 클라크 조세에서 개인은 자신의 진정한 선호를 표출하는 것이 우월전략이다.
> ㄹ. 클라크 조세에서 어떤 소비자가 부담할 세금은 자신이 표출한 선호가 아니라 다른 소비자들이 표출한 선호에 의해 결정된다.

① ㄱ, ㄷ　　　　　② ㄴ, ㄷ　　　　　③ ㄱ, ㄴ, ㄷ
④ ㄱ, ㄴ, ㄹ　　　⑤ ㄱ, ㄴ, ㄷ, ㄹ

✓ 수요표출 메커니즘은 무임승차문제해결을 위한 아이디어이다. 자신의 부담이 다른 사람의 선호에 의해 결정되므로 자신의 '진정한 선호'를 표출하는 것이 우월전략이며 따라서 무임승차문제가 해결될 수 있다는 것이다. 하지만 구성원들 간 담합을 할 때 이같은 기대가 무너지게 된다.　　답 ⑤

05 공공선택이론

1. 최적다수결

부캐난(Buchanan, J.)과 툴록(Tullock, G.)에 의하면 표결에 의해 의사결정을 할 때 두 가지 비용이 있다. 하나는 의사결정에 필요한 시간과 관련된 비용으로 지지율이 높을수록 높아지는 유형이다. 이를 '의사결정비용'이라 한다. 다른 하나는 어떤 안건이 통과될 때 자신이 손해를 본다는 느낌 때문에 발생하는 비용이다. 다수가 지지했어도 안건에 반대한 사람은 자신이 원하는 바가 아니므로 결과에 승복하지만 마땅치는 않다. 이런 불만에 의한 비용을 '외부비용' 또는 '결과승복비용'이라 한다.

총비용은 두 비용을 합계하면 구할 수 있고 총비용을 최소화하는 지지율을 최적다수결이라 한다. 최소한 이 비율 이상의 지지를 받아야 안건이 통과된 것으로 간주하겠다는 의미이며 최적다수결이 $50\%\left(\frac{1}{2}\right)$, 즉 과반수 지지와 일치하는 것은 아니다.

01 [2017]

A시 의회에서는 의사결정방식으로 최적다수결제(optimal majority) 모형을 사용하기로 하였다. 가결률 $n(0 \leq n \leq 1)$에 따른 의사결정비용과 의안통과로 인해 자신들이 손해를 본다고 느끼는 사람들에게서 발생하는 외부비용이 다음과 같다. 이 때 최적 가결률은?

$$\text{의사결정비용} = 10n^2 + 10$$
$$\text{외부비용} = -6n^2 - 2n + 5$$

① $\frac{1}{3}$ ② $\frac{1}{4}$ ③ $\frac{1}{5}$
④ $\frac{1}{6}$ ⑤ 1

✓ 의사결정에 따른 총비용은 의사결정비용과 외부비용의 합이므로 $4n^2 - 2n + 15$이다. 총비용 최소화점은 일차미분값이 영(0)이 되는 수준이므로 $8n - 2 = 0$을 충족하는 $n = \frac{1}{4}$이다. 따라서 최적가결률은 25%이다.

답 ②

2. 투표제도 : 과반수다수결과 중위투표자정리

만장일치(100% 지지)는 의사결정비용이 과다하므로 현실적으로 만장일치에 의한 의사결정은 불가능하다. 우리나라의 국회의원이나 대통령선거는 단순다수결, 즉 지지율이 가장 높은 안건(사람)이 채택되는 방식인데 과반수다수결이 채택되는 것으로 가정하자. 유권자 세 사람이 세 개의 선택대상안에 대해 우선순위를 표명하며 각 안건은 큰 예산규모, 중간 예산규모, 작은 예산규모라 하자.

각 개인이 표명한 선호를 보고 사회선호를 판단하는 것이 불가하므로 세 개 안건 중 두 개씩 연속적으로 비교해 나가면서 최종승자를 가릴 수 밖에 없다. 둘씩 비교하며 승자를 가리는 것을 꽁도르세 방식이라 하며 이 결과 최종승자를 꽁도르세 승자(Condorcet winner)라 한다. 둘씩 비교하여 채택된 최종승자는 중간규모의 예산이다.

큰 것에서 작은 것 순서로 또는 작은 것에서 시작하여 큰 것 순서로 배열할 때 가운데 위치한 안건이 있는데 이를 선호하는 유권자를 '중위투표자'라 한다. 결국 과반수다수결의 결과 중위투표자가 선호하는 것이 사회전체의 선호로 채택된다는 것인데 이를 '중위투표자정리'라 한다. 중위투표자정리는 투표자의 선호가 단봉형일 때 성립된다.

선거전 정강이 판이하게 다르던 두 정당이 선거철에 가까워지면 정강이 비슷하게, 즉 중위투표자가 원하는 방향으로 바뀌는 것을 볼 수 있다. 이를 '최소격차의 원칙'이라 하는데 중위투표자정리가 성립된다는 근거로 제시할 수 있다.

02 | 2021

중위투표자 정리에 관한 설명으로 옳지 않은 것은?

① 양당제를 운영하고 있는 국가에서 정치적 성향이 대치되는 두 정당의 선거 공약이 차별화되는 것과 관련이 있다.
② 선호가 모든 투표자 선호의 한 가운데 있는 사람을 중위투표자라 한다.
③ 이 정리에 의한 정치적 균형이 항상 파레토 효율성을 가져오는 것은 아니다.
④ 투표자의 선호가 다봉형이 아닌 단봉형일 때 성립한다.
⑤ 가장 많은 국민들의 지지를 확보하려는 정치가는 중위투표자의 지지를 얻어야 하는 것으로 해석할 수 있다.

✓ 중위투표자정리란 다수결투표 결과 가장 중위의 선호를 가진 유권자의 의사가 사회선택으로 채택되는 현상이며 유권자 선호가 단봉형일 때 성립된다. 정치적 성향이 전혀 다른 양당제 국가에서 중위투표자의 지지를 얻기 위해 선거공약이 유사해지는 것을 예로 들 수 있다. 　답 ①

03 2020

A, B, C 세 가지 선택대상에 대한 갑, 을, 병 3인의 선호순위가 다음의 표와 같이 주어져 있다.

	1순위	2순위	3순위
갑	A	B	C
을	B	C	A
병	C	A	B

다수결에 의해 결정할 경우 꽁도세(Condorcet) 승자에 관한 설명으로 옳은 것을 모두 고른 것은?

ㄱ. A와 B를 먼저 비교할 경우, 최종적으로 B가 선택된다.
ㄴ. A와 C를 먼저 비교할 경우, 최종적으로 B가 선택된다.
ㄷ. B와 C를 먼저 비교할 경우, 최종적으로 B가 선택된다.
ㄹ. 이 상황에서는 사회적 선호가 이행성을 만족시킨다.
ㅁ. 이 상황에서는 사회적 선호가 이행성을 만족시키지 않는다.

① ㄱ, ㄹ
② ㄱ, ㅁ
③ ㄴ, ㄹ
④ ㄴ, ㅁ
⑤ ㄱ, ㄴ, ㄷ, ㄹ

✓ 꽁도세방식으로 A, B를 비교하면 $A>B$이다. B와 C를 비교하면 $B>C$이다. A와 C를 비교하면 $A<C$이다. 따라서 $A>B>C>A>B$…이므로 투표의 모순이 발생한다. 따라서 애로우의 조건 중 '이행성' 조건에 부합되지 않는다. 한편 표결순서에 따라 결과가 달라지는데(의사진행조작) A와 B를 먼저 비교하면 $A>B>C$이며, B와 C를 우선 비교하면 $B>C>A$가 사회선호가 된다. A와 C를 먼저 비교하면 $C>A>B$가 우선순위로 나타난다. 안건의 배열이 오름차순이라면 유권자 병이 다봉형선호를 가져 이같은 모순이 발생한 것이다.

답 없음

04 2019

갑, 을, 병 세 사람으로 구성된 사회에 공공재를 공급하고자 한다. 공공재의 총공급 비용은 $TC=36Q$이며, 갑, 을, 병 각각의 수요함수는 $Q=30-P$, $Q=35-\frac{P}{2}$, $Q=40-\frac{P}{4}$이다. 공공재 공급비용을 각자 균등하게 부담할 때, 꽁도세(Condorcet) 방식에 의한 공공재 공급량은? (단, Q : 수량, P : 가격)

① 29
② 30
③ 32
④ 35
⑤ 37

✓ 한계비용은 36원, 세 사람이 균등하게 부담하면 일인당 12원씩 부담한다. 각 개인의 수요함수를 참조하여 그들이 선호하는 공공재 공급량을 구할 수 있다. 갑의 경우 18(30−12), 을은 29(35−6), 병은 37(40−3)이다. 꽁도르세 방식에 의해 표결이 이루어지면 중위투표자의 선호가 사회선호가 되므로 공공재 공급량은 29단위이다.

답 ①

05 2018

중위투표자 정리에 관한 설명으로 옳지 않은 것은?

① 중위투표자는 전체 투표자 선호의 한 가운데 있는 투표자를 의미한다.
② 정당들이 차별적인 정책을 내세우도록 만드는 현상과 관련된다.
③ 모든 투표자의 선호가 단일정점(단봉형)인 경우 성립한다.
④ 중위투표자정리에 의한 정치적 균형이 항상 파레토 효율을 달성한다는 보장은 없다.
⑤ 정당들이 중위투표자가 선호하는 정책들을 내세우도록 만드는 것과 관련된다.

◎ 중위투표자정리는 과반수다수결에 의한 선택 결과, 가장 중위의 안건을 선호하는 유권자(중위투표자)의 의사가 사회선호로 채택된다는 정리이다. 단봉선호가 전제되어야 가능하며 중위투표자정리가 파레토효율성을 의미하는 것은 아니다. 양당제를 가정할 때 정강이 다른 두 정당이 선거철이 되면 유권자표를 의식, 비슷하게 정강이 변화하는 것을 예로 들어 설명할 수 있다. 답 ②

3. 투표의 모순과 점수투표제

세 명의 유권자(A, B, C) 그리고 세 개의 선택대상안건(x, y, z)이 있다고 하자. x는 작은 예산규모, y는 중간 예산규모 그리고 z은 큰 예산규모라 하고 각 개인의 선호가 다음과 같다고 가정해보자.

$$A : x>y>z$$
$$B : y>z>x$$
$$C : z>x>y$$

꽁도르세 방식으로 승자를 가리기 위해 둘씩 짝을 지워 비교해보기로 하자. 우선 x는 y보다 선호된다. 그리고 y는 z보다 선호된다. 끝으로 x보다 z이 더 선호된다. $x>y$이며 $y>z$인 데 $z>x$인 셈이다. 어떤 안건이 채택될지 선택할 수 없다. 이를 '투표의 모순'이라 한다.

투표의 모순이 발생하는 이유는 유권자 C 때문인데 그의 선호가 '큰 예산>작은 예산>중간 예산'으로 되어있는데 큰 예산을 가장 선호하면 작은 예산을 가장 싫어해야 이치에 맞는다는 것이다. 그리고 횡축에 예산규모를 종축에 순위를 두고 그림을 그려보면 알파벳 V자 모양의 선호곡선이 그려져 선호의 정점이 하나가 아니므로 단봉선호가 아님을 알 수 있다. 다봉선호를 가진 유권자의 선호를 단봉선호로 바꾸면($z>x>y \to z>y>x$) 중위투표자정리가 성립되므로 투표의 모순이 발생한 원인은 다봉선호를 가진 유권자 C인 것이다.

투표의 모순을 제거하는 방법 중 하나가 점수투표제이다. 각 안건에 점수를 부여하고 안건별로 점수총계를 구한 뒤 가장 많은 점수를 얻는 안건이 채택되도록 하는 것이다. 그런데 기수적으로 점수를 부여하면 타인에게 선호가 노출되어 전략대상이 될 수 있다는 문제가 있다. 그리고 특정 안건에 높은 선호강도를 가진 유권자들끼리 자신이 지지하는 안건이 채택될 수 있도록 투표거래가 존재할 수 있다.

06 2019

투표자들의 선호강도를 반영할 수 있는 제도를 모두 고른 것은?

> ㄱ. 거부권투표제 ㄴ. 보다(Borda)투표제 ㄷ. 점수투표제
> ㄹ. 투표거래(logrolling) ㅁ. 만장일치제

① ㄱ, ㄴ, ㄷ ② ㄱ, ㄷ, ㄹ ③ ㄴ, ㄷ, ㄹ
④ ㄴ, ㄹ, ㅁ ⑤ ㄷ, ㄹ, ㅁ

✓ 개인선호가 점수로 표시되면 다른 사람이 전략대상으로 삼을 수 있다. 점수에는 일반점수와 보다(Borda)점수가 있으며, 선호강도(점수)를 파악한 뒤 유권자끼리 선호하는 안건에 대해 거래할 수 있는 것이 투표거래이다.

답 ③

07 2018

투표제도에 관한 설명으로 옳은 것을 모두 고른 것은?

> ㄱ. 과반수제에서는 '투표의 역설' 현상이 나타날 수 있다.
> ㄴ. 보다방식(Borda count)에서는 선택대상 간 연관성이 없다.
> ㄷ. 선택대상에 대한 선호의 강도는 점수투표제에서 직접 표시될 수 있다.
> ㄹ. 전략적 행동이 없다면 점수투표제가 선택대상에 선호의 강도를 가장 잘 반영한다.
> ㅁ. 점수투표제는 개인의 선호를 서수로 나타낸다.

① ㄱ, ㄴ, ㄷ ② ㄱ, ㄷ, ㄹ ③ ㄴ, ㄷ, ㅁ
④ ㄴ, ㄹ, ㅁ ⑤ ㄷ, ㄹ, ㅁ

✓ 1) 과반수 다수결에 다라 중위투표자정리가 성립되는데, 다봉선호를 가진 개인이 있는 경우 투표모순이 발생한다.
2) 보다점수는 안건이 n개일 때 1순위 n점 마지막 순위에 1점이 부여된다.
3) 점수투표제가 시행되면 개인의 선호강도가 명시된다.
4) 각 안건에 부여한 점수 자체가 선호강도이므로 전략적 행동을 하지 않는다면 정확하게 강도가 명시된다.
5) 점수를 부여한다는 것은 기수적 선호표명이다.

답 ②

4. 관료모형

관료모형에서 관료가 추구하는 사익은 예산규모극대화이다. 관료는 예산규모가 커질수록 자신의 영향력이 강해지는 등 부수적 편익이 따르므로 과다한 규모의 예산을 지지한다는 것이다. 니스캐 난 모형에서 예산규모의 증가에 따른 한계편익과 한계비용이 주어져있을 때, 한계편익곡선은 선형으로 체감하며 한계비용은 일정하다고 가정해 보자.

최적 예산규모는 한계편익과 한계비용이 일치하는 점, 즉 순잉여가 극대화되는 점에서 결정되지만 관료는 이를 거부하고 예산의 확장을 추구한다. 니스캐난에 따르면 순잉여가 영(0)이 될 때까지 확장 공급한다는 것이다. 극대화된 순잉여를 결국 영(0)으로 만드는 꼴이므로 관료는 불완전 경쟁시장의 '1급 가격차별 독점자'와 하나 다를 바 없는 것이다.

미그-빌레인져 모형은 예산규모에 따른 잉여곡선을 관료의 예산제약으로 제시하고 관료의 효용을 극대화하는 점에서 예산규모가 결정된다는 것이다. 따라서 최적규모보다 많은 예산이 배분되지만 니스캐난이 제시하는 예산규모보다는 작다. 로머-로젠탈 모형에 따라 예산이 배분되어도 과다한 규모의 공공재가 공급된다는 점은 동일하다.

관료의 특성을 감안할 때 최적공공재공급은 불가능하다. 따라서 효율적 공급이 가능하려면 공공재의 생산 및 공급에 관한 결정은 민간부문에서 하고, 정부는 민간부문에서 결정된 공급규모를 수정 없이 공급하며 공공재 공급비용만 부담해야 할 것이다.

08 2021

공공서비스의 수요곡선은 $P=16-\frac{1}{2}Q$이고 이를 공급하는데 소요되는 한계비용은 12로 일정할 때, 이를 독점적으로 공급하는 관료가 효율적인 서비스를 제공하기 보다는 자신이 속한 조직 규모 극대화를 추구하고 있다. 이런 경우 관료의 공공서비스 규모는? (단, P는 공공서비스의 가격, Q는 공공서비스의 규모이다.)

① 4　　　　② 8　　　　③ 12
④ 14　　　　⑤ 16

◎ 가장 바람직한 규모는 순잉여가 극대화되는 점이고 $AR=MC$일 때 달성된다. 즉 수요곡선과 한계비용 곡선이 일치하는 점$\left(16-\frac{1}{2}Q=12\right)$에서 $Q=8$이 최적이다. 그런데 관료는 예산규모 극대에 관심이 있으므로 순잉여가 영(0)이 될 때까지 공급량을 증가시키려 하므로 16단위까지 공급하고자 할 것이다.　🅰 ⑤

09 2019

관료제 모형에 관한 설명으로 옳은 것은?

① 니스카넨(W. Niskanen) 모형에서 관료제 조직은 가격순응자와 같이 행동한다.
② 니스카넨 모형과 미그-빌레인저(Migue-Belanger) 모형에서는 공익추구를 기본 가정으로 한다.
③ 니스카넨 모형에서 관료는 예산의 한계편익과 한계비용이 일치하는 수준까지 예산규모를 늘린다.
④ 다른 조건이 모두 동일할 때, 니스카넨 모형에 따른 공공재의 초과공급은 미그-빌레인저 모형에 따를 때의 초과공급보다 적다.
⑤ 니스카넨 모형에서 관료제에 대응하는 방안으로 생산과 공급활동은 민간기업에 맡기고 정부는 비용만 부담하는 방법이 있다.

✓1) 니스카넨 모형은 순잉여 영(0)을 지향하므로 관료는 1급 가격차별 독점자와 동일하다.
2) 관료모형의 기본가정은 개인, 정치가와 마찬가지로 사익이다.
3) 한계비용과 한계편익이 일치할 때 잉여가 극대화되는데 관료는 순잉여 영(0)일 때까지 공공재공급량을 증가시키려 하므로 총편익과 총비용이 일치하는 수준이 관료의 균형이다.
4) 같은 관료모형이라도 니스카넨이 추구하는 공공재 공급량이 미그-빌레인져의 공급량보다 크다.
5) 만약 공공재 생산과 공급활동은 민간부문에서 하고 정부는 비용부담만 한다면 최적공공재공급이 가능할 것이다.

답 ⑤

5. 애로우의 불가능성 정리

바람직한 사회상태를 찾기 위해 사회적 무차별곡선을 이용한다. 자원이 효율적 배분과 관련하여 생산가능곡선의 각 점들로부터 무수히 많은 효용가능곡선을 도출하고 효용가능곡선의 포락선인 효용가능경계를 도출한다. 효용가능경계의 한 점은 자원의 효율적 배분을 의미하는 것인데 무수히 많은 점 중 가장 바람직한 한 상태를 구하기 위해 사회적 무차별곡선이 필요한 것이다.

사회적 무차별곡선은 사회후생함수로부터 정의되며 평등주의, 공리주의 그리고 롤즈적 견해에 따라 생김새는 각각 다르다. 만역 평등적 성향의 사회후생함수가 채택되면 사회적 무차별곡선은 원점에 대해 볼록할 것이며 효용가능경계와 사회적 무차별곡선이 접하는 점이 가장 바람직한 한 점(bliss point), 즉 최적중의 최적이 된다.

그런데 개인선호를 이용 사회선호를 도출하는 사회후생함수가 의미를 가지려면 완전성, 이행성, 독립성, 비독재성, 파레토원칙 등의 조건에 부합되어야 한다. 이 모든 조건을 다 충족하며 사회선호를 도출하는 방법이 없다는 것이 애로우(Arrow, K.)의 지적이며, 이를 '불가능성정리'라 한다. 제대로 된 사회후생함수가 존재할 수 없다면 사회적 무차별곡선을 도출할 수 없고 사회적 무차별곡선이 없다면 '가장 바람직한 한 점'을 선택하는 것 역시 불가능한 것이다.

06 외부성

1. 외부성의 의미 및 종류

외부성은 한 경제주체의 경제활동이 다른 주체에게 뜻하지 않게 이득이나 손실을 끼쳤음에도 이에 대한 적절한 보상이 이루어지지 않은 경우를 의미한다. 외부성을 정의할 때 고의성이 없고 보상이 없어야 한다는 점이 핵심이다. 우리가 말하는 외부성은 실질적 외부성을 의미하는 것인데, 다음 여러 형태로 구분할 수 있다.

첫째, 실질적 외부성 및 금전적 외부성이다. 우리가 말하는 외부성은 실질적 외부성(또는 기술적 외부성)이며 금전적 외부성은 평가대상에 제외되어야 한다. 대규모 건설공사를 하여 이에 따라 임금이 상승한 경우 노동의 상대가격변화에 따른 것이므로 효용함수나 후생함수에 영향을 미치는 것이 아니므로 외부성 평가에 포함시킬 필요가 없다는 것이다. 금전적 외부성은 상대가격구조의 변동에 따라 발생된 것이므로 자원의 비효율적 배분과 무관하다는 점에 유의해야 한다.

둘째, 생산외부성과 소비외부성으로 구분된다. 생산과정에서 발생된 외부성을 생산외부성, 소비과정에서 발생된 외부성을 소비외부성이라 한다. 공장에서 재화생산을 하며 오염물질이 발생되어 생긴 외부성(부정적 외부성)은 생산외부성이며, 자신의 취미활동으로 피아노를 치는데, 피아노 소리를 들은 이웃사람에게 기쁨을 주었다면 이는 소비외부성이라 할 수 있다.

셋째, 긍정적 외부성과 부정적 외부성이다. 어떤 공장에서 생산활동을 하며 오염물질이 방출된 결과 다른 주체에게 피해를 입혔다면 부정적 외부성이다. 반면 어떤 화학자가 자신의 연구에 매진하여 도출된 결과를 특정 기업이 이를 활용, 새로운 상품생산에 적용한 뒤 큰 돈을 벌었다면 이는 긍정적 외부성에 해당된다.

01 2020

기술적 외부성에 관한 설명으로 옳은 것을 모두 고른 것은?

> ㄱ. 자원 배분의 비효율성은 발생하지 않는다.
> ㄴ. 화학공장이 강 상류에 폐수를 방출하였다.
> ㄷ. 대규모 건설공사로 인한 건축자재 가격 상승으로 다른 건축업자가 피해를 입었다.
> ㄹ. 양봉업이 인근 과수원의 생산에 영향을 미쳤다.

① ㄱ, ㄴ ② ㄱ, ㄷ ③ ㄴ, ㄷ
④ ㄴ, ㄹ ⑤ ㄷ, ㄹ

✓ 기술적 외부성은 실질적 외부성이며 사회후생변화에 직접 영향을 미치는 것이다. 반면 금전적 외부성은 외부성평가에 반영할 필요가 없는데 상대가격변화에 의한 외부성이기 때문이다. 예를 들어 정부 공공투자로 근로자 임금이 상승하면 이는 노동수요증가로 상승된 것이며 근로자의 임금상승이란 이득은 정부지출증가와 상쇄된다. 그러나 공장의 폐수방출로 인한 부정적 외부성, 양봉업과 과수원 사이의 긍정적 외부성 등은 실질적 외부성이며 따라서 외부성평가에 반드시 반영되어야 한다. 답 ④

02 2020

외부성에 관한 설명으로 옳지 않은 것은?

① 생산과 관련된 현상으로 소비와 관련되어 나타날 수 없다.
② 외부불경제가 존재하면 사회적 최적에 비하여 과다생산된다.
③ 외부성을 내부화하기 위해 조세 또는 보조금을 사용한다.
④ 배출권 거래제는 공해 물질에 대한 시장을 조성한 것으로 볼 수 있다.
⑤ 재산권을 통해 외부성을 내부화한 경우, 소득분배의 방향과 관계없이 효율성 달성이 가능하다.

✓ 외부성은 소비과정은 물론 생산과정에서도 나타난다. 외부불경제이면 과다한 생산이 발생되며 조세를 통해 교정 가능하다. 배출권거래제도란 정부가 발행한 오염배출권이 시장에서 자유롭게 거래되는 제도이다. 끝으로 재산권이 설정되어 자발적 거래가 가능한 경우도 효율적 배분이 가능하다. 외부성은 자원배분의 효율성 관련 시장실패의 요인이며 외부성 치유 역시 효율적 배분의 관점에서 의미를 갖는다. 답 ①

03 2017

외부성에 관한 설명으로 옳지 않은 것은?

① 외부성이 존재할 경우 효율적 자원배분을 위해서는 사회적 한계비용과 사회적 한계편익이 일치해야 한다.
② 실질적 외부성이란 개인의 행동이 제3자에게 의도하지 않은 이득이나 손실을 가져와 비효율적인 자원배분의 원인으로 작용하는 현상을 말한다.
③ 금전적 외부성이 존재하면 상대가격구조의 변동을 가져와 비효율적인 자원배분의 원인으로 작용한다.
④ 긍정적 외부성이 존재하면 해당 재화는 사회적 최적 수준보다 적게 생산되는 경향이 있다.
⑤ 부정적 외부성이 존재하면 해당 재화는 사회적 최적 수준보다 많이 생산되는 경향이 있다.

✓ 금전적 외부성은 상대가격구조의 변동에 따른 것이므로 자원의 효율적 배분과 무관하며 따라서 외부성평가에 고려할 필요 없다.

답 ③

2. 긍정적 외부성과 보조금

외부성이 긍정적인 경우 외부성의 원인제공자가 다른 사람에게 제공된 이득을 편익으로 판단하지 않으므로 사적 한계편익에 비해 사회적 한계편익이 더욱 크다. 시장에서 사적 한계편익과 한계비용이 일치하며 결정된 사적 최적량에 비해 사회적 한계편익과 한계비용이 일치하는 점에서 결정된 최적생산량이 더욱 많다. 외부성이 긍정적인 경우 시장배분의 결과 충분한 량의 재화가 생산/소비되지 못하는 것이다.

따라서 긍정적 외부성이 발생되면 시장생산량이 사회적 최적생산량에 미치지 못하여, 즉 과소생산으로 비효율적 배분이 야기된다. 긍정적 외부성이 있을 때 정부가 개입(보조금 지급)하여 생산량이 증대되면 사회적 관점에서 순후생이 증가한다. 따라서 외부성 치유를 위한 정부개입은 설득력 있는 것이다.

04 2020

긍정적 외부성이 있는 재화의 수요함수가 $Q=10-p$이고, 한계편익함수는 $Q=5-p$이다. 한계생산비용이 7.5라면 사회적 최적 생산량은?(단, Q는 수량, p는 가격이다.)

① 1.25   ② 3.75   ③ 7.5
④ 10.0   ⑤ 15.0

◎ 수요함수와 한계편익함수를 가격(P)에 대해 정리하면 각각 $P=10-Q$, $P=5-Q$이다. 따라서 사회적 편익은 개별편익에 한계편익을 더해야 하므로 $P=15-2Q$이다. 사회적 편익이 한계비용과 일치하는 생산량은 $15-2Q=7.5$, $Q=3.75$이다. 시장생산량은 수요함수과 한계비용이 일치하는 수준에서 결정되는 $10-Q=7.5$, $Q=2.5$이다. 긍정적 외부성이 있을 때 시장생산량은 사회적 최적생산량에 미치지 못함을 알 수 있다.

📖 ②

3. 부정적 외부성과 피구세

어떤 기업이 생산활동을 한 결과 오염물질을 방출하여 다른 주체에게 피해를 준 경우, 해당 기업은 자신의 행동이 사회에 어떤 비용을 야기했는지 제대로 파악할 수 없다. 따라서 부정적 외부성이 있으면 사적 한계비용(PMC)에 비해 사회적 한계비용(SMC)이 더욱 크다. 시장수요곡선과 사적 한계비용이 만나는 점에서 결정된 시장생산량에 비해 시장수요곡선과 사회적 한계비용이 일치할 때 결정되는 사회적 생산량이 많은 것이다. 외부성이 부정적인 경우 시장생산량이 지나치게 과다하여 문제가 된다.

이때 정부가 개입(조세부과)하여 사적 한계비용을 인상시키면 시장생산량은 감소한다. 사회적 최적생산량 수준에서 한계피해비용(MDC)에 해당하는 금액을 조세로 부과하면 과세 이후 시장생산량이 사회적 최적생산량과 일치한다. 외부성이 부정적일 때 정부개입으로 이를 해결하자는 주장이 피구(Pigou, A.)에 의해 제기되었기에 오염배출에 부과되는 조세를 피구세라 한다. 공해세 또는 오염세로도 불리운다.

최근 지구온난화와 관련하여 환경문제에 관심이 많다. 지구온난화로 기상이변이 발생하고 곳곳에 크고 작은 피해가 연속되고 있다. 지구가 점차 더워지는 것은 오존층의 파괴 때문이며 오존층 파괴의 주범이 이산화탄소 배출이라는 것이다. 따라서 지구온난화를 해결하려면 그 원인이 이산화탄소 배출을 줄여야 한다. 최근 이산화탄소 배출량에 따라 조세가 부과되어야 한다는, 소위 탄소세(carbon tax) 주장의 배경이 여기에 있다.

05 2019

대기오염을 유발하는 경유 차량의 운행으로 인한 외부성에 관한 설명으로 옳은 것은?

① 경유 사용으로 인해 대기오염이 증가하여 국민건강을 해친다면, 이는 외부경제효과이다.
② 경유 소비에 대해 토빈세(Tobin tax)를 부과하면 대기오염을 감축시킬 수 있다.
③ 대기오염을 유발하기 때문에 경유 소비는 사회적 적정 수준보다 과소하다.
④ 외부효과를 상쇄하는 조세의 크기는 바람직한 경유 소비량 수준에서의 한계피해액만큼이어야 한다.
⑤ 조세부과를 통해 외부효과를 내부화할 수는 있지만, 자원배분의 효율을 달성하기 어렵다.

✓ 1) 대기오염에 따라 국민건강이 손상되면 외부불경제이다.
  2) 토빈세란 단기성 외환거래에 부과하는 세금이므로 외부성과 무관하다.
  3) 부정적 외부성이 있으면 시장생산량이 사회적 최적량보다 많다.
  4) 최적공해세액은 최적산출수준에서 한계피해비용과 일치한다.
  5) 공해세를 부과하여 외부성이 내부화되면 자원의 효율적 배분이 이루어진다. **답** ④

06 2018

피구세(Pigouvian tax) 형태의 공해세 부과가 초래하는 영향에 관한 설명으로 옳은 것은?

① 공해세 부과는 해당 제품의 한계비용을 인하하는 영향을 초래한다.
② 공해세 부과 후 해당 제품의 가격은 하락하게 된다.
③ 공해세 부과는 해당 제품의 과소한 생산량을 늘리는 효과가 있다.
④ 공해세 부과에 따라 공해가 완전히 제거된다.
⑤ 공해세의 대표적인 예로 탄소세를 들 수 있다.

✓ 공해세가 부과되면 사적 한계비용이 인상되며 균형생산량은 감소, 균형가격은 상승한다. 가격상승에 따라 과다했던 시장생산량이 사회적 최적수준으로 감소하게 된다. 주의할 점은 공해세 부과 이후 생산량이 감소하는 것이지 생산량이 영(0)이 되는 것이 아니므로 오염이 제거되는 것은 아니다. 최근 논의되고 있는 탄소세, 즉 이산화탄소배출의 원인제공요소에 부과하는 조세가 공해세의 대표적인 예이다. **답** ⑤

07 2017

오염의 효율적 억제에 대한 설명으로 옳지 않은 것은?

① 오염의 최적수준은 오염감축의 사회적 한계비용이 오염의 사회적 한계피해와 같아지는 점에서 결정된다.
② 오염발생기업에 대한 과세는 오염감축기술의 개발을 저해한다.
③ 오염은 기업 간 오염감축비용을 고려하여 통제하는 것이 합리적이다.
④ 재산권설정과 거래를 통해 오염의 최적수준을 달성할 수 있다.
⑤ 오염에 대한 과세는 기업들이 스스로 오염을 억제할 유인을 준다.

◉ 오염발생기업에 과세하면 스스로 오염을 감축할 수 있는 비용이 저렴하다면 스스로 비용을 줄이려할 것이다. 또한 기술개발을 통해 오염방출량을 감소시키는 것이 비용절약의 방법이므로 기업들 스스로 기술개발에 박차를 가할 것이다.　　답 ②

08 2016

외부성 문제를 해결하기 위한 과세의 사례는?

① 모든 상품에 대해서 10%의 소비세를 부과하는 경우
② 고소득 근로자들에게 고율의 누진소득세를 부과하는 경우
③ 대기오염을 감축시킬 목적으로 오염발생 기업 제품에 과세하는 경우
④ 고가부동산의 거래에 고율의 취득세를 부과하는 경우
⑤ 중소기업의 법인소득에 법인세를 부과하는 경우

◉ 부정적 외부성이 있을 때 조세부과를 통해 외부성을 내부화할 수 있다. 부정적 외부성에 해당되는 것이 대기오염방출이다. 소비세, 취득세, 법인세 등은 외부성문제와 관련짓기 어렵다.　　답 ③

4. 외부성 : 비용함수

A와 B 두 기업이 있고, A기업은 X재, B기업은 Y재를 생산. A기업의 비용함수는 X^2+3X이며, B기업의 비용함수는 Y^2+2Y+X이라고 하자. A기업의 비용은 자신이 생산하는 X재 생산량에 의해 결정되는 구조, 즉 $C_a=f(X)$이다. 그런데 B기업의 생산함수는 자신이 생산하는 Y재 생산량은 물론 A기업이 생산하는 X재 생산량에 의해서도 영향을 받는다. 즉 $C_b=f(Y, X)$ 인 것이다.

B기업의 생산함수를 보면 A기업의 X재 생산량이 증가하면 B기업의 생산비가 높아진다. 따라서 A기업의 재화생산행위가 다른 기업(B)에게 피해를 주는 꼴이다. 이는 부정적 외부성이며 외부성 원인제공자는 기업 A이며, 외부성을 시정하려면 A기업의 생산행위에 조세를 부과하면 된다. 과세 이후 X재 생산량이 감소되면 사회전체의 생산비용이 감소되므로 피구세의 전형으로 소개할 수 있다.

09 [2016]

두 기업(A, B)이 존재하는 경제에서 A기업은 X재를 생산하고, B기업은 Y재를 생산할 경우, A기업의 비용함수(C_a)는 X^2+4X이고, B기업의 비용함수(C_b)는 Y^2+3Y+X이다. 효율적인 자원배분을 위한 정부 정책수단으로 옳지 않은 것은? (단, $X>0$, $Y>0$이다.)

① B기업에 환경세를 부과한다.
② 외부성을 유발하는 물질에 대한 신규시장을 개설한다.
③ 두 기업을 공동 소유할 수 있도록 통합한다.
④ 두 기업 간 거래비용이 매우 적고, 협상으로 인한 소득재분배의 변화가 없을 경우 자발적 타협을 유도한다.
⑤ 정부가 X재와 Y재의 사회적 최적량을 생산하도록 수량을 규제한다.

◎ 비용함수를 보면 A기업에서 X재를 생산할 때 A기업의 비용이 증가하는 것은 물론 B기업의 비용도 증가한다. 따라서 A기업의 생산행위가 부정적 외부성을 유발하는 것이다. 따라서 문제해결을 위해 A기업에 공해세를 부과하는 방법, 외부성 원인물질에 대한 시장을 개설하는 방법, 자발적 협상을 유도하는 방법이 있다. 행정지도에 해당하는 직접규제방식으로 수량규제도 가능하다. 답 ①

5. 피구세 계산

　　피구세액을 계산하는 방법은 간단하다. 예를 들어 목장에서 우유 $1l$ 생산할 때 한계비용(MC)은 $MC=100+Q$이며, 우유에 대한 시장수요함수는 $P=1,300-10Q$, 목장에서 폐수가 방출되며 폐수방출로 인한 한계피해비용이 $MD=Q$ 이라고 하자.

　　첫째, 사적 최적생산, 즉 시장생산량은 한계비용과 수요함수가 일치할 때 결정된다. 시장수요곡선이 한계편익에 해당하므로 $MC=MB$인 생산량은 다음과 같다. $100+Q=1,300-10Q$, 최적생산량은 $Q=\dfrac{1,200}{11}$이다.

　　둘째 사회적 최적생산량은 사회적 한계비용(SMC)과 한계편익이 일치할 때 결정되며 사회적 한계비용은 사적 한계비용($100+Q$)에 한계피해비용(Q)을 더하면 되므로 $100+2Q$이다. 따라서 사회적 최적생산량은 $100+2Q=1,300-10Q$을 충족하는 $Q=100$이다.

　　셋째, 시장생산량$\left(\dfrac{1,200}{11}\right)$이 사회적 최적생산량(100)을 초과하므로 자원배분은 비효율적이며 이때 피구세를 부과하여 해결할 수 있다. 최적 피구세액은 최적생산량($Q=100$)에서 한계피해비용(Q)과 일치하므로, 100원이다. 단위당 100원이 조세가 부과되면 기업 스스로 최적생산량 100개를 생산하며 효율적 배분이 가능하다는 것이다.

10 2019

강 상류에서 우유를 생산하는 목장이 있다. 이 목장의 우유 $1l$의 한계비용은 $MC=100+Q$이고, 수요곡선은 $P=1,300-10Q$이다. 목장의 축산폐수가 하류지역에 피해를 유발하는데, 그 한계피해는 $MD=Q$이다. 경쟁적인 우유시장에서 정부가 교정조세(corrective tax)를 부과할 경우 옳지 않은 것은? (단, P : 가격, Q : 수량)

① 사회적 최적생산량은 $100l$이다.
② 사회적 최적생산량 수준에서의 가격은 300이다.
③ 사회적 최적생산량 수준을 달성하기 위해서는 단위당 100의 교정조세를 부과해야 한다.
④ 교정조세를 부과하지 않으면, 과다 생산될 여지가 있다.
⑤ 교정조세를 부과할 때 기업의 이윤극대화 생산량은 $\dfrac{1,200}{11}l$이다.

✓ 교정과세 부과이전 최적생산량은 $100+Q=1,300-10Q$를 만족하는 $Q=\dfrac{1,200}{11}$이다. 사적한계비용에 한계피해비용을 더한 사회적 한계비용은 $100+2Q$이므로 사회적 최적생산량은 $100+2Q=1,300-10Q$를 충족하는 $Q=100$이다. 이때 시장가격은 300원이며 최적세액은 $Q=100$일 때 한계피해비용은 100과 일치한다.

답 ⑤

6. 오염배출권제도

환경오염감축을 위해 공해세를 부과하는 것과 동일한 효과를 기대할 수 있는 것이 배출권거래제도이다. 오염물질 배출권(emission rights)을 보유한 기업만이 오염물질을 배출하도록 허용하자는 것이다. 정부는 정해진 양만큼의 배출권을 발행한 뒤 이를 시장에서 자유롭게 교환하도록 한다.

기업은 스스로 오염을 정화하는 비용을 계산하여 자체정화비용(오염저감비용)이 배출권구입비용보다 비싸면 배출권을 구입할 것이며 자체정화비용이 배출권구입비용보다 싸다면 이런 기업은 배출권을 판매하려 할 것이다. 오염배출량은 적정수준에 머물게 하며 기업 스스로 배출권의 교환을 통해 비용을 절약할 수 있는 것이다.

정부개입없이 시장유인을 통해 효율적 배분이 이루어지는 것이므로 행정비용의 절약이 가능하다. 공해세의 경우 징세당국의 징세비용은 물론 납세자 순응비용도 무시할 수 없을 것이다. 그러나 오염배출권의 판매는 시장에서 알아서 성사되므로 일체 행정비용 소요가능성이 없다. 그러나 배출권을 특정 기업이 모두 구입하여 다른 기업은 배출권을 구입하지 못할 때 특정 기업 이외 기업의 경우 재화생산이 불가능하다. 다른 기업의 진입을 불가능하게 만들어 독점적 지위가 유지될 우려가 있다.

11 2017

배출권거래제도에 관한 설명으로 옳지 않은 것은?

① 기업들에게 허용되는 오염물질 배출의 총량을 미리 정해 놓는다.
② 공해를 줄이는 데 드는 한계비용이 상대적으로 낮은 기업은 배출권을 판매한다.
③ 배출권 시장의 균형에서는 배출권을 줄이는 데 드는 각 기업의 한계비용이 같아진다.
④ 배출권의 총량이 정해지면 배출권을 각 기업에게 어떻게 할당하느냐와 관계없이 효율적 배분이 가능하다.
⑤ 환경오염 감축효과가 불확실한 것이 단점이다.

☑ 조세부과 대신 배출총량을 미래 정한 뒤 이를 시장에서 판매하며 효율적 배분이 가능하다. 오염저감비용이 낮은 기업은 배출권을 매각하고 오염저감비용이 큰 기업은 배출권을 매입하며 한계비용 일치하는 수주에서 균형이 이루어진다. 배출권 거래제도의 효과는 공해세부과와 동일하며 따라서 오염감축효과는 분명히 있다.

답 ⑤

7. 코우즈 정리

소유권이 분명할 때 당사자들의 자발적 협상에 따라 외부성문제가 해결될 수 있다는 것이 코우즈의 정리(Coase theorem)이다. 외부성의 본질이 상호성에 있으므로 조세와 같이 한 쪽에만 책임을 지우면 효율적 배분이 곤란하다는 것이다.

당사자들의 자발적 협상이 이루어지려면 협상과정에서 예상되는 거래비용이 작아야 한다. 이해당사자의 수가 적어야 거래비용이 적게 들 것이다. 그리고 소유권을 분명하게 정의할 수 있어야 하되 '소유권이 누구에게 있어야 하는지'는 문제가 되지 않는다. 소유권은 중요하나 소유권의 귀속주체는 중요하지 않다는 말이다.

외부성이 문제될 때 정부가 개입해야 하는 것으로 알았다. 긍정적 외부성일 때 보조금을 통해 해결하고, 외부성이 부정적인 경우 조세를 통해 자원의 효율적 배분에 이를 수 있었다. 그러므로 코우즈정리는 '정부개입 없이 외부성문제의 해결, 즉 자원의 효율적 배분에 이를 수 있다.'는 주장이니 이론적으로 큰 진전임에 분명하다.

그러나 오염방출에 따른 피해가 소수에게 국한된다는 것도 불가능하고, 하나 빠짐없이 소유권이 설정되어야 한다는 점도 비현실적이다. 정부가 배제된 상태에서 효율적 배분을 논의하는 내용이었으나 현실적으로 이를 수용하기는 불가할 것이다.

12 2021

코즈(R. Coase) 정리에 관한 설명으로 옳지 않은 것은?

① 외부성이 있는 경우 형평성이 아닌 효율성을 고려하는 해결 방안이다.
② 외부성이 있는 경우 당사자들의 이해관계와 무관하게 코즈 정리를 적용할 수 있다.
③ 외부성 문제가 있는 재화의 과다 또는 과소 공급을 해결하는 방안이다.
④ 정부가 환경세를 부과하여 당사자의 한쪽에게 책임을 지게 하면 효율적 자원배분을 이룰 수 있다.
⑤ 소유권이 분명하다면, 당사자들의 자발적 거래에 의해 시장실패가 해결된다는 정리이다.

✓ 코즈정리는 외부성문제 해결에 있어 정부개입 없이 당사자들끼리 협상을 통해 효율적 배분이 가능하다는 점을 밝히는 것이다. 환경세 부과는 정부개입의 하나이므로 코즈정리와 무관하다. 답 ④

13 2017

하천의 상류에는 하천오염물질을 유출하는 기업 A가 조업하고 있으며, 하천의 하류에는 깨끗한 물을 사용해야 하는 기업 B가 조업하고 있다고 가정할 경우, 코즈정리(Coase Theorem)와 관련하여 옳지 않은 것은?

① 하천의 재산권을 기업 A에게 부여하면 기업 B에게 부여하는 경우보다 하천의 오염도가 증가할 것이다.
② 코즈정리가 성립하려면 재산권이 명확하게 규정되어 있어야 한다.
③ 코즈정리가 성립하려면 협상으로부터 얻는 이득이 협상에 드는 비용보다 커야만 한다.
④ 코즈정리에 따르더라도 분배문제는 해결되지 않는다.
⑤ 코즈정리가 성립하려면 재산권 부여와 관련된 소득효과가 없어야 한다.

✓ 소유권이 누구에게 주어지는가에 관계없이 자발적 협상을 통해 효율적 배분이 가능하다는 것이 코즈정리의 핵심이다.

답 ①

14 2016

코즈 정리에 관한 설명으로 옳지 않은 것은?

① 정부가 소유권을 설정하면, 자발적 거래에 의하여 시장실패가 해결된다는 정리이다.
② 외부성이 있는 재화의 과다 또는 과소 공급을 해소하는 대책에 해당한다.
③ 외부불경제의 경우 이해당사자 중 가해자와 피해자를 명확하게 구분하지 않더라도 코즈 정리를 적용할 수 있다.
④ 외부성 문제 해결에 있어서 효율성과 형평성을 동시에 고려하는 해결 방안이다.
⑤ 코즈 정리는 외부성 관련 당사자들이 부담해야 하는 거래비용이 작을 때 적용이 용이하다.

✓ 코우즈 정리는 외부성문제해결에 있어 당사자들끼리 자발적 거래를 통한 방법이다. 소유권만 제대로 설정되면 소유권 귀속주체와 무관하게 가해자와 피해자 누가 협상을 요청하든 효율적 배분이 가능하다. 외부성문제의 해결은 자원의 효율적 배분에 관한 일이다.

답 ④

8. 공유지의 비극

소유권이 분명치 않으면 '아껴 쓸 유인 없으므로' 발생되는 문제이다. 서해바다 어족자원의 고갈 문제를 예로 들 수 있다. 한 때 풍부한 어족자원으로 이름 높았지만 주인 없는 바다에서 마구잡이 식 남획으로 어족자원이 사라진 것이다.

서해는 한국령 바다와 중국령 바다를 포함하고 이도저도 아닌, 즉 주인없는 바다 공해(公海)가 있다. 공해상에 있는 어족자원은 한국도 중국도 관리책임이 없다. 조기군락이 있을 때 중국어선이 달려가 싹쓸이해도 무방하고 한국어선이 먼저 보았다면 한국어선의 독차지가 될 수 있다. 일정 크기 미만의 고기를 다시 풀어주어야 한다는 규제도 받지 않는 곳이다. 치어(稚魚)까지 쓸어가면 다음은 기약되지 않는 법, 어족자원이 황폐화될 수 밖에 없다.

공공재에 관한 논의에서 '공유자원'을 생각하면 된다. 배제성과 경합성을 이용해 공유자원을 설명하면, 경합성은 분명히 있으나 배제는 불가능한 것으로 정의할 수 있다. 배제가 불가능하므로 누구나 접근가능하다. 그런데 일단 먼저 소비에 참여한 사람이 다 쓸어가므로 다음 사람이 달려갈 때 남아있는 것은 거의 없다. 자원이 황폐화되는 것이다.

15 2017

공유지의 비극(tragedy of the commons)에 관한 설명으로 옳지 않은 것은?
① 소유권이 분명하지 않은 상태에서 각 개인이 자원을 아껴 쓸 유인을 갖지 못해 발생하는 문제이다.
② 연근해의 어족 자원 고갈이 하나의 예이다.
③ 공유지 사용과 관련된 개인의 결정이 다른 사람에게 외부성을 일으키게 된다.
④ 여러 사람이 공동으로 사용하려는 목적으로 구입한 자원의 소유권은 결국 한 사람에게 귀착된다.
⑤ 공동으로 사용하는 자원은 관련자들의 비효율적 사용으로 빨리 고갈되는 경향이 있다.

☑ 소유권이 분명치 못하면 자원의 효율적 배분이 곤란하다는 것이다. 연근해 어족자원(공유자원) 고갈이 좋은 예이며, 공유자원의 경우 경합성은 있으나 배제성이 없다는 점에서 문제의 원인을 찾을 수 있다.

답 ④

9. 외부성해결방안

오염방출과 관련된 부정적 외부성문제를 해결하는 방법은 다양하다. 지금까지 논의된 것을 정리하면 다음과 같다. 첫째, 오염방출의 원인제공자에게 조세를 부과한다. 오염세 또는 피구세이며 세액이 최적상태에서 한계피해비용과 일치하면 효율적 배분에 기여한다.

둘째, 오염배출권을 거래하는 시장을 개설한다. 각 기업이 오염저감비용과 배출권 구입가격을 비교하여, 배출권의 '구입 또는 판매'를 결정한 뒤 자유롭게 시장거래가 이루어지면 효율적 배분이 가능하다.

셋째, 소유권의 부여를 통해 부정적 외부성을 치유할 수 있다. 거래당사자 수가 많지 않고 소유권이 설정되어 있다면 당사자들끼리 자발적 협상을 통해 효율적 생산량에 접근할 수 있다. 그러나 오염방출과 관련된 피해자의 수가 작다는 것은 비현실적이며 따라서 코우즈 정리에 의해 외부성이 해결될 가능성은 거의 없다.

넷째, 정부의 직접규제를 통해 해결하는 방법이다. 오염방출허용수준을 정해 놓은 뒤 이를 위반하며 행정적 제재를 가하는 것이다. 오염배출기준을 넘어 방출하는 경우 일정액의 벌금 또는 사업장 폐쇄 등의 행정적 제재를 가하고 있다.

16 [2019]

강 상류에서 가축을 기르는 축산농가와 하류에서 물고기를 잡는 어민들 간에 상류의 가축분뇨 방류로 인한 분쟁이 발생하였다. 다음 중 외부성을 해결하는 타당한 방안을 모두 고른 것은?

> ㄱ. 강물에 대한 소유권을 설정한다.
> ㄴ. 오염배출권을 발행하여 거래한다.
> ㄷ. 축산농가에 대해 환경세를 부과한다.
> ㄹ. 가축분뇨 방류로 인한 수질 오염 허용치를 설정한다.

① ㄱ, ㄴ ② ㄷ, ㄹ ③ ㄱ, ㄴ, ㄷ
④ ㄴ, ㄷ, ㄹ ⑤ ㄱ, ㄴ, ㄷ, ㄹ

✓ 시장유인을 통한 간접적 해결방식으로 공해세(환경세, 피구세)를 부과하여 내부화하는 방법, 오염배출권을 발행하여 시장에서 거래하도록 하는 방법이 있다. 직접규제, 즉 행정규제방식으로 허용한도를 설정한 뒤 이를 위반할 때 벌금을 부과하는 방법이다. 마지막으로 소유권설정을 통해 당사자들간 자발적 협상을 가능하게 하는 방법이다.

답 ⑤

17 2018

야생동물 보호 정책의 관한 설명으로 옳지 않은 것은?

① 순찰대를 만들어 감시를 하였으나 여전히 남획이 계속되었다면 규제를 통한 외부성의 내부화에는 한계가 있음을 의미한다.
② 야생동물에 대한 재산권을 동물 판매업자에게 부여한 결과 남획이 줄어들었다. 이는 재산권을 누구에게 부여하는가에 따라 소득분배뿐만 아니라 자원배분의 효율성도 영향을 받음을 의미한다.
③ 포획 가능한 야생동물 수를 매년 정하고, 포획권을 경매를 통해 판매하여 동물 수를 유지할 수 있었다. 이는 시장기구를 통해 외부성을 내부화한 예이다.
④ 야생동물에 대한 재산권을 해당 지역의 부족들에게 부여하였더니. 이 부족들은 탐방사업 등을 통해 수익을 거두기 위하여 야생동물 보호활동을 강화했다. 이는 재산권 확립을 통합 외부성 문제 해결의 예이다.
⑤ 야생동물을 포획·반출하는 행위에 세금을 부과하여 야생동물의 남획을 최적수준으로 줄일 수 있었다면 이러한 정책은 피구 조세의 예로 볼 수 있다.

✓ 1) 순찰대 감시는 직접규제의 예이다.
  2) 야생동물 재산권을 동물판매업자에 부여하는 것은 야생동물보호정책이 될 수 없고 재산권부여와 외부성문제는 자원의 효율적 배분 문제이다.
  3) 예를 들어 매년 100마리만 포획하도록 하고 경매를 통해 포획권을 부여하면 시장기구를 통한 효율적 방안이 될 수 있다.
  4) 해당부족에게 재산권을 부여하면 자신이 수익창출을 위해 효율적 관리가 가능하다.
  5) 조세부과를 통해 적정수가 유지된다면 이는 피구세에 해당된다.

답 ②

18 2018

공동의 목초지에 갑과 을이 각각 100마리의 양을 방목하기로 합의하면 갑과 을의 이득은 각각 10원이다. 두 사람 모두 합의를 어겨 100마리 이상을 방목하면 갑과 을의 이득은 각각 0원이다. 만약 한 명은 합의를 지키고 다른 한 명이 합의를 어기면 어긴 사람의 이득은 11원, 합의를 지킨 사람의 이득은 −1원이다. 이러한 게임적 상황에서 정부가 합의를 어긴 사람에게 2원의 과태료를 부과할 때 발생될 결과는?

① 두 사람 모두 합의를 지킨다.
② 두 사람 모두 합의를 어긴다.
③ 두 사람의 합의 준수 여부는 불확실하다.
④ 갑은 반드시 합의를 지키지만 을은 합의를 어긴다.
⑤ 갑은 반드시 합의를 어기지만 을은 합의를 지킨다.

✓문제의 상황을 표로 나타내면 다음과 같다. 순서쌍의 괄호는 (갑이득, 을이득)을 표시한다.

	갑 100마리	갑 100마리 이상
을 100마리	(10, 10)	(11, −1)
을 100마리 이상	(−1, 11)	(0, 0)

갑, 을 모두 우월전략은 합의를 어기고 100마리 이상 방목하는 것이다. 정부가 합의를 어긴 자에게 2원의 벌금을 부과하면 기대수익이 11에서 9로 감소한다. 따라서 두 사람 다 합의를 지키며 10의 이득을 얻는 것이 우월전략이다.

답 ①

07 비용편익분석

1. 이론적 근거

　　비용편익분석의 이론적 근거는 잠재적 파레토개선, 즉 보상원리이다. 정부가 한정된 재원으로 공공투자를 할 때 투자의 결과 기대되는 편익과 비용이 있는데 비용이 편익을 초과하는 사업은 경제성이 없는 것으로 평가된다. 편익이 비용을 초과해야만 타당성을 지닐 수 있고 정부지출의 근거가 될 수 있다. 따라서 비용편익분석은 효율성 분석이며 칼도어(Kaldor)의 보상원리에 그 근거를 두고 있는 것이다. 대한민국에서 대규모 공공사업을 시행하기 전 '예비타당성조사'를 하는데 이것이 비용편익분석의 좋은 예이다.

　　비용편익분석은 다음의 순서에 따라 진행된다. 첫째, 공공투자로부터 기대되는 모든 편익과 비용을 열거한다. 둘째, 열거된 비용과 편익을 화폐가치(화폐액)로 표현한다. 셋째, 미래에 발생되는 비용과 편익을 할인율을 이용, 현재가치화 한다. 넷째, 현재가치화된 모든 편익과 비용을 비교하여 우선순위를 선정한 뒤 공공사업을 선택한다.

01 2019

비용편익분석에 관한 설명으로 옳은 것은?
① 비용편익분석의 이론적 기반은 파레토 보상기준이다.
② 현재가치법을 사용할 경우, 할인율이 낮을수록 장기사업보다 단기사업이 유리하다.
③ 현재가치법은 총편익의 현재가치를 기준으로 사업의 우선순위를 결정한다.
④ 편익−비용비율법의 경우 그 값이 작을수록 우선순위가 올라간다.
⑤ 내부수익률은 순편익의 현재가치를 1로 만드는 할인율이다.

✓ 1) 비용편익분석의 이론적 근거는 보상원리이다.
　 2) 할인율이 낮을수록 미래 편익이 돋보이는 장기사업이 유리하다.
　 3) 현재가치법은 순편익의 할인된 현재가치를 기준으로 평가한다.
　 4) 편익/비용비율이 1보다 커야 타당하며 그 값이 클수록 공공사업의 타당성이 커진다.
　 5) 내부수익율은 순편익의 현재가치를 영(0)으로 만드는 할인율이다.

답 ①

2. 공공투자의 타당성평가방법

공공투자의 타당성을 평가하는 작업은 현재가치법, 내부수익률법, 편익비용비율법 등으로 구분할 수 있다. 첫째, 현재가치법은 순편익의 현재가치를 기준으로 판단하는데 할인된 순편익의 현재가치값이 양(+)이면 타당성이 있는 것으로 평가할 수 있다. 순편익의 현재가치의 크기가 중요하므로 규모가 큰 공공사업이 규모가 작은 공공사업에 비해 우대받을 수 있다.

둘째, 내부수익률법이다. 내부수익률은 순편익의 현재가치를 영(0)으로 만드는 할인율이므로 사회적 할인율이 내부수익률 보다 작은 경우 공공사업의 타당성이 인당된다. 그런데 순편익의 현재가치를 영으로 만드는 내부수익률이 두 개 존재할 수 있어, 어떤 값을 기준으로 평가할지 딜레마에 빠질 수 있다.

셋째, 편익비용비율법인데 편익의 현재가치를 비용의 현재가치로 나눈 값인데 이 비율이 1보다 크면 타당성을 갖는다. 따라서 타당성여부에 대한 평가결과는 현재가치법과 다르지 않다. 그런데 추가적 비용을 '비용증가' 또는 '편익감소' 어느 쪽으로 분류하는가에 따라 편익비용비율이 달라질 수 있으므로 일관성있는 평가가 어렵다.

02 [2021]

기간별 비용과 편익이 아래와 같을 때 공공사업의 순편익의 현재가치는? (단, 할인율은 10%이다.)

구 분	0기	1기	2기
비용	3,000	0	0
편익	0	1,100	2,420

① $-\dfrac{3,520}{(1+0.1)^2}$ ② $-\dfrac{520}{(1+0.1)}$ ③ 0
④ 100 ⑤ 520

✓ 이번기(0기) 순편익은 $-3,000$, 내년(1기) 순편익의 현재가치는 $\dfrac{1,100}{(1+10\%)}=1,000$, 내후년(2기) 순편익의 현재가치는 $\dfrac{2,420}{(1+10\%)^2}=2,000$이다. 따라서 사업기간내 순편익 현재가치의 합계는 0이다.

답 ③

03 2020

아래와 같은 비용과 편익이 발생하는 공공기업의 순편익의 현재가치는? (단, 할인율은 10%이다.)

	0기	1기	2기
비용	1,400	0	0
편익	0	550	1,210

① −330　　② −100　　③ 0
④ 100　　⑤ 330

✓ 이번기(0기) 순편익은 −1,400, 내년(1기) 순편익은 550, 2기 순편익은 1,210이다. 이들을 할인율을 이용하여 현재가치화하면 $-1,400, \dfrac{550}{(1+10\%)}, \dfrac{1,210}{(1+10\%)^2}$ 이므로 순편익의 현자가치는 $-1,400+500+1,000=100$이다. 답 ④

04 2020

경제적 타당성 분석기간이 30년으로 설정된 어떤 공공투자 사업은 첫 해에 비용이 모두 발생하는 반면, 편익은 분석의 전 기간에 걸쳐 매년 동일한 크기로 발생한다. 사회적 할인율이 r일 때, 비용편익분석 결과 순편익의 현재가치는 0이다. 다음 설명으로 옳지 않은 것을 모두 고른 것은?

> ㄱ. 만약 r보다 높은 사회적 할인율을 적용하면, 이 사업의 편익/비용 비율은 1보다 더 커질 것이다.
> ㄴ. 만약 r보다 높은 사회적 할인율을 적용하면, 이 사업의 순편익의 현재가치는 0보다 더 커진 것이다.
> ㄷ. 만약 r보다 높은 사회적 할인율을 적용하면, 이 사업의 내부수익률은 더 작아질 것이다.

① ㄱ　　② ㄱ, ㄴ　　③ ㄱ, ㄷ
④ ㄴ, ㄷ　　⑤ ㄱ, ㄴ, ㄷ

✓ 1) 할인율이 인상되면 순편익의 현재가치가 감소하므로 편익비용비율은 1보다 작아진다.
2) 할인율 인상이 순편익의 현재가치감소를 가져와 현재가치 값이 음(−)으로 나올 것이다.
3) 할인율이 높아져 공공투자의 타당성이 없어지는 경우 내부수익률보다 사회적 할인율이 커진다. 할인율 크기에 따라 내부수익률이 '오르락내리락'하는 것은 아니다. 답 ⑤

05 2018

비용-편익분석에 관한 설명으로 옳지 않은 것은?

① 현재가치법에서 할인율이 높아질수록 편익이 초기에 집중되는 사업의 상대적 우선순위가 높아진다.
② 내부수익률은 사업 순편익의 현재가치를 0으로 만드는 할인율이다.
③ 사업의 규모가 현저히 다른 두 사업에 대해서 내부수익율과 현재가치법은 다른 우선순위를 가질 수 있다.
④ 추가적인 비용을 비용 증가 또는 편익 감소 어느 쪽으로 분류하는 편익-비용 비율은 달라지지 않는다.
⑤ 우리나라 정부에서 행하고 있는 예비타당성 조사는 비용-편익 분석의 사례이다.

◎1) 할인율이 높을수록 편익이 초기에 집중되는 사업의 우선순위가 (상대적으로)높게 나타난다. 할인율이 낮을수록 편익이 미래에 집중되는 사업이 유리하다는 점을 생각하면 된다.
2) 내부수익률은 순편익의 현재가치를 영(0)으로 만드는 할인율이다.
3) 현재가치법을 적용할 때 사업의 규모가 클수록 우대받을 가능성이 크다.
4) 편익비용비율로 평가할 때 추가적 비용을 '편익감소'로 간주하는 경우와 '비용증가'로 간주하는 경우 편익비용비율이 달라진다. 편익비용비율의 단점이다.
5) 대규모 공공사업의 경우 사업시행 이전 '예비타당성조사(예타조사)'를 하는데 비용편익분석의 좋은 사례이다.

답 ④

06 2016

편익과 비용흐름이 다음 표와 같은 공공투자사업에 관한 설명으로 옳은 것은 몇 개인가? (단, 사회적 할인율은 10%이다.)

분석기간	편익(억원)	비용(억원)
0기	0	10
1기	10	10
2기	10	10
3기	10	10
4기	10	0

- 사업의 내부수익률은 12%이다.
- 본 사업의 순현재가치는 1이다.
- 본 사업의 편익비용비율(B/C ratio)은 1보다 작다.
- 사회적 할인율이 7.5%로 인하되면 순현재가치는 증가한다.

① 0개 ② 1개 ③ 2개
④ 3개 ⑤ 4개

☑ 1) 순편익의 현재가치를 영(0)으로 만드는 내부수익률은 $-10+\dfrac{10}{(1+r)^4}=0$을 충족하는 r값이므로 내부수익률은 0%이다.
2) 첫해 순편익이 -10, 마지막해 순편익이 10이므로 순현재가치는 음($-$)의 값이다.
3) 편익비용비율은 1보다 작다. 10보다 작은 편익을 비용 10으로 나누면 1보다 작다.
4) 사회적 할인율이 현재 10%에서 7.5%로 내려가면 순현재가치는 증가한다.

답 ③

3. 비용과 편익의 종류

비용편익분석에서 편익의 종류를 구분하는 것은 중요하다. 우선 첫째, 실질적 편익과 금전적 편익으로 구분된다. 실질적 편익은 사회후생의 변화를 통해 최종으로 표출되는 것인 반면 금전적 편익은 시장 상대가격변화에 따른 금전적 이득과 손실이므로 이를 합계하면 사회후생에 아무 변화가 없다. 따라서 금전적 편익은 평가대상에 포함시키지 말아야 한다.

둘째, 유형적 편익과 무형적 편익이다. 말 그대로 유형적 편익은 눈에 보이는 것이며 무형적 편익은 눈에 보이지 않는 것이다. 고속전철건설로 열차가 빨리 달려 시간이 절약된다면 이는 유형적 편익이며, 동계올림픽 개최로 대한민국에 대한 자부심이 높아졌다면 이는 무형적 편익에 해당된다. 무형적 편익이든 유형적 편익이든 모두 평가대상에 포함된다는 것은 물론이다.

셋째, 직접적 편익과 간접적 편익으로 구분된다. 직접적 편익은 공공투자사업이 직접 의도했던 목적을 통해 나타나는 편익이며, 간접적 편익이란 직접편익달성을 위해 공공사업을 수행하는 과정에서 부수적으로 나타나는 편익을 의미한다. 고속전철공사로 여객이나 물류비용이 절약되어 나타나는 편익은 직접적 편익이며, 고속전철공사로 근로자의 노동생산성이 증가했다면 이는 직접 의도와 다른 부수적, 즉 간접적 편익이다.

07 2018

공공투자가 유발하는 편익과 비용에 관한 설명으로 옳지 않은 것은?

① 실질적 편익은 공공사업의 최종소비자가 얻는 편익으로, 사회후생 증가에 기여한다.
② 화폐적 편익과 비용은 공공사업에 의해 야기되는 상대가격의 변화 때문에 발생하며, 사회전체의 후생의 불변이다.
③ 무형적 비용은 외부불경제에 의해 발생한다.
④ 유형적 편익이 무형적 편익보다 작은 공공사업이 존재한다.
⑤ 무형적 편익과 비용은 시장에서 파악되지 않기 때문에 공공투자의 시행여부를 판단함에 있어 고려하지 않아도 된다.

✓ 1) 평가대상편익은 실질적 편익이다.
2) 금전적 편익(화폐적 편익)은 상대가격변화에 따른 이득(손실)이므로 사회전체 후생은 변화하지 않는다.
3) 무형적 비용은, 예를 들어 국위손상은 외부불경제에 의해 발생된다.
4) 올림픽 개최로 국민의 자긍심이 증가했다면 대부분 무형적 편익이다.
5) 무형적 편익과 비용은 평가가 어렵더라도 반드시 포함되어야 한다.

답 ⑤

4. 위험에 대한 대처

공공투자의 경우 내구기간이 매우 긴 것이 특징이므로 위험성의 문제가 있다. 고속전철을 건설할 당시 2024년 비용을 1,000만 원으로 예상했는데 1,000만 원을 초과할 수 있고, 2030년 편익을 500으로 기대했는데 기대보다 낮은 400이 될 수 있기 때문이다. 편익이 기대했던 것에 미치지 못하는 경우 또는 비용이 기대보다 많이 소요되는 경우 순편익은 감소된다. 따라서 위험에 대처하는 가장 손쉬운 방법은 할인율을 조금 인상하는 것이다. 할인율 인상은 순편익의 현재가치를 감소시키기 때문이다. 그런데 할인율을 조금 변경시켜 대응하는 것은 주먹구구식이며 정확한 방법은 아니다.

정확하게 대응하는 방법은 할인율 또는 할증률을 이용하여 다시 평가하는 것이다. 애초 기대했던 비용보다 초과할 것으로 생각되면 위험할인율이 적용되어 비용이 상향 조정되어야 하며, 편익이 처음 생각했던 것에 미치지 못하는 경우 역시 위험할인율을 적용하여 편익의 크기를 하향 조정해야 정확하다. 비용과 편익 각 항목의 확실대등액을 하나하나 다시 구해 비용편익평가를 다시 하는 것이 정확하다. 공공투자의 기대소득(편익)에서 위험프리미엄을 공제한 것이 확실대등액이며 위험요소가 증가할수록 확실대등액은 더욱 작아진다. 개인적으로 보면 위험회피정도가 클수록 확실대등액이 작아진다는 것이다.

08 2021

특정 프로젝트의 비용과 편익이 불확실한 경우 활용하는 확실성등가(certainty equivalent)에 관한 설명으로 옳지 않은 것은?

① 확실성등가가 크면 클수록 더 위험회피적(risk averse)이다.
② 확실성등가를 산출하기 위해서는 프로젝트의 수익 분포뿐만 아니라 개인의 위험회피도에 대한 정보도 필요하다.
③ 위험중립적(risk neutral)인 개인의 경우 위험 프리미엄은 0이며 확실성등가는 기대소득과 일치한다.
④ 확실성등가는 프로젝트의 기대소득에서 위험 프리미엄을 공제한 금액을 말한다.
⑤ 위험회피적인 개인의 경우 위험한 기회로부터 기대소득보다 확실성등가가 항상 작다.

✓ 확실성등가란 불확실한 상황에서 예상되는 기대효용과 동일한 수준의 효용을 가져다주는 확실한 소득이다. 위험을 싫어할수록 확실성등가는 적을 것이다. 위험을 피하기 위해 적은 돈이라도 확실하게 보장된다면 그를 택할 것이기 때문이다. 반면 위험기피도가 작을수록 확실성등가가 커질 것이며 위험중립적일 때 확실성등가는 기대소득과 일치한다.   정답 ①

09 2017

어떤 사업에 대한 비용편익분석을 하려고 한다. 사업 시행 마지막 해인 50년 후에는 구조물을 처리하는 데 드는 비용 등을 고려할 때 기대순편익이 −100억 원이라고 한다. 이자율은 매년 10%이고, 지금부터 50년 후의 위험할인율은 20%라고 한다. 사업 시행 마지막 해 순편익의 확실대등액(certainty equivalents)의 현재가치는?

① −100억 원 $\times (1-0.2-0.1)^{50}$
② −100억 원 $\div (1-0.2) \div (1+0.1)^{50}$
③ −100억 원 $\div (1+0.2) \div (1+0.1)^{50}$
④ −100억 원 $\times (1-0.2) \div (1+0.1)^{50}$
⑤ −100억 원 $\times (1+0.2) \div (1+0.1)^{50}$

✓ 50년 뒤 기대순편익이 −100억 원이라면 편익보다 비용이 더 크다는 의미이다. 위험할인율이 20%라면 비용이 더 들어갈 수 있음을 의미하는 것이며 따라서 순비용은 20%만큼 할증되어야 한다. −100이 20% 할증되어 −100(1+20%)로 변해야 하며 50년 뒤의 것을 할인율 10%를 이용해 할인 후 현재가치화해야 한다.

답 ⑤

5. 환경정책과 편익의 측정

오염방출이 예상되는 경우 비용이나 편익을 계산할 때 정확하게 평가하기 곤란한 경우가 대부분이다. 따라서 우회적 방법을 통해 평가되어야 하는데 다음 몇 가지 방법이 사용된다. 첫째, 지불의사접근법이다. 이는 공공사업의 결과 환경의 질이 악화되어 손해 본 사람들이 이를 개선하기 위해 기꺼이 지불할 용의가 있는 금액을 기준으로 평가한다.

둘째, 회피행위접근법이다. 위험요인이 있을 때 위험을 회피하기 위해 지불할 용의가 있는 금액이 얼마인가를 기준으로 평가하는 방법이다. 셋째, 해도닉가격접근법이다. 주택가격에 영향을 미치는 여러 독립변수를 고려한 뒤 환경질 개선이 주택가격상승에 미치는 영향의 크기를 환경개선의 편익으로 평가하자는 것이다.

넷째, 조건부가치평가법이다. 가상적 환경을 제시하고 사람들의 이에 대한 평가를 기준으로 환경가치를 평가한다. 현재 한강의 수질이 많이 개선되어 물고기가 서식하고 있지만 수영은 금지되어 있다고 하자. 현재상황이 아닌 다른 상황, 즉 설문조사를 통해 '한강수질이 수영을 해도 좋을 만큼 좋아진다면 얼마나 지불할 수 있는가?'를 물은 뒤 이를 환경질 개선에 따른 편익으로 평가하면 된다는 것이다.

10 2016

환경정책시행을 통해 발생하는 편익을 측정하는 방법으로 옳은 것은?
① 조건부가치측정법은 현시된 선호에 기초해 환경 질 개선에 대해 사람들이 지불할 용의가 있는 금액을 편익으로 평가하는 방법이다.
② 회피행위접근법은 환경오염으로 발생하는 위험을 회피하기 위해 지불하는 금액을 편익으로 측정하는 방법이다.
③ 해도닉가격접근법은 환경질 악화로 손실을 본다고 느낀 사람들에게 이를 개선하기 위해 지불할 용의가 있는 금액을 편익으로 측정하는 방법이다.
④ 지불의사접근법은 환경재의 질적 개선으로 인한 가격상승폭을 편익으로 측정하는 방법이다.
⑤ 여행비용접근법은 환경재를 이용함에 있어 가상적 효과를 제시하고 이를 통해 얼마만큼 지불할 용의가 있는지를 묻는 방법을 통해 측정하는 방법이다.

☑ 첫째, 지불의사접근법은 공공사업의 결과 환경의 질이 악화되어 손해 본 사람들이 이를 개선하기 위해 기꺼이 지불할 용의가 있는 금액을 편익으로 평가한다.
　둘째, 회피행위접근법은 위험요인이 있을 때 위험을 회피하기 위해 지불할 용의가 있는 금액을 편익으로 평가하는 방법이다.
　셋째, 조건부가치평가법은 가상적 환경을 제시하고 사람들의 이에 대한 평가를 기준으로 환경가치를 평가한다.

답 ②

08 소득분배 및 재분배

1. 최적분배이론 : 공리주의

공리주의적 입장에서 최적분배는 균등분배이다. 물론 엄격한 가정이 필요한데 첫째, 효용은 개인의 소득에 의존한다. 둘째, 소득의 한계효용은 체감한다. 셋째, 모든 개인은 동일한 효용함수를 갖는다. 등 세 가지이다. 모든 개인이 동일한 효용함수를 가지므로 한계효용이 높은 개인의 소득을 다른 개인에게 이전할 때 총효용이 증가한다. 그런데 가정 조건 때문에 동일한 한계효용이 되려면 그때 소득의 크기도 같아야 한다. 결국 한계효용이 일치하여 총효용을 극대화하는 분배는 균등분배를 의미한다.

균등분배란 소득세의 한계세율이 100%이라는 의미이므로 현실적으로 수용하기 어려운 문제이다. 이에 러너(Lerner)는 모든 개인이 고소득자 또는 저소득자의 위치에 처할 확률만 동등하다면 불균등분배보다 균등분배가 지지된다는 점을 강조하였다. 소위 자신이 처할 위치가 동등확률로 주어질 때 재분배로 인한 기대효용의 증가가 가능하다는 논리이다. 모든 개인의 효용함수가 동일하다고 가정하는 것보다 훨씬 설득력있는 부분이다.

01 2020

소득세 누진구조에 대한 에지워스(F. Edgeworth) 최적분배모형에서는 다음과 같은 가정을 하였다. 이 모형에 관한 해석으로 옳지 않은 것은?

> 가정 1 : 주어진 세수를 충족시키면서 개인들의 효용의 합을 극대화하는 형태로 최적 소득세를 결정한다.
> 가정 2 : 개인들은 자신의 소득에만 의존하는 동일한 효용함수를 가지며, 효용함수는 한계효용 체감의 특성을 보여주고 있다.
> 가정 3 : 사회 전체의 가용한 소득은 고정되어 있다.

① 가정 1은 공리주의적인 사회후생함수를 가정하였음을 의미한다.
② 가정 2는 이타적인 효용함수를 배제하고 있음을 의미한다.
③ 가정 3은 분배상태가 변화할 때 총소득의 크기가 달라질 수 있다는 점에서 비현실적이라는 비판을 받고 있다.
④ 가장 높은 소득자로부터 세금을 거두어 가장 낮은 소득자에게 재분배하는 경우 사회후생은 증가하게 된다.
⑤ 가정 2로 인해 최적소득세는 모든 사회 구성원의 소득 균등화까지 이르지는 못한다.

✓ 에지워드가 제시한 공리주의적 소득분배이론에 관한 질문이다. 효용의 합이 극대화되는 것이 최적이므로 공리주의적 색체가 있으며 자신의 효용이 자신의 소득에 의해 결정되므로 이기적 효용함수임을 알 수 있다. 모두 동일한 효용함수를 가진다는 가정 때문에 한계효용을 균등하게 만드는 분배는 균등분배이다.

답 ⑤

2. 현금보조 및 현물보조

저소득계층에게 지급하는 보조금은 현금보조, 현물보조 및 가격보조로 구분할 수 있다. 세 가지 보조금의 경제적 특징을 정리하면 다음과 같다. 첫째, 현금보조는 매월 일정액을 현금으로 지급하는 것이므로 소득(증가)효과만 있고 상대가격 변화에 따른 대체효과는 없다. 따라서 효율성 측면에서 매우 긍정적 지급방식이다. 그러나 대상자를 선정할 때 엄격하게 못하면 부정수급의 문제가 있고 현금을 지급받은 이후 바람직하지 못한 곳에 소비(술, 도박 등)할 수 있다는 단점이 있다. 하지만 범주적으로 설정된 저소득계층에게 일정액을 지급하는 것이므로 재분배효과가 확실하며 운영비용이나 행정비용은 저렴하다.

둘째, 현물보조는 특정 서비스를 무상으로 이용하게 하는 경우 또는 특정 물품을 무상으로 지급하는 경우이다. 현실적으로 현물보조의 대표적 예는 의무교육, 주거 등 가치재이다. 현금 대신 현물로 지급하는 것은 지급대상 현물이 가치재이므로 소비행위 자체가 바람직한 것이므로 정당성이 있다. 그리고 이성적으로 소비하지 못하는 사람에게는 현금보조에 비해 현물보조가 더욱 효율적일 수 있다.

셋째, 가격보조는 보조대상물품을 소비할 때 일정비율 가격을 인하하는 경우이다. 일반인이 쌀 1말을 구입할 때 1만 원을 지불하는데, 보조대상 저소득계층에게는 30% 할인된 금액으로 공급하는 경우가 여기에 해당된다. 보조대상 재화소비량이 증가하는 긍정적 부분이 있지만 상대가격 변화(하락)로 대체효과가 발생한다. 따라서 효율성 측면에서 바람직하지 못하다.

02 2021

정부의 사회취약계층을 위한 현물보조와 현금보조에 관한 비교 설명으로 옳은 것을 모두 고른 것은? (단, 정부지출은 동일하다.)

> ㄱ. 현물보조는 현금보조보다 소비자들이 선호한다.
> ㄴ. 현물보조는 현금보조보다 높은 행정비용과 운영비용을 수반한다.
> ㄷ. 현금보조는 현물보조에 비하여 오남용 가능성이 높다.
> ㄹ. 현금보조는 현물보조보다 소비자에게 보다 넓은 선택의 자유를 부여한다.

① ㄱ, ㄴ ② ㄱ, ㄹ ③ ㄴ, ㄷ
④ ㄱ, ㄷ, ㄹ ⑤ ㄴ, ㄷ, ㄹ

✅ 현금보조가 현물보조에 비해 선택의 폭이 넓으므로 소비자들이 더욱 선호할 것이다. 그런데 현금보조는 지급받은 현금으로 도박이나 음주(술) 등 엉뚱한 곳에 사용될 우려가 있다.   답 ⑤

03 2018

현물보조와 현금보조에 관한 설명으로 옳지 않은 것은?
① 현물보조의 대표적인 항목에는 의무 교육, 의료, 주거 등 가치재들이 포함한다.
② 현물보조에 비하여 현금보조는 높은 행정비용과 운영비용을 수반한다.
③ 동일한 재정을 투입하는 경우 일반적으로 현금보조가 현물보조에 비하여 소비자에게 보다 넓은 선택을 가능하게 한다.
④ 현물보조를 사용하는 주된 이유는 해당 현물의 소비가 바람직하다고 생각하기 때문이다.
⑤ 현금보조가 가지는 단점 중 하나는 상대적으로 부정수급과 오남용 가능성이 크다는 것이다.

✅ 현물보조대상은 가치재가 대표적이며 현금보조의 단점인 오남용가능성을 줄일 수 있다는 긍정적 측면이 있다. 하지만 소비자선택의 폭, 운영비용 등을 고려하면 현금보조가 더 우월하다.   답 ②

3. 보조금과 초과부담

보조금 지급의 경제효과를 분석할 때 그래프를 이용할 수 있다. 어떤 재화의 단위당 한계비용(MC)이 일정하며 수요곡선은 선형으로 체감한다고 가정하자. 정부가 해당기업의 생산행위에 일정액의 보조금을 지급하면 기업의 공급비용(한계비용)이 하락하며 균형거래량은 증가한다.

소비자입장에서 소비량이 증가하므로 증가된 소비량을 기준으로 총편익과 총비용의 변화를 파악할 수 있다. 수요곡선 아랫 면적으로 총편익의 증가를 설명할 수 있고 한계비용곡선 아랫 면적으로 총비용의 변화를 파악할 수 있다.

보조금 지급이후 기업의 공급비용은 감소되었어도 정부보조금액까지 포함하면 공급비용에 변화가 없는 것이다. 따라서 소비량증가에 따른 총비용 증가가 총편익 증가보다 많으므로 순후생손실, 즉 초과부담이 발생한다. 특정 재화소비에 단위당 일정액의 조세가 부과될 때 초과부담이 발생하듯 개별재화생산에 대해 보조금을 지급해도 초과부담이 발생한다는 점이다.

04 [2018]

다음 그림은 어떤 재화에 대한 우하향하는 수요곡선과 수평인 공급곡선을 나타내고 있다. 이 재화에 정부가 상품 한 단위당 k만큼의 보조금을 지급하여 보조금 이후의 공급곡선은 S'으로 나타나고 있다. 이러한 초과부담은 무엇으로 표시되는가?

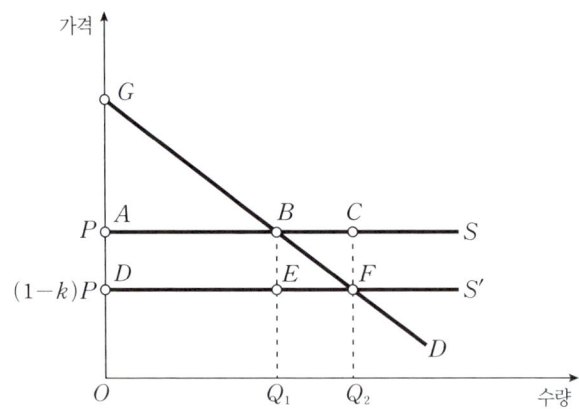

① 초과부담은 0이다.
② 삼각형 BCF
③ 삼각형 BEF
④ 삼각형 GBA
⑤ 사각형 $ABFD$

✓ 보조금 지급으로 시장가격이 하락하면 생산량이 Q_1에서 Q_2로 증가한다. 이때 총비용의 증가 Q_1BCQ_2, 총편익의 증가 Q_1BFQ_2이므로 △BCF만큼 후생손실이 있다. 답 ②

4. 정량현물보조

현물보조 대상자도 현금보조와 마찬가지로 저소득계층이다. 따라서 보조금 지급 이후 재분배효과 및 후생증대효과가 나타나는 것은 분명하다. 하지만 일정량의 현물보조가 오히려 후생수준을 감소시킬 수 있음에 유의해야 한다.

정부가 저소득계층에게 소규모임대아파트를 무상으로 지급하면 무주택자입장에서 일정액의 임대료를 보조받는 것과 효과가 동일하다. 그러나 무주택자일지라도 큰 평수에 거주하던 사람의 경우 정액으로 임대료를 지급받는 것이 더 유리할 수 있다. 식품의 경우 1kg만큼 현물보조를 받으면 기존의 소비하던 량에 이를 더하여 소비할 수 있다. 하지만 무상으로 지급되는 아파트의 경우 지금 살던 집에 이를 더하여 살 수 없는 것이다. 따라서 넓은 집에 살던 저소득자 입장에서, 일정액 임대료를 지급받는 것이 더 높은 후생을 얻는다는 것이다.

따라서 현물보조가 저소득층의 후생수준을 증가시키는 것으로 단언할 수 없다. 15평 아파트에 거주하던 사람이 무상으로 지급되는 11평에 들어가면 아파트 소비로부터 얻는 효용은 더 감소할 것이다. 무상으로 지급하는 11평의 임대료만큼 정액보조금으로 지급받는 것이 더 효율적이라는 점이다.

05 2016

정부가 정량보조의 형태로 소규모 임대아파트를 지역주민들에게 무상으로 제공하는 경우 경제적 효과로 옳은 것을 모두 고른 것은?

> ㄱ. 무주택자의 입장에서는 정액 임대료를 지원하는 것에 비해 후생면에서 더 우월하다.
> ㄴ. 대형평수 주택소유자의 입장에서는 정액 임대료를 지원하는 것에 비해 후생면에서 더 열등하다.
> ㄷ. 식품을 정량보조로 지급하는 것과 동일한 효과를 갖는다.

① ㄱ   ② ㄴ   ③ ㄱ, ㄴ
④ ㄴ, ㄷ   ⑤ ㄱ, ㄴ, ㄷ

☑ 1) 임대아파트를 정량으로 보조하면 지금 사는 집을 포기하고 입주하든 아니면 지금 사는 집에서 거주하며 한 푼도 받지 못하든 선택해야 한다. 차라리 정액임대료를 받는 것이 저소득자에게 더 유리할 것이다.
2) 대형평수 주택에 거주하는 사람에게는 정액의 임대료보조가 더 우월하다. 소규모 임대아파트에 입주하는 것보다 지금 넓은 집에 거주하며 보조금을 받는 것이 유리하기 때문이다.
3) 식품을 정량보조하면 지금 먹는 것에 추가로 더하여 소비할 수 있으므로 주택의 경우와 다르다.

답 ②

5. 저소득층을 위한 바우처

바우처는 정부 등의 기관이 일정비용을 대신 지불하기로 약속한 증표이다. 우리가 말하는 바우처제도(voucher system)란 정부가 수요자에게 쿠폰(coupon)을 지급하여 원하는 공급자를 선택하도록 하고 공급자가 수요자로부터 받은 쿠폰을 제시하면 정부가 재정을 지원하는 방식을 말한다. 이때 지급되는 쿠폰을 바우처라고 한다. 일종의 상품이나 서비스를 구입할 수 있는 증서와 같다.

노인, 장애인, 산모, 아동 등 사회서비스를 필요로 하는 사람들에게 일종의 이용권을 발급하여 서비스를 받을 수 있도록 하는 사회서비스 바우처가 대표적이다. 또 문화 향유기회가 적은 저소득층을 위한 바우처가 존재하며 저소득층에게 임대료 일부를 지원해주는 주택바우처 등 다양한 바우처가 존재한다.

만약 저소득층에게 사립학교 교육바우처를 지급하면 저소득층도 교육비가 많이 드는 사립학교에 지원할 수 있고 양질의 교육서비스 소비에 동참할 수 있다. 사립학교 지원자가 계속 증가하면 사립학교의 신설증가, 반대로 공립학교 신설은 감소될 가능성도 있다.

06 2016

정부가 저소득층 아동을 위하여 실시하는 사립학교용 교육바우처제도에 관한 설명으로 옳지 않은 것은?

① 사립초등학교 자원율을 높일 것이다.
② 사립과 공립초등학교간 선택의 폭이 늘어날 것이다.
③ 사립초등학교의 신설이 늘어날 것이다.
④ 사립과 공립초등학교간 경쟁이 높아질 것이다.
⑤ 공립초등학교의 신설이 늘어날 것이다.

✓ 사립학교용 바우처란 저소득층도 사립학교에 다닐 수 있는 쿠폰(증서)과 같으므로 저소득층의 사립학교 지원이 늘어날 것이다. 기존의 공립초등학교는 사립학교에 학생을 빼앗길 가능성이 있으므로 교육서비스 질 향상을 위해 노력해야 한다.

답 ⑤

6. 로렌츠곡선

횡축(X축)에 인구의 비율, 종축(Y축)에 전체소득 중 비율을 두고 한 사회구성원을 소득이 가장 낮은 사람부터 높은 사람의 순서로 배열한다고 가정하자. 이때 '하위 몇 퍼센트(%)에 속하는 사람이 전체 소득 중 몇 퍼센트(%)를 점유하는지'를 나타내는 점들을 모아 놓은 곡선을 로렌츠곡선이라 한다. 만약 하위 20%의 사람이 전체 소득의 5%를 차지하고 있다면 X축 20%와 Y축 5%가 만나는 점을 직각좌표에서 찾을 수 있다.

모든 사람이 가진 소득이 동일하다면 하위 10%는 소득의 10%를 하위 30%는 소득의 30%를 하위 70%는 소득의 70%를 점하게 될 것이므로 로렌츠곡선의 모습은 기울기가 45도인 우상향하는 직선이 된다. 이를 균등분배선이라 한다. 그런데 저소득자의 소득점유율은 매우 낮고 반대로 고소득자의 소득점유비율은 높은 것이 현실이다. 따라서 로렌츠곡선은 소득이 낮은 인구부분에서는 서서히 올라가고 소득이 높은 인구로 접어들면 빠른 속도로 상승하므로 균등분배선에서 떨어진 모습으로 그려진다.

균등분배선을 기준으로 멀리 떨어지면 불균등한 것이며 균등분배선에 가까우면 소득분배가 균등한 것으로 평가할 수 있다. 비록 서수적 평가이지만 다양한 상태에 대해 우선순위를 부여할 수 있다는 장점이 있다. 하지만 로렌츠곡선이 서로 교차하면 서수적 우선순위를 부여할 수 없다는 맹점이 있다.

07 2017

로렌츠(M. Lorenz)곡선에 관한 설명으로 옳지 않은 것은?

① 두 지역의 로렌츠곡선이 서로 교차한다면 두 지역의 소득분배 평등도의 비교가 어렵다.
② 소득분배의 평등도에 대한 서수적인 평가를 나타낸다.
③ 로렌츠곡선이 대각선에 가까이 위치할수록 보다 평등한 분배를 나타낸다.
④ 사회 구성원이 똑같은 소득을 나누어 갖는 균등분배를 평등한 소득분배로 전제한다.
⑤ 셋 이상의 곡선을 동시에 비교할 수 없다.

✓ 로렌츠곡선은 균등분배선을 기준으로 얼마나 멀리 떨어져있는지를 기준으로 분배상태에 대한 서수적 평가를 할 수 있는 도구이다. 로렌츠곡선이 교차하지 않는한 다수의 로렌츠곡선에 대한 비교가 가능하다.

답 ⑤

7. 분배상태 측정지표

소득분배상태를 기수적으로 측정하는 방법은 다양하게 제시되어 있다. 이들을 정리하면 다음과 같다. 첫째, 지니계수이다. 균등분배선 아래의 삼각형면적에서 균등분배선과 로렌츠곡선 사이의 면적이 차지하는 비율로 측정한다. 균등분배상태라면 영(0), 완전 불균등이라면 1이 되므로, 지니계수는 영(0)과 1사이의 값이며 값이 클수록 불평등하다는 의미이다.

둘째, 십분위분배율이다. 하위 40%의 인구가 차지하는 소득점유비율을 상위 20%가 차지하는 소득점유비율로 나눈 값이다. 완전균등분배인 경우 2, 완전 불균등분배인 경우 하위소득자의 소득이 아예 없으므로 영(0)의 값을 가진다. 따라서 십분위분배율이 클수록 분배상태가 형평하다는 의미이다.

셋째, 오분위배율이다. 오분위분배율은 상위 20%에 속하는 사람의 소득점유비율을 하위 20%가 갖는 소득점유비율로 나눈 값이다. 따라서 소득격차가 클수록 오분위배율값이 커질 것이므로 값이 클수록 분배상태가 불평등한 것이다.

넷째, 달튼지수이다. 달튼지수는 균등분배상태를 가장 효용이 큰 상태로 가정하고, 현재 불균등상태에서 얻는 효용을 균등분배상태에서 얻는 효용으로 나누어 측정한다. 따라서 값이 클수록 분배상태가 고르다는 의미이다.

다섯째, 앳킨슨지수이다. 앳킨슨지수는 사회후생함수가 명백히 개입한다는 의미에서 다른 지수와 다르다. 균등분배할 때 지금과 동일한 사회후생을 얻을 수 있는 소득의 크기를 균등분배 대등소득으로 정의한다. 1에서 균등분배대등소득을 현재 평균소득으로 나눈 값을 빼면 앳킨슨지수를 구할 수 있다. 균등분배 대등소득이 현재소득과 일치한다면, 즉 완전 균등분배상태라면 지수값이 영(0)이므로 값이 클수록 불평등한 상황을 나타내는 것이다.

08 2021

소득분배의 불평등도 측정에 관한 설명으로 옳은 것은?

① 지니(Gini)계수 : 0과 1 사이의 값을 가지며, 1에 가까울수록 소득이 평등하게 분배되었음을 나타낸다.
② 달튼(H. Dalton)의 평등지수 : 0과 1 사이의 값을 가지며, 1에 가까울수록 소득이 평등하게 분배되었음을 나타낸다.
③ 앳킨슨(A. Atkinson)지수 : −1과 1 사이의 값을 가지며, 1이면 소득이 완전 평등하게 분배되었음을 나타낸다.
④ 5분위분배율 : 하위 20%에 속하는 사람들의 소득점유비율을 상위 20%에 속하는 사람들의 소득점유비율로 나눈 값이다.
⑤ 십분위분배율 : 상위 40%에 속하는 사람들의 소득점유비율을 하위 20%에 속하는 사람들의 소득점유비율로 나눈 값이다.

✅ 지니계수는 영(0)에 가까울수록 평등, 달튼지수는 1에 가까울수록 평등, 앳킨슨지수는 영(0)에 근접할수록 평등하다. 5분위배율은 "상위 20% 소득점유율/하위 20% 소득점유율", 십분위분배율은 "하위 40% 소득점유율/상위 20% 소득점유율"이다.

답 ②

09 2020

소득의 불평등도 측정에 관한 설명으로 옳지 않은 것은?

① 두 로렌츠곡선이 서로 교차하는 경우, 소득 불평등도를 서로 비교할 수 없다.
② 지니계수는 대각선과 로렌츠곡선 사이의 면적을 로렌츠곡선 아래의 면적으로 나눈 값이다.
③ 균등분배 대등소득과 평균 소득이 일치하면 앳킨슨지수는 0이 된다.
④ 5분위배율은 소득 분배의 불평등도가 커질수록 값이 커진다.
⑤ 달튼(H. Dalton)의 평등지수는 0에 가까울수록 불평등한 상태를 의미한다.

✅ 지니계수는 로렌츠곡선을 이용해 평가하며 대각선과 로렌츠곡선 사이 면적이 대각선 아래 삼각형면적에서 차지하는 비율이다.

답 ②

10 2019

소득분배에 관한 설명으로 옳지 않은 것은?

① 상위 20%의 소득이 서로 같은 A, B국이 있을 때, A국의 10분위분배율이 $\frac{1}{2}$이고 B국의 5분위배율이 2라면, 하위 20%의 소득은 A국이 B국보다 크다.
② 지니계수는 값이 클수록 소득분배가 불평등함을 의미한다.
③ 사회무차별곡선이 원점에 대해 볼록할수록, 해당 사회에 대한 앳킨슨 지수(Atkinson index)는 높게 나타난다.
④ 조세 체계의 누진성을 강화하면 5분위배율은 하락한다.
⑤ 소득이 완벽히 평준화된 사회에서 로렌츠곡선은 대각선이 된다.

◎ A국 십분위분배율이 $\frac{1}{2}$이면 하위 40% 소득점유율이 상위 20% 소득점유율의 절반이다. B국 5분위배율이 2이면 하위 20%의 점유율이 상위 20% 점유율의 절반이다. 따라서 하위 20% 점유율은 B국이 더 크다.

사회적 무차별곡선이 원점에 볼록할수록 평등주의적 성향이 강하고 평등주의적 성향이 강할수록 균등분배대등소득은 커질 것이다. 균등분배대등소득이 커질수록 앳킨슨지수는 커진다. 🗒 ①

11 2017

소득불평등도지수에 대한 설명으로 옳지 않은 것은?

① 앳킨슨지수(Atkinson, A.)는 소득분배에 대한 사회적 가치판단에 따라서 크기가 달라진다.
② 로렌츠곡선은 하위 몇 %에 속하는 사람들이 전체소득에서 차지하는 비율을 나타내는 점들의 궤적이다.
③ 지니계수(Gini coefficient)는 로렌츠곡선을 이용해 계산할 수 있다.
④ 지니계수는 전체인구의 평균적인 소득격차의 개념을 활용하고 있다.
⑤ 달튼(Dalton, H.)의 평등지수는 1에 가까울수록 불평등한 상태를 의미한다.

◎ 지니계수는 균등분배선과 로렌츠곡선을 이용하여 불평등지수를 판단한다. 달튼지수는 균등분배상태에서 효용이 분모에 있고 현재상태의 효용이 분자에 있으므로 양자가 비슷하여 1에 접근할수록 균등한 분배상태를 의미한다. 🗒 ⑤

8. 앳킨슨 지수 : 계산 예

앳킨슨(Atkinson)이 만든 불평등지수는 가치판단에 내재된, 즉 사회후생함수를 내포한다는 점이 특징이다. 균등분배 대등소득을 도출하여 "$1-\frac{균등분배대등소득}{평균소득}$"을 이용하여 측정한다. 따라서 지수값이 클수록 불평등한 상황을 의미한다. 간단한 숫자 예를 들어보면 다음과 같다.

갑의 소득이 400, 을의 소득이 100이며 사회후생은 소득과 일치한다고 가정하자. 우선 롤즈의 사회후생함수를 전제로 앳킨슨 지수를 구하면 다음과 같다(2018 기출문제 참조). 평균소득은 250, 현재 사회후생은 $SW=\min(100, 400)$이므로 100이다. 균등하게 분배하여 지금과 동일한 사회후생을 얻으려면 100원씩 균등하게 분배하면 되므로 앳킨슨지수는 $1-\frac{100}{250}=0.6$이다.

만약 공리주의적 사회후생함수를 가정하면 개인효용의 합이 사회후생이므로 사회후생은 $100+400=500$이다. 균등하게 분배하여 지금과 동일한 사회후생을 얻으려면, 즉 균등분배 대등소득은 250이다. 따라서 앳킨슨지수는 $1-\frac{250}{250}=0$이다.

다른 예를 살펴보자. 두 사람의 소득이 각각 Y_1, Y_2이며 사회후생함수 $W=Y_1 \times Y_2$이다. 개인의 소득은 $Y_1=16$, $Y_2=4$이다. 평균소득은 10이며 사회후생은 64(16×4)이다. 지금과 동일한 사회후생을 얻기 위해 두 사람에게 균등하게 나눈 소득(64=8×8)은 8이다. 따라서 앳킨슨지수는 $1-\frac{8}{10}=0.2$이다.

12 [2018]

갑과 을 두 사람이 존재하는 경제에서 이들의 후생이 소득수준과 동일한 경우, 갑의 소득은 400, 을의 소득은 100이다. 앳킨슨 지수(Atkinsin index)로 소득분배를 평가한 설명으로 옳은 것은?

① 롤즈의 사회후생함수인 경우 앳킨슨 지수는 0이다.
② 롤즈의 사회후생함수인 경우 앳킨슨 지수는 0.4이다.
③ 롤즈의 사회후생함수인 경우 앳킨슨 지수는 1이다.
④ 공리주의 사회후생함수인 경우 앳킨슨 지수는 1이다.
⑤ 공리주의 사회후생함수인 경우 앳킨슨 지수는 0이다.

✓ 우선 롤즈의 사회후생함수를 가정하는 경우 maximin원리에 따라 사회후생은 100이다. 균등분배대등소득 역시 100이다. 따라서 앳킨슨지수는 $1-\frac{100}{250}=0.6$이다. 공리주의 후생함수를 채택하면 사회후생은 두 사람 소득의 합 500이다. 따라서 균등분배대등소득은 250이며 앳킨슨지수는 영(0)이다$\left(1-\frac{250}{250}\right)$.

답 ⑤

13 · 2017

소득이 Y_1, Y_2인 두 사람으로 구성된 사회의 후생함수가 $W = Y_1 \times Y_2$라고 한다. 두 사람의 소득이 각각 $Y_1 = 16$, $Y_2 = 4$이라고 할 때, 앳킨슨(A. Atkinson) 지수는?

① 0.1 ② 0.2 ③ 0.3
④ 0.8 ⑤ 8

✓ 두 사람의 소득이 각각 16, 4이므로 평균소득은 10이다. 현재 사회후생은 $64(=16 \times 4)$이다. 지금과 동일한 사회후생을 얻기 위해 균등하게 분배하면 그 소득(균등분배대등소득)은 8이다. 따라서 앳킨슨지수 값은 $0.2\left(=1-\dfrac{8}{10}\right)$이다.

답 ②

9. 조세에 의한 소득재분배

소득재분배를 위한 조세정책은 소득세의 초과누진세율제도, 사치품에 대한 중과세 그리고 상속이나 증여와 같은 불로소득에 대한 중과세 등을 들 수 있다. 첫째, 초과누진세율의 적용은 저소득자에게 소득증가형태로 직접 이득이 되는 것은 아니다. 그러나 소득이 높을수록 높은 한계세율을 적용받으므로 소득격차의 해소에 분명 도움이 된다.

둘째, 사치품에 대한 중과세이다. 사치품이란 수요의 소득탄력성이 1을 초과하는 재화를 의미한다. 소득이 증가할 때 소득증가율보다 재화소비량증가율이 더욱 빠르므로 고소득자들이 집중적으로 소비하는 재화로 규정할 수 있다. 따라서 사치재에 중과세하면 고소득자의 부담으로 귀착될 가능성이 크므로 재분배효과가 있다는 것이다.

셋째, 상속이나 증여소득(재산)은 스스로 노력하지 않고 얻은 것이며 상속이나 증여소득(재산)이 없는 사람과 비교할 때 일종의 특혜라 할 수 있다. 따라서 높은 세율을 적용할 수 있는 근거가 되며 조세부담은 상속받은 사람에게 귀착되므로 확실하게 재분배효과로 나타난다.

넷째, 개인소득세와 같이 법인소득세도 초과누진세율이 적용된다. 법인세는 직접세이므로 소비자에게 전가되지 않는 것으로 간주되나, 일반물품세와 같이 소비자에게 전가된다는 주장 또는 실증분석이 많이 있다. 만약 법인세가 물품가격상승 형태로 소비자에게 전가된다면 이는 역진성을 강화하는 요인으로 작용된다.

다섯째, 초과누진세율이 적용되는 개인소득세에서 소득공제의 규모를 증가하면 고소득자에게 유리한 결과로 나타나 누진성을 완화하는 효과가 있다. 소득공제는 높은 세율을 적용받는 고소득자에게 더욱 유리하기 때문이다. 반면 산출세액 중 일정액을 공제하는 세액공제는 저소득자에게 유리하므로 누진성 강화에 기여한다.

14 2016

A국의 소득을 소득계층별, 소득형태별로 정리한 표에 관한 해석으로 옳지 않은 것은? (단, 소득공제는 없다.)

구분	총소득(%)	노동소득(%)	자산소득(%)	기타소득(%)
상위(1~10%)	29.4	31.2	96.9	66.3
중위(11~60%)	51.0	54.3	3.1	33.7
하위(61~100%)	19.6	14.5	0.0	0.0
소득형태별 점유율(%)	100.0	86.0	3.0	11.0

① 동일한 세율로 세수를 극대화하려면 자산 및 기타소득에 과세하는 것이 효과적이다.
② 자산소득을 갖고 있는 사람들은 대부분 상위소득자라 할 수 있다.
③ 국가 전체로 보면 노동소득에서 발생하는 금액이 제일 크다.
④ 효과적인 소득재분배를 위해서는 금융소득과 부동산(임대, 양도)소득에 중과세할 필요가 있다.
⑤ 조세의 효율성 측면에서 판단하자면 동일한 조세 수입 가정 하에 모든 소득에 단일세율로 과세하는 것이 좋다.

☑ 1) 자산소득과 기타소득이 전체소득에서 차지하는 비율이 14%에 불과하므로 이에 과세하여 조세수입극대화를 꾀하기 어렵다.
2) 상위 10%의 특징이 노동소득에 비해 자산소득 비중이 높다는 점이다.
3) 노동소득점유율이 86%에 달하므로 가장 큰 비중을 차지하고 있다.
4) 고소득계층의 소득원천이 자산소득과 기타소득이므로 소득재분배목적이라면 여기에 중과세해야 한다.
5) 효율성, 선택의 교란을 최소화하려면 단일세율이 바람직하다.

답 ①

15 2016

조세를 통한 소득재분배 효과에 관한 설명으로 옳지 않은 것은?

① 누진세 구조의 개인소득세는 저소득층의 소득을 직접 증가시키는 것은 아니지만 소득분배 개선 효과를 나타낸다.
② 소비세의 과세대상을 사치품으로 한정하여 부과한다면 고소득층이 세금부담을 주로 할 것이므로 소득분배 개선 효과를 나타낸다.
③ 한계세율이 점증하는 누진소득세 체계에서 소득공제를 도입하면 고소득층의 세후 소득을 감소시킨다.
④ 법인세의 세부담이 소비자에게 전가된다면 소득분배가 악화된다.
⑤ 자산소득 지니계수가 높은 나라에서는 자산소득에 높은 세율로 과세하면 소득분배 개선 효과를 나타낸다.

✓ 1) 누진세는 고소득층의 부담이 높아 저소득자의 소득이 증가하지 않더라도 분배개선효과가 있다.
2) 사치품은 고소득자가 집중적으로 소비하는 것이므로 여기에 과세하면 분배개선효과가 있다.
3) 소득공제는 같은 금액일 때 높은 한계세율을 적용받는 고소득자에 더 유리하므로 고소득자의 조세부담을 줄여 세후소득을 증가시키는 요인이다.
4) 법인세가 소비자에게 전가된다면 일반소비세와 같은 것, 따라서 역진적이다.
5) 자산소득 지니계수가 높다는 것은 자산의 분배상태가 매우 불평등하다는 의미이므로 자산에 중과세할 때 고소득자의 조세부담은 크게 증가하게 된다.

답 ③

10. 부의 소득세

부의 소득세제도(negative income tax)는 1946년 스티글러(Stigler, J.)의 논문에서 처음 제시되었다. 이후 토빈(Tobin, J.)과 같은 유력한 경제학자의 지원을 받았고 보수성향의 경제학자인 프리드먼(Friedman, M.)과 같은 학자로부터 지지받기도 했다.

부의 소득세는 일정 수준 이하로 소득이 감소하면 부(−)의 세율을 적용하는 것이 특징인데, 즉 소득이 매우 낮으면 정부가 세금을 걷는 대신 보조금을 지급한다는 내용이다. 일반조세의 틀 안에서 운영되므로 행정적으로 단순하며 별도의 수혜심사도 필요치 않다는 장점이 있다. 그러나 특정 집단의 요구에 쉽게 부응하지 못한다는 단점도 있다.

부의 소득세는 기초수당과 한계세율이 핵심변수인데 기초수당은 최소한의 보장소득이므로 스스로 벌어들인 소득이 영(0)일 때 지급되는 보조금액이다. 한계세율은 소득이 증가할 때 소득증가분에 대한 납세액의 증분의 비율을 의미하는데 부의 소득세에서 선형세수함수를 가정하므로 적용되는 한계세율은 모두 동일하다.

기초수당의 크기가 클수록 그리고 한계세율이 높을수록 누진성이 강화되지만 높은 한계세율은 대체효과에 의해 각종 의욕을 감소시키므로 한계세율인상에 한계가 있다. 기초수당이 100이며 한계세율이 20%이면 Y축 -100을 절편으로 기울기가 0.2인 선형 함수($T = -100 + 0.2Y$)가 된다. 이를 기반으로 납세액과 보조금액을 산출할 수 있다. 스스로 번 소득(Y)이 500이면 $T = -100 + 0.2 \times 500 = 0$이다. 즉 스스로 500을 벌면 보조금도 없고 납부할 세금도 없는 상태인데 이를 분기소득이라고 한다. 분기소득은 기초수당을 한계세율로 나누어 $\left(\dfrac{100}{0.2} = 500\right)$을 쉽게 구할 수 있다.

스스로 번 돈이 200원이면 세액은 $T = -100 + 0.2 \times 200 = -60$이다. 즉 60원을 돌려받는다는 의미인데, 소득이 200이면 보조금이 60임을 알 수 있다. 스스로 번 돈이 1,000이면 같은 방법으로 $T = -100 + 0.2 \times 1,000 = 100$이다. 즉 스스로 1,000을 벌어들인 사람은 납세액이 100이라는 의미이다.

16 2021

부의 소득세제(negative income tax)가 $S=a-tE$로 주어졌을 때 다음 설명으로 옳지 않은 것은? (단, S : 보조금, a : 기초수당, t : 한계세율, E : 스스로 벌어들인 소득)

① a가 50만 원, t가 0.2일 때 E가 250만 원이면 보조금 혜택이 중단된다.
② a가 50만 원, t가 0.25일 때 보조금을 받기 위해서 E는 200만 원 미만이어야 한다.
③ 다른 조건이 일정할 때, t가 인하되면 조세부담이 줄어들어 보조금도 같이 줄어든다.
④ 정부가 선택할 수 있는 정책변수는 a와 t이다.
⑤ 다른 조건이 일정할 때, a가 클수록 재분배효과가 증가한다.

✓ 분기소득점은 기초수당을 세율로 나눈 값이므로 기초수당이 50만 원일 때 세율이 20%이면 분기소득 250만 원, 세율이 25%이면 분기소득은 200만 원이다. 소득세율인하로 조세부담이 감소될 가능성이 있지만 보조금액은 기초수당의 크기에도 의존하므로 세율인하를 보조금액 감소로 단정할 수 없다. 답 ③

17 2019

부(−)의 소득세제에서, 한계세율을 t, 모든 사람에게 최소한으로 보장되는 소득인 기초수당을 m이라고 할 때, 보조금은 $S=m-tE$(단, E는 스스로 번 소득)이다. 부의 소득세제에 관한 설명으로 옳은 것을 모두 고른 것은?

ㄱ. 누진적 소득세제의 논리적 연장이다.
ㄴ. 소득세의 납부과정에서 정부로부터 보조를 받는 형식을 취한다.
ㄷ. 어떤 사람이 스스로 벌어들인 소득이 $\frac{m}{t}$이면, 보조금은 0(zero)이다.
ㄹ. 재분배효과는 m이 클수록 커진다.
ㅁ. t가 클수록 근로의욕이 커진다.

① ㄷ, ㅁ   ② ㄱ, ㄴ, ㄷ   ③ ㄴ, ㄹ, ㅁ
④ ㄱ, ㄴ, ㄷ, ㄹ   ⑤ ㄱ, ㄴ, ㄷ, ㄹ, ㅁ

✓ 부의 소득세는 누진소득세를 논리적으로 연장하여 저소득자에게 지급하는 보조금까지 정식화하였다. 기초수당과 한계세율이 클수록 재분배효과가 크게 나타난다. 하지만 한계세율 인상은 각종 의욕감소라는 비효율성의 원인이다. 답 ④

11. 근로장려세제

　근로장려세제는 2008년 도입되어 시행되며 일하고 있으나 빈곤에서 벗어나지 못하는 근로빈곤층에게 도움을 준다는 취지로 출발했다. 우리나라의 경우 가구구성원(단독가구, 외벌이가구, 맞벌이가구)에 따라 근로장려금 지급혜택이 다른데 맞벌이 가구의 경우 근로소득의 합계가 3,600만 원 미만이어야 지급대상이 된다.

　맞벌이 가구의 경우 소득이 800만 원에 이를 때까지 소득의 37.5%의 근로장려금을 지급하며 따라서 근로장려금은 최대 300만 원이다. 800만 원 이상 1,700만 원 사이는 일정액 300만 원을 지급하며 근로소득이 1,700만 원을 초과하여 3,600만 원까지는 근로장려금은 점차 감소되는 형태[(3,600−소득)×15.79%]이다.

　동일한 근로장려금 지급대상이라도 근로소득이 800만 원까지는 임금율이 인상되는 효과가 있으며 800~1,700만 원 구간의 경우 정액 300만 원이므로 소득증가효과만 있다. 1,700만 원을 초과하여 3,600만 원에 이를 때까지는 스스로 번 돈이 많을수록 근로장려금액이 줄어들므로 임금율 감소효과가 나타나는 것이다.

　근로장려금의 근로의욕에 미치는 효과는 다음과 같다. 3,600만 원까지 금로장려금이 지급되므로 소득효과는 모두 양으로 나타나며, 여가가 정상재인 경우 소득증가효과는 근로의욕감소로 나타난다. 그러나 대체효과는 점증구간 또는 점감구간에 따라 다르다. 근로소득증가에 따라 근로장려금이 더 붙어 지급되는 경우(점증구간) 임금율 상승효과가 나타나 대체효과는 근로의욕의 증가이다. 반면 1,700만 원을 초과하여 스스로 번 소득이 증가할 때 근로장려금이 삭감되는 점감구간은 임금율 감소효과가 나타나므로 대체효과는 근로의욕 감소이다.

　결국 점증구간의 경우 소득효과는 근로의욕 감소, 대체효과는 근로의욕 증가이므로 대체효과와 소득효과의 상대적 크기에 따라 근로의욕효과가 다르다. 하지만 점감구간의 경우 소득효과는 근로의욕 감소, 대체효과 역시 근로의욕 감소이므로 근로의욕이 확실하게 감소된다.

18 2020

다음은 근로장려세제와 관련한 어떤 연구의 실증분석 결과이다.

> (가) 한부모 여성가구주(single mother)의 노동공급은 증가하였다.
> (나) 부부의 경우, 주소득자의 노동공급에는 거의 영향을 미치지 못했으나, 부소득자의 노동공급은 크게 감소하였다.
> (다) 근로장려세제 대상자들 전체의 노동공급에는 별다른 변화가 없었다.

실증분석 결과에 대해 유추 가능한 다음의 해석으로 옳은 것을 모두 고른 것은?

> ㄱ. (가)의 해석 : 한부모 여성가구주들은 제도 도입 전에 주로 무노동계층이었거나, 점증구간에 속해 있었을 것이다.
> ㄴ. (나)의 해석 : 가구 주소득자의 노동공급의 임금탄력성은 매우 작은 반면, 부소득자의 임금탄력성은 클 것이다.
> ㄷ. (다)의 해석 : 당초의 의도와는 달리 정책도입 후 실제로 노동공급 증가량과 노동공급 감소량은 대체로 비슷하게 발생하였다.

① ㄱ
② ㄱ, ㄴ
③ ㄱ, ㄷ
④ ㄴ, ㄷ
⑤ ㄱ, ㄴ, ㄷ

◎ 점증구간의 경우 노동시간 증가로 임금율상승효과가 나타나므로 근로의욕을 유인할 수 있다. 임금율변화에 따른 근로자의 반응이므로 주소득자는 노동공급이 비탄력적인 반면 부소득자의 경우 노동공급이 탄력적인 것으로 해석할 수 있다. 전체적으로 변화가 거의 없었다면 노동공급의 증가와 감소효과가 상쇄된 결과이다.

답 ⑤

19 2019

우리나라의 근로장려세제에 관한 설명으로 옳지 않은 것은?

① 기초생활보장 등 각종 복지지원에서 제외되는 저소득근로자에게 생계비 등을 보조해 주는 제도이다.
② 근로장려금은 가구 구성과 소득 수준에 따라 달라진다.
③ 소득수준이 높은 가구일수록 소득 1원 증가에 따른 가처분소득 증가분은 줄어드는 방식을 취한다.
④ 근로빈곤층의 노동공급에 미치는 영향을 최소화하면서 생계안정을 지원하는 제도이다.
⑤ 개인의 노동공급에 미치는 영향을 분석하면 소득효과 없이 대체효과가 존재하여 노동공급은 소폭 줄어든다.

✓ 근로자에게 생계비를 보조하며 노동공급유인을 제공하자는 취지로 마련된 제도이다. 스스로 번 소득이 증가할 때 임금율 보조가 있는 점증구간, 평탄구간, 그리고 스스로 번 소득이 증가할 때 보조금이 감소하는 점감구간 등으로 나누어진다. 어떤 구간이라도 일정액의 보조가 지급되므로 소득효과는 근로의욕의 감소로 나타난다.

답 ⑤

12. 우리나라 소득재분배정책

우리나라에서 실시하는 소득재분배정책을 정리하면 다음과 같다. 첫째 개인소득세에서 초과누진세율이 적용된다. 최저 6%에서 최고 42%까지 7단계로 구분하여 차등적인 한계세율을 적용하고 있다. 소득금액이 1,200만 원 이하이면 한계세율 6%를 적용하며 소득금액이 5억 원을 초과하면 42%의 한계세율을 적용하고 있다. 고소득자에게 높은 한계세율을 적용하면 소득계층간 재분배효과가 나타나기 마련이다.

둘째, 근로장려세제를 통해 근로빈곤층을 지원하고 있다. 단독가구이면 근로소득이 최고 2,000만 원까지, 홀벌이 가구이면 근로소득 3,000만 원까지, 맞벌이 가구이면 근로소득 최고 3,600만 원까지 근로장려금을 지급한다. 단독가구의 경우 년간 최고 150만 원, 홀벌이 가구의 경우 연간 최고 260만 원 그리고 맞벌이 가구의 경우 연간 최대 300만 원까지 근로장려금이 지급된다. 따라서 근로장려세제 역시 소득재분배에 기여하는 것은 사실이다.

셋째, 2000년 이후 국민기초생활보장제도가 시행되며 소득이 최저생계비에 미달하는 경우 정부가 보조하는 제도이다. 국민기초생활보장제도에 따른 현금 및 현물 급여는 본인 기여와 관계없이 모든 금액을 조세수입으로 지원하며 2020년 현재 생계급여는 142만 원 가량이다. 이밖에도 의료급여, 주거급여, 교육급여 등 다양한 형태로 지원이 이루어지고 있다.

20 2021

우리나라에서 시행 중인 소득재분배정책에 관한 설명으로 옳지 않은 것은?

① 국민기초생활보장제도는 절대빈곤선을 기준으로 수급 대상자를 선정한다.
② 근로장려세제는 근로빈곤층(working poor)에게 생계안정지원과 동시에 근로 유인을 위한 제도이다.
③ 공공부조는 일반 국민이 납부한 세금을 재원으로 저소득계층을 지원하는 프로그램이다.
④ 우리나라에서 운용중인 사회보험은 국민연금, 건강보험, 고용보험, 산재보험, 노인장기요양보험이 있다.
⑤ 사회보험제도는 가입자들이 납부한 보험료를 기본 재원으로 운영된다.

◎ 우리나라의 경우 생계급여가 지급되는 소득기준은 절대빈곤선이 아니라 기준 중위소득의 30%이다. 사회보험은 개인이 납부한 보험료를 기반으로 운영되며 공공부조는 정부의 조세수입으로 저소득층을 지원한다.

답 ①

21 2019

소득재분배정책에 관한 설명으로 옳지 않은 것은?

① 우리나라의 4대 사회보험은 국민연금, 건강보험, 고용보험, 산재보험이다.
② 소득세의 누진세율제도는 소득 계층간 가처분소득의 격차를 줄이는 역할을 한다.
③ 사회보험제도는 보험료를 납부한 사람만, 그리고 공공부조 프로그램은 세금을 납부한 사람에게만 혜택을 준다.
④ 근로장려세제는 근로빈곤층(working poor) 지원을 위한 제도이다.
⑤ 국민기초생활보장제도는 근로능력의 유무에 관계없이 월소득이 최저생계비에 미치지 못할 경우 정부가 보조해 주는 제도이다.

◎ 사회보험은 보험료를 납부한 사람에게 혜택이 돌아가지만 공공부조의 경우 세금납부여부와 무관하게 저소득계층의 범주에 든 사람에게 지급된다. 우리나라의 국민기초생활보장제도가 공공부조의 전형이다.

답 ③

22 2020

빈곤에 관한 아래의 정의 식에 근거하여 다음 설명으로 옳은 것을 모두 고른 것은?

- 빈곤율 = 빈곤층의 인구/전체인구
- 빈곤갭 = 빈곤층 인구수 × (빈곤선 − 빈곤층 인구의 평균소득)
- 소득갭비율 = (빈곤선 − 빈곤층 인구의 평균소득)/빈곤선

ㄱ. 빈곤율은 빈곤 완화를 위해 필요한 재원규모에 대한 정보를 알려주지 못한다.
ㄴ. 빈곤갭은 빈곤층 내부의 소득재분배에 영향을 받지 않는다.
ㄷ. 소득갭비율은 정부의 정책으로 빈곤층 인구의 평균소득을 증가시키면 늘어난다.

① ㄱ ② ㄱ, ㄴ ③ ㄱ, ㄷ
④ ㄴ, ㄷ ⑤ ㄱ, ㄴ, ㄷ

◎ 빈곤율은 빈곤인구가 차지하는 비율(%)을 의미하므로 필요재원에 관한 정보와 무관하다. 빈곤층 내부에 소득재분배가 있어도 빈곤층의 평균소득에 영향이 없으므로 빈곤갭이 변화할 이유는 없다. 정부가 나서 빈곤층 평균소득이 증가하면 소득갭 비율은 감소할 것이다.

답 ②

09 조세이론의 기초

1. 목적세

조세는 보통세와 목적세로 구분된다. 보통세란 세입(歲入)을 일반적 세출에 충당하는 것으로 대부분의 조세가 여기에 해당된다. 목적세란 특정세입을 특정세출에 한정시키는 것인데 교육세의 경우 모든 세수입을 교육비지출에 사용해야 한다. 농어촌특별세의 경우도 모든 세입을 농어촌구조개선사업에만 사용해야 한다. 따라서 목적세는 특정세입을 특정한 세출목적에 국한시키지 말라는 소위 '목적구속금지'의 원칙에 위배된다.

우리나라의 목적세는 국세(國稅) 중 교육세, 농어촌특별세 및 교통에너지환경세가 해당되며 지방세(地方稅) 중 목적세는 지역자원시설세와 지방교육세가 있다. 목적세의 특징(장·단점)을 살펴보면 다음과 같다.

첫째, 목적세는 일반적으로 세금을 부담하는 자가 세금의 혜택을 본다는 편익원칙에 기초하고 특정사업 재원의 안정성을 보장한다. 우리나라의 경우 교육부는 다른 부처와 예산을 두고 충돌할 필요가 없다. 정부예산의 배분과정에서 갈등이 없다는 점인데, 교육세수입 전액을 교육부에서 사용하기 때문이다.

둘째, 목적세는 과세기한이 정해진 것이 보통이며(교육세의 경우 한시적 목적세이었으나 1990년 영구세로 전환했다.) 예산배분의 경직성을 가져와 효율성을 저해할 수 있다. 현실적으로 교육수요 증가로 예산이 증액되어야 하는 경우 또는 교육수요 감소로 교육예산이 감소되어야 하는 경우가 반복된다. 그러나 교육세수입 전액이 교육비에 사용되므로 재정수요와 무관하게 수입이 정해지므로 경직성을 초래한다.

01 2019

목적세에 관한 설명으로 옳지 않은 것은?
① 조세의 편익원칙에 기초한다.
② 특정분야 사업 재원의 안정성을 보장한다.
③ 전체 재정활동의 관점에서 효율성을 저해할 수 있다.
④ 우리나라의 목적세로는 종합부동산세를 들 수 있다.
⑤ 과세 기한이 정해져 있는 것이 일반적이다.

◎ 목적세는 교육세와 같이 지출목적이 정해진 세금이므로 재정구조를 경직적으로 만들어 효율성을 저해할 우려가 있다. 우리나라 국세 중 목적세는 교육세, 농어촌특별세 및 교통에너지환경세가 있으며 종합부동산세는 국세이며 보통세이다.

📖 ④

02 2020

우리나라 조세 중 지방세이면서 목적세인 것은?

① 레저세 ② 교육세 ③ 지역자원시설세
④ 농어촌특별세 ⑤ 재산세

◎ 목적세는 보통세와 대립되며 조세수입의 지출목적이 특정부문으로 정해진 조세를 말한다. 국세 중 목적세는 교육세, 농어촌특별세 및 교통에너지환경세가 있고 지방세 중 목적세로는 지역자원시설세와 지방교육세가 있다.

📖 ③

03 2017

목적세에 관한 설명으로 옳지 않은 것은?

① 교육세, 교통·에너지·환경세 등을 예로 들 수 있다.
② 목적세 세수를 필요한 만큼 확보하지 못하면 보통세 세수를 전용해야 하는 문제가 발생할 수 있다.
③ 정부의 재원배분 과정을 자동화하여 정부예산의 효율성을 높인다.
④ 정부의 예산배분 과정에서 나타나는 정치적 갈등을 줄일 수 있다.
⑤ 정부재정 운영의 신축성을 떨어뜨린다.

◎ 특정 세입이 특정 지출목적에만 사용되므로 예산배분과정에서 정치적 갈등을 줄여주지만 재정운영에 있어 경직성을 초래한다는 비판을 받는다. 경직적이란 신축성이 결여된 것이며 따라서 효율적 자원의 이용이란 측면에서 바람직하지 못하다.

📖 ③

2. 조세원칙

조세원칙은 스미스(Smith, A.), 바그너(Wagner, A.) 그리고 머스그레이브(Musgrave, R.)의 원칙이 있다. 애덤스미스의 조세원칙은 공평성, 명확성, 확실성, 경제성 등이다. 바그너의 원칙은 재정정책적 원칙(충분성, 신축성), 공정의 원칙(보편성, 공평성), 국민경제적 원칙(세종과 세원의 선택) 및 조세행정원칙(명확성, 확실성, 경제성) 등이다. 스미스와 바그너의 원칙을 기반으로 머스그레이브가 제시한 현대사회 조세원칙을 정리하면 다음과 같다.

첫째, 효율성이다. 조세는 필연적으로 민간의 선택을 교란하므로 이를 최소화하는 것이 바람직하다는 것이다. 조세가 국민의 근면을 방해하고 특정 산업부문에 종사하는 것을 단념하도록 한다면 자원배분의 왜곡을 가져온 것이다.

둘째, 공평성이다. 동일한 처지의 사람이 동일한 부담을 하라는 수평적 공평과 서로 다른 처지의 사람이 서로 다른 부담을 해야 한다는 수직적 공평으로 구분한다. 개인소득세에서 초과누진세율을 적용하는 것이 수직적 공평을 도모하는 대표적 수단이다.

셋째, 신축성이다. 국민소득 중 다른 경제여건이 변화할 때 조세수입도 이에 맞추어 변화해야 한다는 것이다. 누진세율이 제대로 적용된다면 국민소득의 증가율보다 조세수입의 증가율이 더욱 빠른데, 이것이 신축성의 좋은 예이다.

넷째, 경제성의 원칙이다. 조세행정에 소요되는 비용이 최소화되어야 한다는 것이다. 우리나라의 경우 조세수입 확보를 위해 국세청이 있는데, 조세징수에 지나치게 많은 공무원이 동원되어 그들 봉급의 비중이 터무니없이 높다면 경제성에 위배된다.

04 2018

다음은 아담 스미스의 국부론 내용의 일부이다. 현대의 조세이론 가운데 자원배분의 왜곡과 관련된 항목을 모두 고른 것은?

> ㄱ. 조세 징수에 많은 수의 관리들이 필요해서 그들의 봉급이 조세수입의 대부분을 갉아먹고 또한 그들의 부수입이 국민들에게 추가적인 과세 부담으로 되는 경우이다.
> ㄴ. 조세가 국민들의 근면을 방해하고, 그들로 하여금 (많은 사람들을 먹여 살리고 고용할 수 있는) 어떤 산업부문에 종사하는 것을 단념하도록 만드는 경우이다.
> ㄷ. 탈세를 시도하다가 실패하는 불행한 사람들에게 몰수 기타의 형벌을 부과함으로써, 조세가 그들을 종종 몰락시키고 그리하여 사회가 (그들의 자본 운용으로부터 얻을 수 있었을) 이익을 상실하게 되는 경우이다.
> ㄹ. 국민들에게 조세 징수인의 빈번한 방문·짜증나는 조사를 받게 함으로써 조세가 국민들에게 수많은 불필요한 고통·번거로움·억압을 주는 경우이다.

① ㄴ   ② ㄹ   ③ ㄱ, ㄹ
④ ㄴ, ㄷ   ⑤ ㄴ, ㄹ

✓ 1) 조세징수에 투입된 공무원에게 지급되는 봉급은 징세비이다. 징세비절약의 원칙을 참조하면 된다.
  2) 조세부과로 근로의욕과 투자의욕이 상실되는 문제는 조세의 비효율성과 관련이 있다. 과세로 인한 자원배분의 왜곡을 의미하는 것이기 때문이다.
  3) 탈세방지를 위해 부과되는 범칙금을 생각하면 된다.
  4) 세무조사 등으로 국민들에게 고통을 주는 것은 납세액 이상의 부담을 제공하는 것이다.   답 ①

3. 경제적 능력의 평가기준

개인의 능력을 기준으로 조세가 부과되어야 공평과세의 실현이 가능하다. 일반적으로 개인의 능력을 대신하는 지표(proxy)는 소득, 소비, 재산 등이다. 대부분의 나라에서 소비나 재산을 능력지표로 삼지 않고 소득을 기준으로 과세하는 것이 현실이다. 따라서 소비나 재산에 대한 조세는 보완적이라 생각하면 된다. 능력지표에 대해 정리하면 다음과 같다.

첫째, 소득을 능력의 지표로 삼아 과세하자는 것이 개인종합소득세이다. 물론 소득을 평가기준으로 할 때 여가와 노동에 대한 개인선호를 반영하지 못한다는 문제가 있다. 능력이 부족해 소득이 낮은지 아니면 여가선호로 노동시간이 작아 소득이 낮은지 구분하기 어렵기 때문이다. 한편 마땅히 능력에 포함되어야 하는 귀속소득(imputed income)에 대한 측정이 어렵고 인플레이션이 발생할 때 실질조세부담의 증가를 조정하는 것도 현실적으로 곤란하다.

둘째, 소비를 개인의 능력지표로 삼아야 한다는 것이 개인종합소비세(지출세)이다. 개인종합소비세도 개인을 기준으로 모든 소비지출을 종합하여 개인사정을 고려한 뒤 초과누진세율을 적용하므로 조세부담에 있어 소득세와 다를 바 없다. 지출세도 인세이며 직접세이고 조세부담 또한 누진적이라는 것이다.

셋째, 재산을 능력기준으로 삼아 과세하자는 것은 개인종합재산세가 대표적이다. 개인을 기준으로 모든 재산을 통합하고 부채를 차감한 뒤, 즉 순재산액을 기준으로 누진세율을 적용하자는 것이다. 그러나 현실적으로 재산의 가치를 제대로 평가하는 것은 무척 어려운 일이다.

05 2019

조세부과 기준으로서 경제적 능력의 평가에 관한 설명으로 옳지 않은 것은?
① 소득을 평가기준으로 할 경우, 여가와 노동에 대한 개인의 선호를 반영하지 못하는 한계가 있다.
② 소비를 평가기준으로 할 경우, 누진과세가 불가능하다.
③ 소득을 평가기준으로 할 경우, 시장을 통하지 않고 취득된 귀속소득은 과세대상에 포함하기 어렵다.
④ 재산을 평가기준으로 할 경우, 재산 가치 평가의 어려움이 있다.
⑤ 소득을 평가기준으로 할 경우, 인플레이션 발생 시 실질적인 조세부담이 증가한다.

✓ 소비를 기준으로 과세하는 개인종합소비세는 소득세와 마찬가지로 누진조건에 부합된다. 개인을 기준으로 모든 소비지출을 종합한 뒤 개인사정을 고려하고 초과누진세율을 적용하기 때문이다.   답 ②

4. 수평적 공평과 수직적 공평

공평성은 수평적 공평과 수직적 공평으로 구분된다. 수평적 공평은 동일한 처지의 사람이 동일한 부담을 하자는 것인데, 능력이 같으면 조세부담이 같아야 하고 같은 능력의 사람은 조세부담 이후에도 효용의 순서가 바뀌지 말아야 한다. 우리나라의 경우 개인소득세를 부과할 때 소득공제를 허용하는데, 소득공제제도가 수평적 공평을 위한 현실적 도구라 할 수 있다. 소득공제제도 안에서 개인사정(결혼유무, 배우자, 동거 노약자, 동거 장애인 등)을 고려하기 때문이다. 동일한 처지를 정확히 구분하기 위한 제도적 장치로 볼 수 있다.

수직적 공평은 서로 다른 능력을 가진 사람이 서로 다른 부담을 해야 한다는 것이므로 소득계층 간 상이한 조세부담을 요구하는 것이다. 일반적으로 공평과세란 수직적 공평성기준을 충족하는 조세를 의미한다. 현실적으로 초과누진세율의 적용이 대표적 예인데 저소득자에게 낮은 한계세율을 고소득자일수록 높은 한계세율을 적용하자는 것이므로 소득이 증가하는 속도보다 조세부담이 증가하는 속도가 더욱 높게 나타난다. 모든 소득을 종합하여 과세하자는 포괄적 소득세가 수평적 공평성 및 수직적 공평성을 충족할 수 있는 적절한 세금이다.

06 2019

조세의 공평성에 관한 설명으로 옳지 않은 것은?
① 동일한 경제적 능력 소유자의 조세부담은 같아야 한다.
② 수평적 공평성은 어떤 사람들을 똑같은 능력의 소유자로 보아야 하는 문제가 있을 수 있다.
③ 납세 이후에도 개인의 효용수준의 순서는 변하지 않아야 한다.
④ 소득세율의 누진성 강화는 수직적 공평성을 저해한다.
⑤ 포괄적 소득세는 수평적 공평성 제고를 위해 바람직하다.

✓ 동일한 능력소유자에게 동일한 부담을 하자는 것이 수평적 공평의 논리이며 서로 다른 능력소유자에게 다른 부담을 부과하자는 것이 수직적 공평의 논리이다. 수직적 공평의 현실적 도구로 초과누진세율을 들 수 있고 누진성 강화는 곧 수직적 공평의 강화를 의미한다.   답 ④

5. 누진성평가

누진성조건을 충족하려면 소득이 증가할 때 평균세율$\left(\frac{납세액}{소득}\right)$도 따라 증가하면 된다. 소득이 증가할 때 평균세율이 증가하면 한계세율이 평균세율보다 반드시 크다. 한계세율이 평균세율보다 커야 누진적이라 말하는 이유이기도 하다. 한편 소득이 증가할 때 평균세율이 증가하면 소득증가율보다 조세부담증가율이 더 크므로 '조세수입의 소득탄력성$\left(\frac{조세부담증가율}{소득증가율}\right)$'은 1보다 큰 값이므로 누진성을 띤다.

선형세수함수 $T=-100+0.2Y$를 기준으로 설명해 보기로 하자. 우선 소득이 1,000에서 2,000으로 증가하면 납세액은 100에서 300으로 증가한다. 첫째, 소득이 증가하면서 평균세율은 $10\%\left(\frac{100}{1,000}\right)$에서 $15\%\left(\frac{300}{2,000}\right)$로 증가했으므로 누진성조건에 부합된다.

둘째, 한계세율은 소득증가분(1,000)에 대한 납세액의 증분(200)이므로 20%이다. 소득이 2,000일 때 평균세율이 15%, 따라서 한계세율이 평균세율보다 높다는 점을 확인할 수 있다. 한계세율이 평균세율보다 크므로 누진성조건에 부합된다.

셋째, 소득이 증가할 때 세수탄력성을 기준으로 누진성여부를 판단할 차례이다. 소득의 증가율은 100%(1,000 → 2,000)이며 납세액 증가율은 200%(100 → 300)이므로 조세수입의 소득탄력성은 1보다 큰 값, 즉 2이므로 누진성요건에 부합된다.

07 2020

선형누진세와 비선형누진세에 관한 설명으로 옳지 않은 것은?

① 한계세율이 평균세율보다 높다.
② 비선형누진세는 한계세율과 평균세율이 동시에 변화한다.
③ 선형누진세는 한계세율과 평균세율이 변화하지 않는다.
④ 선형누진세는 비선형누진세에 비해 상대적으로 고소득층에 유리할 수도 있다.
⑤ 선형누진세는 면세점을 두고 있다.

✅ 1) 누진세가 되려면 한계세율이 평균세율보다 높아야 한다.
2) 비선형누진세란 소득증가에 따라 한계세율이 상승하는 경우를 말한다.
3) 선형누진세란 세수함수가 직선이므로 한계세율은 변화가 없으나 누진성조건에 부합하기 위해 평균세율은 소득증가에 따라 상승해야 한다.
4) 고소득층의 경우 동일한 한계세율이 적용되는 선형누진세가 유리하다.
5) 선형의 세수함수가 누진성을 가지려면 횡축(X축)에서 출발해야 하는데, 횡축의 절편(값)이 곧 면세점을 의미한다.

답 ③

08 2017

세수함수가 $T = -300 + 0.5Y$일 때, 다음 중 옳지 않은 것은? (단, T는 세금, Y는 소득, $Y > 600$이다.)

① 소득이 증가함에 따라 평균세율은 증가한다.
② 한계세율은 소득에 관계없이 일정하다.
③ 세수탄력성은 1보다 작다.
④ 한계세율은 평균세율보다 크다.
⑤ 위의 세수함수는 선형누진소득세에 해당된다.

✅ 세수함수가 횡축(X축)에서 출발하는 선형이므로 한계세율은 일정하나 소득이 증가할 때 평균세율이 증가하는 누진성조건에 부합된다. 따라서 한계세율이 평균세율보다 크고 조세수입의 소득탄력성(세수탄력성)은 1보다 크다.

답 ③

6. 공평과세원칙 : 편익원칙

편익원칙은 공공서비스의 편익에 비례하여 조세부담을 하는 것이 공평하다는 주장이다. 공공서비스 소비의 편익은 주관적이며 이를 평가하는 기준은 해당 서비스에 대해 기꺼이 지불할 수 있는 금액, 즉 수요곡선까지의 수직거리로 평가할 수 있다. 공공재에 대한 선호가 높을수록 기꺼이 지불할 수 있는 금액이 높아지므로 이에 따라 조세부담을 많이 하면 된다. 편익원칙이 제대로 성립되기 위해 필요한 요건 및 공평과세기능을 위해 필요한 요건 등을 살펴보면 다음과 같다.

첫째, 모든 개인이 공공서비스에 대해 수요를 표출해야만 기꺼이 지불가능한 금액, 즉 세액을 산출할 수 있다. 무임승차자가 있으면 편익원칙이 성립될 수 없다는 의미이다. 무임승차자 없이 모두 선호를 표출하면 시장경제원리가 적용되는 것과 마찬가지로 개인의 납세액을 구할 수 있다. 그러나 본인 선호에 따라 조세부담이 결정된다는 점을 알면 어떤 개인이라도 무임승차하려는 성향이 나타날 것이다.

둘째, 외부성이 존재하면 편익원칙의 달성은 곤란하다. 외부성 때문에 사적 선호와 사회적 선호가 달라지므로 시장에서 표출된 수요가 진정한 수요가 될 수 없기 때문이다. 한편 개인선호에 의해 조세수입이 결정되므로 복지재원과 같은 소득재분배를 위한 지출재원의 확보가 곤란할 수 있다.

셋째, 조세는 공공서비스에 대한 개인의 주관적 평가의 결과이므로 조세와 공공서비스의 자발적 교환으로 간주할 수 있다. 조세의 특징이 강제성임을 기억하면 이례적인 것이다. 현실적으로 편익원칙에 의해 부과되는 조세 또는 부담금은 수수료, 통행료, 사용료 등이다.

넷째, 편익원칙에 따른 과세가 누진성을 가지려면 소득이 증가할 때 공공재에 대한 수요가 증가해야 하며, 공공재수요의 증가율이 소득증가율보다 더 빨라야 한다. 즉 공공서비스 수요의 소득탄력성이 1보다 커야만 누진성조건에 부합된다.

09 2021

A, B 두 사람이 공동으로 소비하는 공공재(Z)에 대한 수요함수는 각각 $Z_A=100-20P$, $Z_B=100-10P$이고, 이를 생산하는 데 드는 한계비용이 3일 때, B의 린달가격(부담비율)은? (단, P는 공공재 가격이다.)

① $\frac{2}{5}$ ② $\frac{1}{2}$ ③ $\frac{2}{3}$

④ 1   ⑤ $\frac{5}{3}$

✓ 공공재의 최적배분조건은 한계편익의 합이 한계비용과 일치할 때이다. 수요함수를 가격(P)에 대해 정리한 뒤 합계하면 $15-\frac{3}{20}Z$이며 이것이 한계비용(3)과 일치할 때 최적수량 80을 구할 수 있다. 이때 A의 부담세액은 1, B의 부담세액은 2이므로 B의 부담비율은 $\frac{2}{3}$이다.   답 ③

10 2018

조세의 근거학설인 이익설의 장점은?

① 조세가 갖는 강제성의 특징을 반영한다.
② 시장경제원리를 적용하기 때문에 조세부과가 용이하다.
③ 경제 불안정을 극복하기 위해 필요한 정부지출 재원 조달이 수월하다.
④ 외부성과 무관하게 공공재 공급재원을 조달할 수 있다.
⑤ 정부의 저소득층 지원을 위한 복지재원 확보가 유리하다.

✓ 1) 편익원칙에 따르면 조세는 스스로 표명한 선호만큼 자발적으로 부담하는 것이다.
  2) 자발적 교환의 결과이므로 조세부과에 다툼이나 기타 고려가 일체 없어도 된다.
  3) 경기변화에 따른 지출재원확보와 무관하다.
  4) 외부성이 있는 경우 사적편익과 사회적 편익의 괴리로 정확한 재원조달이 곤란하다.
  5) 소득재분배를 위한 지출재원마련이 불가능하다.

답 ②

11 2018

갑과 을 두 사람만 존재하는 경제에서 공공재 생산의 단위비용은 생산수준과 관계없이 1이다. 갑의 공공재 수요함수는 $3-\frac{1}{3}G_a$이고, 을의 공공재 수요함수는 $4-\frac{1}{2}G_b$이다. 린달균형(Lindahl equilibrium)에 의해 적정공공재를 생산할 때, 갑과 을의 비용분담 비율은? (단, G_a G_b는 각각 갑과 을의 공공재 수요량이다.)

① 갑 : 0.2 을 : 0.8
② 갑 : 0.4 을 : 0.6
③ 갑 : 0.5 을 : 0.5
④ 갑 : 0.6 을 : 0.4
⑤ 갑 : 0.8 을 : 0.2

✓ 개인수요를 합하여 사회전체의 수요를 구하면 $7-\frac{5}{6}Q$이며 한계비용이 1이므로 최적생산량은 $\frac{36}{5}$이다. 따라서 갑의 지불가능금액은 $3-\frac{1}{3}\left(\frac{36}{5}\right)=\frac{3}{5}$, 을의 지불가능금액은 $4-\frac{1}{2}\left(\frac{36}{5}\right)=\frac{2}{5}$이다. 결국 갑과 을의 비용분담비율은 60% : 40%이다.

답 ④

12 2016

린달(E. Lindahl)의 자발적 협상모형과 관련된 설명으로 옳은 것은 몇 개인가?

> - 부정적 외부성이 존재한다 하더라도, 개인 간의 협상을 통해 효율성이 개선될 수 있다는 이론이다.
> - 린달 모형의 정책적 함의는 '개인 간 갈등해소를 위해 정부가 적극적으로 개입해야 함'을 의미한다.
> - 린달 모형에서 도출된 해는 사뮤엘슨의 효율성 조건을 만족시킬 수 있다.
> - 합의에서 결정되는 비용의 부담비율이 시장에서 가격의 기능과 유사함을 밝힌 모형이다.
> - 정부의 개입이 불필요하다는 것을 강조했다는 점에서 코즈 이론과 유사하지만, 형평성을 강조했다는 점에서 코즈 이론과 차별화 된다.

① 0개 ② 1개 ③ 2개
④ 3개 ⑤ 4개

✓ 1) 외부성이 있으면 린달균형을 설명할 수 없다.
 2) 무임승차자만 없다면 스스로 표명한 선호에 의해 조세부담이 결정되므로 정부의 적극적 개입과 무관하다.
 3) 린달균형은 파레토효율성 조건을 충족하므로 사뮤엘슨조건을 만족한다.
 4) 비용부담비율은 조세(공공재의 가격)와 동일한 기능을 한다.
 5) 공공재수요가 소득에 탄력적이지 않으면 공평성조건에 부합되지 않는다.

답 ③

7. 공평과세원칙 : 능력원칙

능력원칙은 개인이 조세부담능력에 따라 납세액이 결정되어야 공평하다는 주장이다. 개인의 조세부담능력은 소득, 소비, 재산으로 평가할 수 있는데 보통 소득을 기준으로 평가한다. 능력원칙에 대한 고전적인 모형은 밀(Mill, J. S.)의 균등희생설인데, 균등희생설에 따르면 조세부담의 결과 발생하는 희생의 크기가 모든 사람에게 동등할 때 공평한 부담이 이루어진다.

균등희생설을 위해 몇 가지 가정이 필요하다. 첫째, 소득의 한계효용은 체감한다. 소득이 증가할 때 소득 한 단위의 한계효용이 점차 작아진다는 의미이다. 둘째, 개인의 효용은 소득에 의존한다. 재산이나 명예 등도 개인 효용에 영향을 미칠 수 있으나 오직 화폐소득만 중요하다고 가정한다. 셋째, 모든 개인의 효용함수는 동일하다. 체감하는 한계효용곡선의 모습이 누구에게나 동일하다는 것이다.

소득 중 일부를 세금으로 납부하면 개인이 총효용은 감소한다. 세금 때문에 감소된 효용의 크기를 희생으로 정의한다. 희생의 크기가 절대적으로 같아야 공평하다는 동등절대희생, 희생이 총효용에서 차지하는 비율이 같아야 공평하다는 동등비례희생, 가처분소득 최종단위의 한계효용이 같아야 공평하다는 동등한계희생 등으로 구분된다. 소득이 증가할 때 평균세율이 상승해야 한다는 누진요건에 부합하려면 다음 조건이 필요하다.

첫째, 동등절대희생의 경우 한계효용곡선이 체감하되 소득증가율보다 한계효용의 감소비율이 더 빨라야 한다. 즉 한계효용의 체감속도가 소득변화에 대해 탄력적이어야 한다. 다른 말로 한계효용의 소득탄력성이 1보다 클 때 누진세율이 된다.

둘째, 동등비례희생의 경우 한계효용곡선이 선형으로 체감하면 된다. 한계효용곡선이 수평선이면 동등비례희생의 결과 비례세율이 된다. 따라서 선형의 한계효용곡선이 우하향하면 누진세율조건에 부합된다.

셋째, 동등한계희생의 경우 한계효용곡선이 동일하다고 가정했으므로 동등한계희생의 요건과 맞으려면 두 사람의 가처분소득이 일치하는 경우에만 가능하다. 두 사람의 소득이 얼마이든 세금부담 이후 가처분소득이 동일하다면 이는 100%의 한계세율이 적용된 경우와 마찬가지이므로 매우 비현실적이다.

13 2021

동등희생의 원칙에서 희생의 비율을 동등하게 하는 경우 누진세를 정당화하는 것으로 옳은 것은?

① 소득의 한계효용이 감소하고 직선이다.
② 한계효용의 소득탄력성이 1보다 크다.
③ 한계효용의 소득탄력성이 1보다 작다.
④ 소득의 한계효용이 일정하다.
⑤ 한계효용의 소득탄력성이 1이다.

✓ 희생의 비율이 동등해야 하는 경우 균등비례희생이므로 한계효용곡선이 수평선이면 비례세율, 선형으로 체감하면 누진세율이 정당화된다. 한계효용의 소득탄력성이 1보다 커야 한다는 것은 동등절대희생에서 누진세율이 되기 위한 조건이다.

답 ①

8. 세율 : 한계세율/평균세율, 명목세율/실효세율

세율은 여러 가지로 구분할 수 있다. 우선 한계세율과 평균세율로 구분하는데 한계세율은 소득이 추가될 때 소득증분에 대해 납세액 증분이 차지하는 비율을 의미한다. 한계세율이 40%라면 추가적으로 1만 원을 벌면 그 중 4,000원을 세금으로 납부해야 한다. 평균소득은 과세대상소득에서 납세액이 차지하는 비중이다. 총소득이 300원, 각종 공제액이 50원이며 납부해야 할 결정세액이 50원이라면 평균세율은 과세대상소득 250원에서 납세액 50원이 차지하는 비중이므로 20%이다.

다음은 명목세율과 실효세율의 구분이다. 명목세율은 세법에 있는 세율로 한계세율과 동일한 의미이다. 실효세율은 납세액이 그의 총소득(공제이전)에서 차지하는 비율을 의미한다. 조세부담율을 가장 정확하게 나타내는 것은 실효세율이다. 예를 들어 0에서 100까지 10%, 100 초과 200까지 20%, 200 초과하는 소득에 30%의 한계세율이 적용된다고 하자. 홍길동의 소득이 240원, 각종공제액이 60원일 때 명목세율과 실효세율을 살펴보자. 홍길동은 240에서 60을 공제한 180에 대해서만 조세를 납부한다. 명목세율은 세법에 명기된 세율이므로 홍길동의 과세소득 180원에 대한 법정 명목세율은 20%이다.

그러나 초과누진을 적용하여 세액을 산출하면 다음과 같다. 100까지 10%의 세율이 적용되므로 10, 100 초과하는 금액 80에 대해 20%의 세율이 적용되면 16의 세액이 산출되어 그이 총납세액은 26원이다. 실효세율은 그의 총소득 240에서 납세액 26원이 차지하는 비율이므로 약 10.83%이다.

14 2018

다음 그림은 과세표준과 세율의 관계를 표시하고 있다. 이에 관한 설명으로 옳은 것은?

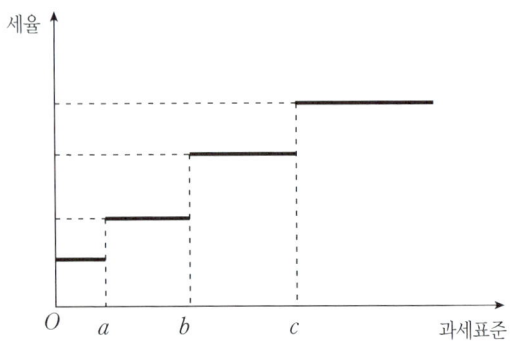

① 과세표준이 a를 초과할 때 비로소 누진세가 나타난다.
② 평균세율은 과세표준의 구간에 따라 계단식으로 증가한다.
③ 과세표준의 전 구간에 걸쳐 평균세율은 한계세율보다 낮다.
④ 과세표준이 c를 초과하여 평균세율은 더 이상 증가하지 않는다.
⑤ 과세표준의 전 구간에서 세액공제가 증가하면 한계세율은 감소한다.

✅ 과세대상소득과 각 계급의 한계세율을 그래프로 표시한 것이다. 소득이 증가할수록 높은 한계세율이 적용되는 경우이므로 초과누진세율이 적용된다.
  1) 우리나라의 경우 소득금액이 1,200만 원을 초과해야 비로소 누진효과가 나타나는 것과 마찬가지이다.
  2) 계단식으로 증가하는 세율은 한계세율이다. "1,200만 원 초과 3,500만 원 이하; 24%"로 규정할 때 24%는 한계세율이다.
  3) 누진세가 되려면 한계세율이 평균세율보다 높아야 한다.
  4) 최고소득구간, 즉 한계세율이 더 이상 증가하지 않더라도 소득증가에 따라 평균세율은 계속 증가한다.
  5) 세액공제는 산출된 세액에서 일부 공제하는 것이므로 평균세율과 실효세율에 영향을 미치지만 한계세율과 무관하다.

답 ①

15 2021

소득세율이 소득구간에 따라 0에서 100까지는 10%, 100 초과 200까지는 20%, 200 초과에서는 30%이다. 갑의 총소득 240에서 각종 공제를 한 후 과세가능소득은 180이다. 갑의 한계세율(A)과 실효세율(B)은?

① (A) : 10%, (B) : 약 14.4%
② (A) : 10%, (B) : 약 10.8%
③ (A) : 20%, (B) : 약 10.8%
④ (A) : 20%, (B) : 약 14.4%
⑤ (A) : 30%, (B) : 약 14.4%

✓ 과세대상소득이 180이므로 세법상 한계세율은 20%, 납세액이 26원($100 \times 10\% + 80 \times 20\%$)이므로 세액이 공제된 총소득에서 차지하는 비율, 즉 실효세율은 $\frac{26}{240} ≒ 10.8\%$이다.

답 ③

16 [2020]

다음은 고령화가 급격히 진행되면서 복지지출이 지속적으로 증가하는 한 국가의 최근 10년간 조세부담률과 국민부담률의 추이이다. 이에 관한 해석으로 옳은 것을 모두 고른 것은?

구분	2010	2011	2012	2013	2014	2015	2016	2017	2018	2019
조세부담률	18.4	18.7	18.2	18.0	18.5	18.4	18.6	18.4	18.5	18.6
국민부담률	24.2	24.8	24.7	25.7	26.4	27.5	28.3	29.0	29.4	30.1

ㄱ. 사회보장성 기여금 부담이 매년 증가하고 있다.
ㄴ. 최근 10년간 GDP 증가율이 매년 1%로 표준화되었다고 할 때, 2014년 대비 2015년도의 조세의 세수탄력성 $\left(\frac{세수변화율}{GDP변화율}\right)$은 1보다 크다.
ㄷ. 조세부담률이 전년도와 동일하다면, 조세수입은 경제성장률만큼 증가한다.

① ㄱ   ② ㄱ, ㄴ   ③ ㄱ, ㄷ
④ ㄴ, ㄷ   ⑤ ㄱ, ㄴ, ㄷ

✓ 조세부담율은 GDP에서 총조세부담금액이 차지하는 비율을 말하며 국민부담율이란 총조세부담금은 물론 사회보장성 갹출금부담액까지 합계한 금액이 국내총생산(GDP)에서 차지하는 비율이다.

위 표에서 조세부담율은 매년 유사한데 국민부담율이 높아지고 있다. 이는 사회보장성 갹출금이 증가한다는 의미이다. 2015년의 경우 전년에 비해 조세부담율이 감소했으므로 조세의 세수탄력성은 1보다 작을 것이다. 만약 조세부담율에 변화가 없다면 조세수입증가율과 GDP증가율이 일치했기 때문이다.

답 ③

10 조세와 효율성 : 초과부담과 최적과세

1. 조세의 중립성과 초과부담

초과부담은 납세액을 초과하는 후생상실을 의미한다. 개별물품세의 경우 과세 이후 소비자가격이 상승하면 소비자잉여가 감소한다. 소비자잉여는 조세수입과 나머지 삼각형으로 구성된다. 납세자 입장에서 보면 조세부담금액을 초과하는 후생상 손실인 삼각형면적이 초과부담으로 정의될 수 있다.

초과부담은 대체효과에 의한 선택의 교란 때문에 발생한다. 개별물품세가 부과되면 소득효과와 대체효과가 동시에 발생한다. 그런데 소득효과는 말 그대로 조세부과로 인한 소득감소효과이므로 선택에 교란을 가져오지 않는다. 하지만 상대가격변화 때문에 야기되는, 즉 상대적으로 값비싼 재화소비량을 줄이고 상대적으로 값싼 재화의 소비량을 증가시키는 대체효과가 교란의 원인이다. 소득효과만 존재하는 럼프섬세(lump sum tax)가 초과부담이 없다는 이유도 대체효과가 없기 때문이다.

두 재화가 선택대상인 경우 다음의 몇 가지 경우로 정리할 수 있다. 첫째, 개별물품세는 효율성을 해친다. 개별물품세가 재화간 상대가격에 변화를 가져오기 때문이다. 둘째, 소득세나 일반소비세는 효율성에 영향이 없다. 소득세와 일반물품세는 재화간 상대가격에 영향이 없으므로 소득효과만 존재한다. 따라서 초과부담이 야기되는 것은 아니다.

셋째, 만약 두 재화가 오른손 장갑과 왼손 장갑처럼 완전 보완관계에 있다면 과세로 인한 초과부담은 존재하지 않는다. 완전하게 보완관계에 있다는 것은 두 재화가 합쳐 하나의 재화기능을 하는 것이므로 두 재화간 대체성은 없다. 따라서 초과부담이 없는 것이다.

넷째, 두 재화가 대체관계일 때 한 재화에 조세가 부과되면 상대가격변화로 초과부담이 발생한다. 하지만 한 재화에 조세가 부과된 상태에서 다른 재화에 조세를 부과하면 반드시 전체 초과부담이 증가하는 것은 아니다. X재에 부과된 조세로 상대가격이 변동하는데, 다시 Y재에 과세된다면 일반소비세와 같이 상대가격의 교란이 발생하지 않는다.

01 2021

조세의 초과부담에 관한 설명으로 옳은 것은?

① 조세부과 시 발생하는 소득변화에 의해 나타나는 납세자 선택의 왜곡현상을 의미한다.
② 서로 다른 재화에 대해 조세징수액이 같으면 초과부담의 크기는 동일하게 나타난다.
③ 초과부담은 조세부과로 인해 상대가격이 변하는 경우 대체효과에 의해 나타난다.
④ 조세부과로 인하여 소득효과와 대체효과가 상반된 방향으로 작용하여 상쇄되면 수요량의 변화가 없게 되어 초과부담은 발생하지 않는다.
⑤ 초과부담은 조세부과로 인해 발생하는 소비자잉여와 생산자잉여의 감소분을 합한 것이다.

✓ 초과부담의 원인은 상대가격변화에 따른 선택의 교란이며, 소득효과와 대체효과 중 대체효과에 의해 발생된다. 소득효과와 대체효과의 방향이 다른 경우 양자의 크기가 같으면 수량의 변화가 없다. 그러나 대체효과에 따른 초과부담이 사라지는 것은 아니다. 답 ③

02 2020

조세의 초과부담에 관한 설명으로 옳은 것은?

① 다른 조건이 일정하면, 대체재가 많은 재화에 과세하면 그렇지 않은 경우에 비해 초과부담이 작다.
② 조세수입에서 후생감소분을 차감한 것이다.
③ 가격변화에 둔감한 재화에 대한 과세는 상대적으로 초과부담을 작게 발생시킨다.
④ 정액세(lump sum tax) 부과는 소득효과가 없기 때문에 초과부담을 발생시키지 않는다.
⑤ 두 재화가 완전보완재인 경우 그 중 한 재화에 대한 과세는 초과부담을 발생시킨다.

✓ 1) 대체재가 많으면 수요탄력성이 크다. 따라서 초과부담이 많다.
2) 초과부담은 소비자잉여 감소분에서 조세수입을 차감한 것이다.
3) 가격변화에 둔감하면 수요가 비탄력적이므로 초과부담이 작다.
4) 정액세는 대체효과가 없으므로 초과부담이 없다.
5) 두 재화가 완전 보완관계에 있다는 것은 '오른 신발과 왼 신발'처럼 짝이 되어야 의미 있는 상품을 말한다. 대체효과가 없으므로 초과부담이 발생할 이유가 없다. 답 ③

03 2020

조세에 관한 설명으로 옳은 것을 모두 고른 것은?

> ㄱ. 동등한 경제 상황에 있는 사람들에게 동등하게 과세하여야 한다는 것이 수직적 공평이며, 부자에게는 더 많은 세금을 부과하여야 한다는 것이 수평적 공평이라 한다.
> ㄴ. 조세의 중립성은 조세가 자원배분의 효율성을 왜곡시키지 않는 것을 의미하며, 조세의 간편성은 납세비용이나 조세행정의 부담을 줄이는 것을 의미한다.
> ㄷ. 조세부담의 귀착이란 법률상 납세의무자가 조세부담의 일부를 거래 상대방에게 일시적으로 이전하는 것을 말하며, 최종적으로 누가 조세를 부담할 것인가를 나타내는 것이 조세부담의 전가이다.
> ㄹ. 인두세는 단기적으로 대체효과가 발생하지 않는다는 점에서 왜곡이 없는 조세이지만, 소득에 대해 역진적이기 때문에 공평하다고 말할 수 없다.

① ㄴ ② ㄷ ③ ㄹ
④ ㄱ, ㄷ ⑤ ㄴ, ㄹ

✅ 동등한 사람에게 동등하게 조세를 부과하는 것은 수평적 공평이며 조세부담 전가이후 최종적 조세부담의 귀속이 귀착이다. 인두세는 정액세와 가장 유사하므로 효율성측면에서는 바람직하지만 개인의 소득이나 개인사정을 고려하지 않는 조세이므로 공평성 측면에서는 영(0)점짜리 세목이다. 📋 ⑤

04 2020

한 개인은 소득 M으로 사치재 X와 필수재 Y만을 소비한다. 이 사람의 예산선 기울기에 영향을 미치는 설명은?

① 사치재인 X에 고율의 소비세가 부과되었다.
② 소득에 정액세가 부과되었다.
③ 현금보조금을 받았다.
④ 소득보전 정책에 따라 납부소득세만큼 환급받았다.
⑤ X와 Y에 단일세율의 종가세가 부과되었다.

✅ 예산선의 기울기가 변화하면 상대가격이 변화하며 상대가격변화는 선택의 교란을 가져와 초과부담이 원인이 된다. 한 재화에 과세하면 상대가격은 변화하며 두 재화 모두 같은 세율로 과세하면 상대가격은 불변이다. 현금보조, 정액세 등은 상대가격변화와 무관하다. 📋 ①

05 2018

다음 그림은 재화 A, 재화 B가 존재하는 경제에서 납세자의 예산선과 무차별곡선(i , ii)을 나타내고 있다. 과세 이전의 예산선은 $\overline{B_0A_0}$이고, 과세 이후의 예산선은 $\overline{B_0A_1}$이다. 과세 이전과 과세 이후 납세자의 효용극대화 점은 각각 E_0, E_1이다. 과세 이전 예산선과 동일한 기울기를 가지면서 과세 이후 효용극대화 점을 지나는 무차별곡선에 접하는 예산선은 $\overline{B_2A_2}$로 주어져 있다. 이 때 초과부담은?

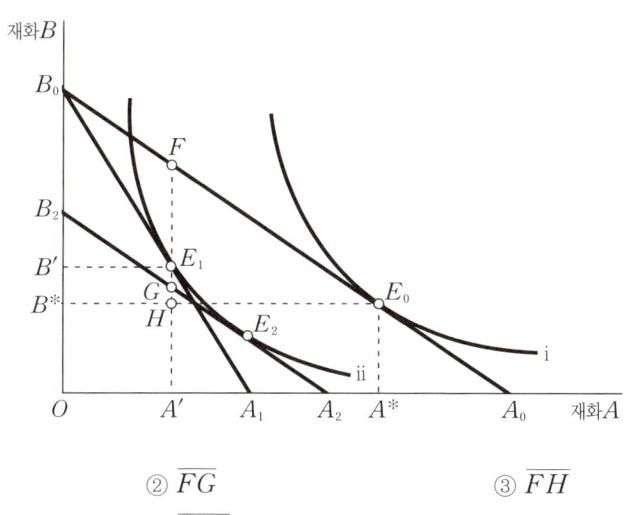

① $\overline{FE_1}$
② $\overline{FG}$
③ $\overline{FH}$
④ $\overline{E_1G}$
⑤ $\overline{E_1H}$

◎ 세전 균형은 E_0, 세후균형은 E_1이다. 과세 전 예산선을 과세 이후 무차별곡선과 접할 때까지 원점 쪽으로 평행이동하면 B_2A_2가 된다. 세후 균형점 E_1을 기준으로 개별물품과세는 소득을 FG만큼 감소시켰으나 정부가 조세수입으로 확보한 것은 $\overline{FE_1}$이다. 따라서 조세수입을 초과하는 후생상 손실이 $\overline{E_1G}$임을 알 수 있다. 그래프를 이용 초과부담을 설명하는 방법이다.

답 ④

06 2018

다음 그림은 어떤 재화에 대한 우하향하는 수요곡선과 수평인 공급곡선을 나타내고 있다. 이 재화에 정부가 상품한 단위당 k만큼의 보조금을 지급하여 보조금 이후의 공급곡선은 S'으로 나타나고 있다. 이러한 보조금이 가지는 초과부담은 무엇으로 표시되는가?

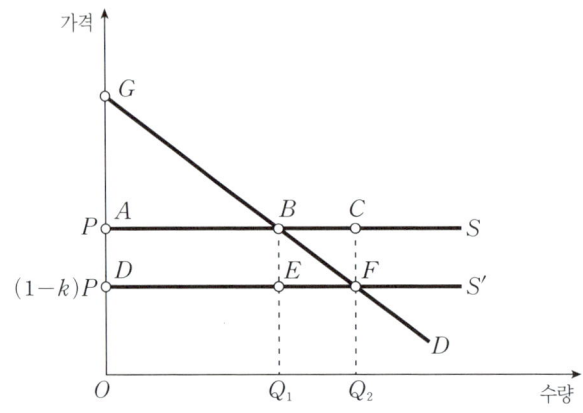

① 초과부담은 0이다.
② 삼각형 BCF
③ 삼각형 BEF
④ 삼각형 GBA
⑤ 사각형 $ABFD$

✓ 균형수량은 Q_1인데 정부가 보조금을 지급하면 단위당 비용이 하락하므로 새 균형은 Q_2이다. 위 그림에서 생산량이 추가될 때 편익증가는 Q_1BFQ_2이며 비용증가는 Q_1BCQ_2이므로 비용증가의 크기가 편익증가분을 초과한다. 따라서 순후생측면에서 삼각형 BCF만큼 손실이 있으며 이를 초과부담이라 할 수 있다. 조세뿐 아니라 보조금지급에도 초과부담이 야기된다는 점을 명심하면 된다. 답 ②

07 2017

조세의 효율성에 관한 설명으로 옳지 않은 것은?

① 조세에 의한 초과부담은 소득효과와는 관련이 없고 대체효과에 의해서 유발된다.
② 조세부과가 초래하는 초과부담을 측정할 때는 보상수요곡선을 사용하여야 한다.
③ 정액세는 납세자의 경제 행위와는 무관하게 세금을 부과하기 때문에 조세에 의한 왜곡이 일어나지 않는다.
④ 이미 조세를 부과하고 있는 상태에서 새로운 조세를 부과하면 소비자들은 부담이 추가되어 항상 효용은 줄어든다.
⑤ 2기간 생애주기모형(two-period life-cycle model)에서 이자소득세는 없고 매기의 소비가 정상재이라면 근로소득세가 부과되어도 대체효과에 의한 초과부담은 발생하지 않는다.

☑ 1) 초과부담의 원인은 대체효과이다.
  2) 일반수요곡선이나 공급곡선보다 보상수요곡선 그리고 보상공급곡선을 이용하여 초과부담을 측정하는 것이 정확하다.
  3) 정액세(lump-sum tax)는 초과부담이 없는 유일한 조세이다.
  4) 한 재화와 다른 재화사이의 관계(대체, 보완)에 따라 달라질 수 있다.
  5) 현재소비와 미래소비의 선택에 교란을 주는 것은 이자소득세이다.   🗒 ④

08 2016

원점에 대해 볼록한 무차별곡선을 가진 소비자 A는 열등재인 X재와 정상재인 Y재의 소비에 있어서 효용극대화를 달성하고 있다. 정부가 X재에 t_X의 세율로 과세한다고 할 때 가격효과에 관한 설명으로 옳은 것은?

> ㄱ. 대체효과에 의해, A의 X재 소비를 감소시키고 Y재 소비를 증가시킨다.
> ㄴ. 대체효과에 의해, A의 X재 소비를 감소시키고 Y재 소비를 감소시킨다.
> ㄷ. 소득효과에 의해, A의 X재 소비를 증가시키고 Y재 소비를 증가시킨다.
> ㄹ. 소득효과에 의해, A의 X재 소비를 증가시키고 Y재 소비를 감소시킨다.
> ㅁ. 소득효과에 의해, A의 X재 소비를 감소시키고 Y재 소비를 증가시킨다.

① ㄱ, ㄷ   ② ㄱ, ㄹ   ③ ㄱ, ㅁ
④ ㄴ, ㄷ   ⑤ ㄴ, ㄹ

☑ 무차별곡선이 원점에 대해 볼록하므로 두 재화 X와 Y는 대체관계에 있다. 그리고 정상재 Y와 열등재 X의 소득효과 및 대체효과의 움직임은 다음과 같다.
  1) 정상재인 경우 : 대체효과는 수요량 감소, 소득효과는 수요량 감소
  2) 열등재인 경우 : 대체효과는 수요량 감소, 소득효과는 수요량 증가   🗒 ②

09 2016

주어진 소득으로 개인이 재화를 선택하는 데 있어서 중립성을 저해하는 과세방식은?

① 소득세만 부과한다.
② 소득세를 부과한 이후에 특정 재화에 물품세를 부과한다.
③ 소득세와 일반소비세를 부과한다.
④ 모든 재화에 대해 동일한 물품세를 동시에 부과한다.
⑤ 소득효과만 있고 대체효과가 존재하지 않는 조세를 부과한다.

☑ 두 재화가 선택대상일 때 소득세와 일반소비세는 상대가격을 교란하지 않는다. 과세 이후 상대가격에 변화가 없으므로 소득효과만 있고 대체효과는 없다.   🗒 ②

2. 초과부담의 결정요인

초과부담은 조세로 인한 상대가격변화가 요인이며 상대가격변화는 민간의사결정에 영향을 미친다. 근로소득세가 부과될 때 노동과 여가의 선택에 영향을 미치고 이자소득세가 부과되면 현재소비와 미래소비의 선택에 교란을 가져온다. 소득세가 근로의욕과 저축의욕에 미치는 영향을 생각하면 된다.

개별물품세가 부과될 때 수요곡선이 선형으로 체감하며 한계비용이 일정하다면 초과부담은 수요의 가격탄력성, 과세이전의 지출액 그리고 상품세율에 의해 결정된다. 초과부담의 공식을 생각하면 된다. 각 요인이 초과부담에 미치는 효과는 다음과 같다.

첫째, 수요가 탄력적일수록 초과부담이 크다. 수요가 가격에 탄력적이라는 것은 과세로 인한 가격상승이 재화수요량 변화에 큰 영향을 미친다는 것이므로 교란효과가 많다. 수요가 가격에 비탄력적이면 초과부담은 작아진다. 만약 공급곡선이 수평선이 아니라 우상향하는 경우 공급의 가격탄력성이 클수록 초과부담은 커진다. 여기서 수요곡선과 공급곡선은 일반적인 수요/공급곡선 대신 보상된 수요곡선 및 공급곡선을 기준으로 평가하는 것이 정확하다.

둘째, 초과부담은 과세이전의 지출액에 비례한다. 지출액이 클수록 초과부담이 크고 지출액이 작을수록 초과부담은 작다. 초과부담의 절대규모를 계산할 때 재화에 대한 지출액이 클수록 초과부담이 커진다는 의미이다.

셋째, 초과부담은 상품세율의 제곱에 비례한다. 세율이 두 배로 인상되면 초과부담은 4배로 커지며 세율이 3배 인상되면 초과부담은 3의 제곱인 9배만큼 증가한다는 것이다. 따라서 단일요인으로 초과부담에 가장 큰 영향을 미치는 것은 상품세율이다.

초과부담의 인하를 원한다면 어떤 경우라도 세율인하가 바람직하다. 그런데 정부 입장에서 확보해야 할 조세수입이 정해져 있으므로 무작정 세율인하를 단행하기는 곤란하다. 과세베이스를 확대하자는 이유가 여기에 있다. 과세베이스가 확대되면 낮은 세율로도 동일금액의 조세수입확보가 가능하기 때문이다.

10 2021

물품세(excise tax)의 초과부담에 관한 설명으로 옳지 않은 것은?

① 물품세의 최적과세는 초과부담을 최소화시키는 과세를 의미한다.
② 물품세의 초과부담은 소비자가 지불하는 가격과 생산자가 수취하는 가격이 달라지기 때문에 발생한다.
③ 물품세의 초과부담은 수요의 가격탄력성이 클수록 증가한다.
④ 보상수요의 가격탄력성이 0인 경우에는 물품세 부과로 인한 가격 상승이 보상수요량에 아무런 변화도 주지 않고 초과부담도 없다.
⑤ 어떤 재화의 시장에서 공급곡선이 수평이고 수요곡선이 우하향하며 직선인 경우 재화의 초기 균형가격은 P_1, 물품세의 세율은 t, 물품세 과세 이전과 이후의 균형 소비량(산출량)은 각각 Q_1과 Q_2, 그리고 보상수요의 가격탄력성을 e로 나타내면 물품세의 과세로 인한 초과부담은 $\frac{1}{2}e(P_1Q_2)t^2$이 된다.

✓ 초과부담은 수요의 가격탄력성, 과세전 지출액, 그리고 세율에 의해 결정된다. 과세전 지출액은 P_1Q_1으로 표시되어야 옳다.

답 ⑤

11 2020

일반적으로 조세는 시장의 자원배분을 왜곡하여 초과부담을 발생시킨다. 다음 중 조세의 초과부담이 발생하지 않을 상황을 모두 고른 것은?

> ㄱ. 고가부동산 거래에 고율 과세하는 경우
> ㄴ. 부유층이 주로 소비하는 재화에 10%의 소비세를 부과하는 경우
> ㄷ. 대기오염을 발생시키는 제품의 사회적 최적생산수준에서 한계환경피해비용과 세율이 같아지도록 과세하는 경우
> ㄹ. 공급은 완전비탄력적이고 수요는 완전탄력적일 때, 생산자에게 과세하는 경우

① ㄱ, ㄴ ② ㄱ, ㄷ ③ ㄴ, ㄷ
④ ㄴ, ㄹ ⑤ ㄷ, ㄹ

✓ 고가부동산에 과세하는 경우와 부유층이 주로 소비하는 재화에 과세하면 소득재분배에는 긍정적이나 초과부담을 피하기 어렵다. 외부불경제의 상황에서 한계피해비용과 일치하는 세액이 적용/부과되면 효율적이다. 그리고 공급이 완전비탄력적이면 생산자에게 부과된 조세는 전액 생산자에게 귀착되며 초과부담은 없다.

답 ⑤

12 2018

부동산 관련 조세에 대한 설명으로 옳은 것은?

① 우리나라의 재산세와 종합부동산세는 부동산 거래 시 부과된다.
② 부동산 보유세 인상 시 미래의 보유세 부담이 집값에 반영되어 집값이 상승하는 현상을 조세의 자본화라고 한다.
③ 보유세 인상의 실제적인 부담은 보유세 인상 이후 부동산 구입자가 모두 부담하게 된다.
④ 우리나라의 양도소득세는 부동산 양도 시 발생하는 차익에 대해 과세하는 지방세이다.
⑤ 부동산 공급이 완전비탄력적인 경우 부동산에 대한 과세는 초과부담을 발생시키지 않는다.

✓ 1) 재산세(지방세)와 종합부동산세(국세)는 재산의 보유사실에 대한 조세이다.
  2) 자본화란 과세 이후 미래 조세부담의 현재가치만큼 재산가격이 하락하여 현재소유자에게 귀착되는 현상이다.
  3) 보유세 인상에 따른 부담은 이론적으로 소유자에게 귀착된다.
  4) 양도소득세는 중앙정부가 징수하는 국세이다.
  5) 완전 비탄력적인 재화 또는 부동산에 과세하면 초과부담은 없다.   답 ⑤

13 2017

X재와 Y재를 소비하는 어떤 사회에서 과세에 따른 초과부담에 관한 설명으로 옳은 것은?

① 조세수입이 동일한 경우, 두 재화보다는 한 재화에 세금을 부과할 때 초과부담은 작아진다.
② 개별물품세가 부과되어도 수요량이 변하지 않으면 초과부담은 존재하지 않는다.
③ 현금보조는 부(−)의 조세의 일종이므로 초과부담이 발생한다.
④ 두 재화가 대체관계인 경우, X재에 조세가 부과된 상태에서 Y재에 조세를 부과하면 Y재의 과세에 따른 왜곡의 발생으로 반드시 경제 전체의 초과부담은 늘어난다.
⑤ 두 재화가 완전보완재인 경우, 한 재화에 과세하면 경제 전체의 초과부담은 0(zero)이다.

✓ 1) 두 재화에 동시에 조세가 부과되면 상대가격이 유지되지만 개별물품세는 상대가격을 교란한다.
  2) 과세대상재화가 열등재인 경우 개별물품과세 이후 대체효과는 수요량감소, 소득효과는 수요량증가이다. 따라서 소득효과와 대체효과가 일치하면 수요량에 변화가 없다. 그럼에도 불구하고 대체효과가 있어 초과부담은 존재한다.
  3) 현금보조는 소득효과 뿐이므로 초과부담이 없다.
  4) Y재에 과세하면 초과부담이 발생하며 그와 대체관계에 있는, 그리고 이미 조세가 부과된 X재 수요량이 감소하므로 경제전체의 초과부담은 단정할 수 없다.
  5) 두 재화가 완전보완재이면 대체효과가 없으며 따라서 초과부담은 없다.   답 ⑤

3. 초과부담과 비효율성 계수

초과부담의 크기로 조세의 효율성판정이 가능하므로 초과부담이 크면 비효율적인 조세이며 초과부담이 작으면 효율적인 조세이다. 그런데 조세수입을 많이 확보하며 적은 초과부담이라면 효율적이지만 조세수입확보에 기여도 못하면서 초과부담이 있다면 문제가 된다. 따라서 조세의 초과부담을 판단할 때 '조세수입 1원당 초과부담의 크기', 즉 비효율성 계수$\left(\dfrac{초과부담}{조세수입}\right)$를 기준으로 하는 것이 바람직하다. 같은 금액의 조세수입을 확보한다면 초과부담이 클수록 비효율적이라 말하는 것이 좋겠다.

한계비용이 100으로 일정($MC=100$)하고 수요함수 $P=200-Q$이라 하고 단위당 20원의 조세가 부과될 때 초과부담과 비효율성계수를 구해보기로 하자. 우선 최초균형은 MC와 수요곡선이 만나는 점($100=200-Q$)에서 균형가격과 수량이 각각 $P=100$, $Q=100$이다. 단위당 20원의 조세부과는 한계비용을 20만큼 올리므로 $MC=120$이 되어 수요곡선과 일치할 때($120=200-Q$) 균형가격과 수량은 각각 $P=120$, $Q=80$이다.

조세수입은 판매량 80개와 단위당 세액 20원의 곱인 1,600이다. 초과부담은 소비자잉여 변화분에서 조세수입을 차감한 삼각형 면적이므로 $\dfrac{1}{2} \times 20 \times 20 = 200$이다. 따라서 초과부담을 조세수입으로 나눈 비효율성 계수는 $\dfrac{2,000}{1,600} = 0.125$이다. 조세수입 1원을 확보하기 위해 초과부담은 0.125원이 발생된다는 의미이다. 효율성 판단을 할 때 이 계수를 기준으로 하면 틀림이 없다.

14 [2021]

완전경쟁시장 개별기업의 수요함수는 $P=220-Q$이고, 공급곡선은 $P=40+2Q$이다. 이때 60의 종량세를 공급에 부과할 경우 발생하는 영향에 관한 설명으로 옳지 않은 것은?

① 시장가격은 160에서 180으로 상승한다.
② 종량세 과세에 따른 초과부담은 1,200이다.
③ 시장의 거래량은 60에서 40으로 줄어든다.
④ 종량세 부과로 발생하는 조세수입은 2,400이다.
⑤ 소비자에게 귀착되는 종량세 부담은 800이다.

✓ 과세전 균형은 $220-Q=40+2Q$를 만족하는 $P=160$, $Q=60$이다. 세후 공급함수가 $40+60+2Q$이므로 $220-Q=100+2Q$를 만족하는 $P=180$, $Q=40$이다. 60원의 조세가 부과되었으나 소비자가격상승은 20원이므로 나머지 40원은 생산자부담이다. 총조세수입은 $60 \times 40 = 2,400$이며 초과부담은 $60 \times 20 \times \dfrac{1}{2} = 600$이며 따라서 비효율성계수는 $\dfrac{600}{2,400} = 0.25$이다. 소비자부담액은 단위당 20원이므로 거래규모(40)를 보면 소비자 부담 총세액은 800원이다.

답 ②

15 2021

시장균형에서 A상품의 소비량이 $1,000$이고 가격이 $1,000$이며, 수요와 공급의 가격탄력성이 각각 $\frac{1}{10}$, $\frac{1}{10}$이다. 10%의 종가세가 부과되었을 때, 조세로 인한 사중손실의 크기는?

① 10 ② 50 ③ 100
④ 250 ⑤ 500

✓ 초과부담의 공식은 보통 공급곡선이 수평선인 경우를 전제로 하므로 $\frac{1}{2}a(PQ)t^2$이라 하는데 공급곡선이 우상향할 때의 초과부담 공식은 $\frac{1}{2}\left[\dfrac{PQt^2}{\frac{1}{a}+\frac{1}{b}}\right]$이다. 이때 a와 b는 각각 수요와 공급의 가격탄력성이다. 우리가 흔히 공급곡선 수평선을 가정하므로 공급탄력성에 무한대를 넣어보면 익숙한 공식 $\frac{1}{2}a(PQ)t^2$을 도출할 수 있다. 여기서는 수평선의 공급곡선이 아니므로 초과부담은 $\frac{1}{2}\left[\dfrac{1,000\times 1,000\times 0.1^2}{\frac{1}{0.1}+\frac{1}{0.1}}\right]=\frac{1}{2}\left[\dfrac{10,000}{20}\right]=250$이다.

📘 ④

16 2020

어떤 시장에 공급함수와 수요함수가 각각 다음과 같이 주어졌다고 하자.

$$P=aQ_S+10,\ P=100-bQ_D$$

초기 균형 상태에서 정부가 공급자에게 단위당 10만큼의 세금을 부과할 경우, 세수와 자중손실(deadweight loss)의 비(세수 : 자중손실)는 얼마인가? (단, P는 가격이고 Q_S는 공급량, Q_D는 수요량이고 $a>O$, $b>O$이다.)

① 20 : 1 ② 16 : 1 ③ 12 : 1
④ 8 : 1 ⑤ 3.7 : 1

✓ 과세이전 균형수량은 $aQ+10=100-bQ$를 충족하는 $Q=\dfrac{90}{(a+b)}$이다. 단위당 10원의 조세가 부과된 이후 균형수량은 $aQ+20=100-bQ$를 충족하는 $Q=\dfrac{80}{(a+b)}$이다. 총조세수입은 단위당 세액(10원)과 과세 후 수량의 곱이므로 $\dfrac{800}{(a+b)}$이며 초과부담은 $\dfrac{1}{2}\times(10원)\times\dfrac{10}{(a+b)}=\dfrac{50}{(a+b)}$이다. 조세수입과 자중손실의 비율은 800 : 50, 즉 16 : 1이다.

📘 ②

17 2018

A재의 한계비용은 100이고, 보상수요곡선은 $P=200-2Q_a$이다. A재의 공급자에게 단위당 20의 조세를 부과하였을 때 비효율성 계수(coefficient of inefficiency)는? (단, Q_a : A재의 수량)

① 0.115   ② 0.125   ③ 0.135
④ 0.145   ⑤ 0.250

✓ 과세이전 균형은 $200-2Q=100$을 만족시키는 $Q=100$, $P=100$이다. 단위당 20원의 조세가 부과되면 세후 균형은 $200-2Q=120$을 만족시키는 $Q=80$, $P=120$이다. 따라서 조세수입은 $1,600(80\times20)$이며 초과부담은 $200\left(\frac{1}{2}\times20\times20\right)$이다. 비효율성계수는 '$\frac{초과부담}{세수}$'이므로 $\frac{200}{1,600}=125$이다.

답 ②

4. 여가가 선택대상인 경우

두 재화 X와 Y가 선택대상일 때 개별소비세는 초과부담이 있으나 일반소비세와 소득세는 상대가격변화에 영향을 미치지 않으므로 초과부담이 없다고 했다. 그러나 재화 X와 Y는 물론 여가(leisure)까지 선택대상에 포함된다면 이야기가 달라진다.

여가가 선택대상에 포함되면 한 재화와 여가 사이의 상대가격을 변화시키지 않는 조세가 없으므로 럼프섬세를 제외한 모든 조세가 초과부담을 야기한다. 따라서 여가가 선택대상에 포함되면 일반소비세, 개별소비세, 소득세 중 어느 것이 효율적인지 판단할 수 없다.

여가가 선택대상일 때 초과부담의 최소화를 위해 여가보완재에 적절하게 과세할 수 있는 조세가 있다면 이는 효율성 제고에 기여한다. 그렇지 않은 경우 유일하게 효율성을 유지할 수 있는 조세는 럼프섬세 뿐이다. 현실적으로 럼프섬세와 가장 유사한 것이 정액세인데 정액세가 제도화된다면 개인사정과 무관하게 일정액의 조세가 부과되므로, 효율성유지는 가능하지만 공평성 측면에서는 영(0)점이다. 효율성을 유지하기 위해 '가장 불공평한' 세금을 제도화하기는 곤란하다.

18 2018

X재, Y재, 여가 간의 조세부과가 미치는 효과로 옳지 않은 것은? (단, X재 : 여가와 보완재, Y재 : 노동과 보완재)

① X재에 대한 개별소비세는 X재와 여가 간의 선택에 영향을 미친다.
② Y재에 대한 개별소비세는 Y재와 여가 간의 선택에 영향을 미친다.
③ 일반소비세, 소득세, 개별소비세 가운데 어느 쪽이 더 효율적인가는 단정하기 어렵다.
④ X재에 중과하는 개별 소비세는 여가에 간접적으로 과세할 수 있기 때문에 보다 효율적이다.
⑤ 정액세(lump-sum tax)는 초과부담을 수반하지 않기 때문에 형평성 측면에서 우월한 조세이다.

◎ 두 재화가 선택대상일 때 일반소비세와 소득세가 우월하지만 여가까지 선택대상에 포함되면 럼프섬세를 제외한 모든 조세가 교란을 가져와 초과부담이 존재한다. 럼프섬세(정액세)는 효율적이지만 가장 불공평한 조세이므로 현실적으로 채택하기 곤란하다. 답 ⑤

5. 근로소득세의 초과부담

근로소득세가 부과되면 노동시장에서 교란이 발생한다. 근로소득과세 이후 여가의 상대가격이 세율만큼 하락한다. 여가의 상대가격 하락으로 소득효과 및 대체효과가 발생하고 대체효과 때문에 교란이 생긴다.

노동시장에서 발생되는 초과부담은 대체효과에 의한 노동공급 변화에 따른 것이며 초과부담의 규모를 측정하는 것은 개별물품세가 부과된 경우와 유사한 방법을 사용하면 된다. 결과적으로 초과부담의 결정요인은 노공공급의 임금탄력성, 임금 지불액, 근로소득세율이다.

첫째, 초과부담은 보상된 노동공급의 임금탄력성에 비례한다. 노동공급이 탄력적일수록 초과부담이 커진다는 의미이다. 그런데 현실적으로 노동공급은 비탄력적이므로 이에 따른 초과부담의 발생은 크지 않을 것으로 예상된다.

둘째, 초과부담은 임금소득세율의 제곱에 비례한다. 세율이 2배로 인상되면 초과부담은 4배로 증가하고 세율이 3배 높아지면 초과부담은 9배 증가한다. 여기서도 초과부담의 최소화를 위해 소득세율의 인하가 바람직함을 알 수 있다. 정부입장에서 일정액 조세수입을 확보해야 하므로 세율 인하가 가능하려면 과세베이스인 소득의 범위가 넓어져야 한다. 끝으로 과세전 임금지불액의 크기도 초과부담에 영향을 미치는 요인이다.

19 [2019]

근로소득세의 초과부담에 관한 설명으로 옳지 않은 것은?

① 초과부담은 세율이 높을수록 커지며, 노동공급의 탄력성이 낮을수록 커진다.
② 개인에 대한 근로소득세의 초과부담은 대체효과가 클수록 증가한다.
③ 초과부담 측정은 임금률의 변화가 초래하는 소득효과를 제외한 보상된 노동공급곡선을 이용해야 한다.
④ 대체효과에 따른 노동공급 변화가 초래하는 후생 순손실을 의미한다.
⑤ 노동공급량 감소에 따른 노동공급자의 잉여 감소분에서 조세수입을 제외한 것이다.

✓ 초과부담은 세율의 제곱에 비례하며 탄력성의 크기에도 비례한다. 노동공급이 탄력적이면 초과부담이 커진다.

답 ①

6. 최적상품과세

최적상품과세이론은 초과부담을 최소화하는 상품세율을 찾는 것을 목적으로 한다. 보상된 수요의 가격탄력성이 다른 두 재화를 가정하고 어떻게 세율을 적용하는 것이 초과부담의 최소화에 기여하는 것인가를 찾아본다. 최적상품과세의 방법은 역탄력성 규칙과 램지규칙 두 가지로 정리할 수 있다.

첫째, 역탄력성 규칙은 초과부담 최소화의 방법을 '두 재화의 한계초과부담의 일치'에서 찾는다. 조세수입 한 단위를 추가할 때 발생되는 초과부담의 추가분이 일치하도록 상품세율을 적용하자는 것이다. 수요탄력성과 상품세율의 곱이 일치할 때 해당 조건이 충족되므로 수요탄력성이 작으면 높은 세율을, 수요탄력성이 크면 낮은 세율로 과세하라는 것이다. 보상된 수요의 가격탄력성에 반비례하도록 상품세율을 적용하자는 것이다.

둘째, 램지(Ramsey)규칙은 동일한 방법으로 초과부담 최소화에 접근하는데, 과세 이후 상품수요량의 감소비율이 같을 때 최적과세가 가능하다는 결론이다. 과세 이후 동일한 비율로 수요량이 감소하려면 수요가 탄력적인 경우 상품세율이 낮아도 되지만 수요가 비탄력적인 경우 높은 세율을 적용해야 한다. 따라서 역탄력성 규칙과 결론은 다르지 않다.

최적상품과세이론이 제시하는 결론은 비탄력적인 재화(생필품의 특성)에 높은 세율로 과세하는 것이므로 생활필수품에 높은 세율, 사치적 성격의 상품에 낮은 세율을 적용해야 한다. 이는 초과부담 최소화라는 효율성 요건에는 부합하지만 공평성 측면에서는 용납될 수 없으므로 보편적 과세원칙으로 제시할 수 없다.

끝으로 두 재화 뿐 아니라 여가까지 과세대상에 포함될 경우 여가보완재에 적절하게 과세하여 최적과세의 가능성을 제시하는데 이를 콜렛(Corlett)과 헤이그(Hague)의 규칙이라 한다.

20 2020

콜렛-헤이그(Corlett-Hague) 조세원칙에 관한 설명으로 옳지 않은 것은?

① 여가에 보완적인 상품과 서비스에 대한 과세를 통해 간접적으로 여가에 과세가 가능하다.
② 효율성 제고를 위해서는 여가에 대해서도 과세를 해야 한다.
③ 여가에 대한 직접적인 과세가 불가능한 경우에 대한 원칙이다.
④ 여가에 보완적인 상품에 대해 보다 높은 세율로 과세하는 것이 바람직하다.
⑤ 동일한 세율을 적용하는 소득세가 세율의 차등을 두는 물품세보다 우월할 수 있다는 것을 의미한다.

✓ 여가가 선택대상일 때 최적상품과세를 위해 여가에 직접 과세해야 마땅하나, 직접과세가 불가능하므로 여가보완재에 높은 세율을 적용하자는 것이다. 콜렛과 헤이그 원칙은 소득세와 물품세의 효율성 논의와 무관하다. 답 ⑤

21 2020

최적과세론에 관한 설명으로 옳은 것은?

① 램지원칙에 의하면, 생활필수품은 수요가 가격에 대해서 비탄력적이기 때문에 상대적으로 높은 세율이 부과되게 된다.
② 램지원칙에 의하면, 수요의 가격 탄력성과 관계없이 모든 재화에 대해서 동일한 세율이 적용된다.
③ 램지원칙에 의하면 사치품은 수요가 가격에 대해서 탄력적이기 때문에 상대적으로 높은 세율이 부과된다.
④ 스턴(N. Sterm)의 최적선형누진세에 따르면, 공평성을 선호할수록 최고 한계세율이 낮아진다.
⑤ 램지원칙은 공평성의 제고를 위한 과세원칙이다.

✓ 램지원칙에 따라 과세하면 초과부담 최소화라는 효율성 달성을 위해 수요탄력성에 반비례하는 상품세율이 적용되어야 한다. 따라서 생필품에 적용되는 세율은 높고 사치재에 적용되는 세율이 낮아야 한다. 최적선형소득세에서 사회구성원의 공평성선호가 높을수록 소득세 한계세율은 인상되어야 한다. 답 ①

22 2019

최적물품세에 관한 설명으로 옳지 않은 것은?

① 램지규칙은 주어진 조세수입 목표를 달성하는 가운데 초과부담을 최소화할 때 실현된다.
② 램지규칙에 따른 최적의 세율구조는 보상수요곡선을 전제로 한다.
③ 콜렛-헤이그(Corlett-Hague) 규칙은 해당 재화 수요의 가격탄력성에 따라 차등적인 물품세를 부과해야 성립한다.
④ 역탄력성 규칙은 역진성을 초래하는 한계가 있다.
⑤ 램지규칙은 재화 간 조세수입의 한계초과부담을 일치시키는 과정에서 도출된다.

⊘ 콜렛과 헤이그의 규칙은 여가까지 선택대상에 포함하여 상품세율을 결정할 때 여가와 보완정도에 따라 차등적 세율을 적용하자는 것이다.

답 ③

23 2018

램지원칙과 역탄력성원칙에 대한 설명으로 옳지 않은 것은?
① 램지원칙은 효율성을 고려한 과세원칙이다.
② 역탄력성원칙이 램지원칙에 비해 일반적인 원칙이다.
③ 역탄력성원칙에 따르면 효율성을 제고하기 위해서 수요의 가격탄력성에 반비례하게 과세하여야 한다.
④ 역탄력성원칙에 따르면 필수재에 대해서는 높은 세율로 과세하여야 한다.
⑤ 램지원칙에 따르면 모든 상품의 보유수요량에 똑같은 비율의 감소가 일어나도록 세율 구조를 만들어야 한다.

⊘ 초과부담을 최소화하는 상품과세로 수요탄력성에 반비례하는 세율을 적용하자는 '역탄력성 규칙'과 과세 이후 수요량감소 비율이 일치하도록 과세하자는 '램지규칙'이 있는데 비탄력적 수요를 갖는 재화(생필품)에 높은 세율을 적용하자는 데에 차이가 없다. 최적상품과세를 현실적으로 사용하기 어려운 이유이다.

답 ②

24 2016

램지(Ramsey)의 최적물품과세원리에 관한 내용으로 옳지 않은 것은?
① 초과부담을 최소화하는 방법이다.
② 과세 시 모든 상품의 소비량 감소율이 같도록 설계되어야 한다.
③ 재화 간 세수에 대한 후생비용의 비율이 같아야 한다.
④ 필수재에 더 높은 세율을 적용하도록 한다.
⑤ 수요의 가격탄력성이 높은 재화일수록 높은 세율을 적용한다.

⊘ 램지규칙은 조세부과 이후 수요량 감소비율이 같을 때 초과부담이 최소화된다는 것이다. 역탄력성 원리와 같은 결과이므로, 수요가 비탄력적인 생필품에 높은 세율을 적용하자는 것이다. 반면 수요가 가격에 탄력적인 사치적 성격의 재화에 낮은 세율을 적용해야 한다.

답 ⑤

7. 최적소득과세

최적소득과세는 최적상품과세의 문제점(역진성)을 시정하고자 소득을 기준으로 과세할 것을 요구한다. X축에 절편이 있는 선형세수함수의 경우 한계세율이 일정하더라도 누진성 조건에 부합되므로 공평성 측면에서 문제가 없다. 모든 소득계층에 적용되는 한계세율이 다른 비선형세수함수가 적용된다면 공평성 요건을 충족하기는 더욱 용이하다.

첫째, 선형최적과세이론을 보면 세수함수가 직선이므로 한계세율은 일정하다. 그러나 소득증가에 따라 평균세율이 증가하여 누진적이다. 문제는 한계세율의 크기인데 한계세율의 크기는 다음 몇 가지 요인에 의존한다. 노동공급이 탄력적이면 소득세율은 낮아야 한다. 정부의 조세수입목표가 클수록 소득세율은 높아야 한다. 그리고 공평성지표(또는 불평등에 대한 혐오감)가 클수록 최적소득세율은 높아야 한다.

둘째, 최적 비선형 소득세이론을 보면 면세점이 있는 것은 선형최적소득세이론과 동일하다. 그런데 소득이 높아질수록 적용되는 한계세율이 커지므로 세수함수의 모습이 지수함수처럼 기울기가 점점 증가하며 우상향하는 모습을 갖는다. 최종적으로 최고소득계층에게 한계세율 영(0)을 적용하자는 것이 이색적이다.

한계세율이 높아질수록 대체효과가 크게 나타나 각종 의욕이 감소하므로 최고소득자에게 한계세율 영(0)을 적용할 때 큰 폭의 저축, 근로 및 투자의욕 증가를 기대할 수 있다. 즉 엄청난 유인효과를 기대하는 것이다. 최고소득자의 근로의욕과 저축의욕 및 투자의욕의 증가는 국민소득증가에도 유효하다. 따라서 다른 계층의 조세부담에 아무 변화 없이 최고소득자에게만 우호적인 것이므로 파레토 개선을 실현할 수 있다.

최적선형소득세이론은 면세점을 두고 각종 요인을 고려하여 소득세의 한계세율을 결정하자는 것이며, 최적비선형소득세이론은 다른 계층의 부담은 수정 없고 최고소득계층에게만 파격적 한계세율을 적용하자는 것이다. 따라서 최적소득과세론은 공평성과 효율성을 동시에 고려한 것으로 간주할 수 있다.

25 2017

멀리즈(J. Mirrlees)가 분석한 최적비선형소득세와 관련된 내용으로 옳지 않은 것은?
① 효율과 공평을 함께 고려한다.
② 노동의 공급을 늘리는 유인 기능의 성격을 지닌다.
③ 최고 소득 구간에 대한 한계소득세율은 0(zero)이다.
④ 한계소득세율은 항상 1보다 작다.
⑤ 임금률이 낮은 개인이 높은 개인보다 더 큰 효용을 누릴 수도 있다.

◎ 1) 최고소득자의 근로의욕을 함께 고려하므로 공평성과 효율성을 겸비한다.
2) 최고소득자에게 '한계세율=0'은 각종 의욕증가를 유인할 목적이다.
3) 최고소득자에게 한계세율 영(0)을 적용하는 것이 핵심이다.
4) 한계세율은 아무리 높아도 1, 즉 100%를 초과할 수 없다.
5) 저소득자와 중간계층에는 아무 변화없이 최고소득자의 세율만 인하하자는 것이므로 효용이 커진다면 고소득자의 몫이다.

답 ⑤

26 2016

스턴(N. Stern)이 주장한 소득세의 최적과세에 관한 설명으로 옳은 것을 모두 고른 것은?

ㄱ. 불평등에 대한 혐오감지표의 절댓값이 낮을수록 최적소득세율은 낮다.
ㄴ. 조세수입 목표가 클수록 최적소득세율은 높다.
ㄷ. 면세점 이상인 소득자에 대해서 최적선형소득세는 최적비선형소득세에 비해 수직적 공평을 제고하는 데 상대적으로 효과적이지 않다.

① ㄱ
② ㄴ
③ ㄱ, ㄴ
④ ㄴ, ㄷ
⑤ ㄱ, ㄴ, ㄷ

◎ 1) 불평등에 대한 혐오감지표값이 낮을수록, 즉 불평등을 덜 싫어할수록 한계세율은 낮아야 한다.
2) 조세수입목표가 클수록 한계세율은 인상되어야 한다.
3) 선형최적소득세는 한계세율이 일정하며 비선형 소득세는 한계세율이 체증하므로 재분배효과는 비선형인 경우가 크다.

답 ⑤

11 조세의 전가와 귀착

1. 조세전가와 귀착

　조세는 법적으로 수요자 또는 생산자를 부담자로 지정하여 과세한다. 생산자에게 조세가 부과되면 모든 조세부담을 생산자가 하는 경우도 있고 일부 조세부담을 소비자에게 떠넘기는 경우도 있다. 세법(稅法)에 명시된 부담자가 실제 조세부담을 하면 별문제이나 법에 명시된 부담자 이외 다른 계층에게 조세부담이 이전되는 경우, 이를 조세전가(shifting)라고 한다.

　소비자에게 전가되어 소비자가 실제 조세부담을 했고, 그 결과 그의 실질소득에 영향을 미친다면 이를 조세귀착(incidence)이라 한다. 법적 귀착과 경제적 귀착이 일치하면 조세전가가 없는 것이며 법적귀착과 경제적 귀착이 다르면 조세전가가 발생한 것이다.

　생산자에게 부과된 조세를 기준으로 평가할 때 소비자 가격상승으로 전가되면 전전, 생산요소 소유자에게 전가되면 후전이라 한다. 생산과정에서 조세부담이 흡수되는 경우 조세소전이라 하며 토지처럼 공급이 고정된 요소에 과세할 때 전액 소유자가 부담하는 경우를 조세환원(또는 자본화)이라 한다.

　조세귀착은 최종부담자의 소득변화를 수반하므로 소득분배에 영향을 미친다. 따라서 귀착분석은 소득분배 분석이라 할 수 있고 귀착분석의 방법은 절대귀착, 차별귀착 및 균형예산귀착 세 가지가 있다.

　첫째, 절대귀착은 특정조세의 소득분배효과를 분석한다. 예를 들어 소득과세 이후 계층간 소득분배의 변화를 분석하는 것이다. 둘째, 차별귀착은 하나의 세목을 다른 세목으로 대체할 때 나타나는 분배효과를 비교한다. 예를 들어 소득세를 부가가치세로 대체할 때 소득분배상의 변화가 있을 것인데 이를 비교분석하는 것이다.

　셋째, 균형예산귀착은 조세수입 및 정부지출의 분배효과를 함께 고려한다. 예를 들어 소득세가 부과될 때 소득과세로 인한 소득분배의 변화는 물론, 정부가 소득세수입을 지출할 때 나타나는 분배효과까지 함께 살핀다는 것이다.

01 2021

다음에서 설명하는 조세귀착은?

> 일반적인 조세귀착은 시장에서 조세부담의 분배에 대해서만 고찰하지만, 궁극적으로는 조세부담뿐 아니라 정부의 세수지출로 인한 편익까지 함께 고려할 필요가 있다. 예컨대 동일한 액수의 세금을 낸다 하더라도, 세수지출로 인해 혜택을 받는 사람과 그렇지 못한 사람 사이의 실질적 조세부담 정도는 상이할 수밖에 없다. 따라서 보다 엄격한 조세귀착을 고려하기 위해서는 조세부담 뿐 아니라 세수지출로 인한 편익까지 함께 고려해야 한다.

① 일반균형 조세귀착　　② 부분균형 조세귀착　　③ 균형예산 조세귀착
④ 절대적 조세귀착　　　⑤ 차별적 조세귀착

✓ 조세부담의 분배를 기준으로 효과를 분석하면 절대적 귀착(특정 세목 하나) 또는 차별귀착(두 세목간 비교)에 해당된다. 조세부담의 분배와 정부지출편익의 혜택이 분배된 것까지 함께 고려하는 것은 균형예산 귀착이라 한다. 한편 일반균형 조세귀착이란, 부분균형귀착분석과 달리 과세효과를 장기에 걸쳐 살펴본다는 것이므로 위의 경우와 무관하다.　　답 ③

02 2017

조세의 귀착에 관한 설명으로 옳지 않은 것은?

① 균형예산귀착은 다른 조세가 없다고 가정하고 특정 조세로 조달한 재원에 의한 정부지출사업까지 고려하여 조세의 분배 효과를 분석한다.
② 차별귀착은 모든 조세와 정부지출이 일정하게 유지된다고 가정하고 하나의 세금을 다른 세금으로 대체할 경우의 분배 효과를 비교 분석한다.
③ 절대귀착은 다른 조세나 정부지출에 아무런 변화가 없다는 가정 하에서 특정 조세의 분배 효과를 분석한다.
④ 절대귀착은 균형예산귀착보다 정부지출이 분배에 미치는 효과를 파악할 때 더 적합한 분석방법이다.
⑤ 균형예산귀착은 정부가 부과하는 조세가 다수인 경우에는 분석이 용이하지 않다.

✓ 균형예산귀착에서는 조세징수의 분배효과 뿐 아니라 조세수입을 지출할 때 분배효과까지 함께 고려하므로 조세의 분배효과를 가장 정확하게 알 수 있는 분석방법이다. 절대귀착은 지출의 분배효과를 분석하는 방법이 아니다.　　답 ④

03 2017

부분균형분석을 따를 때 조세귀착에 관한 설명으로 옳지 않은 것은?

① 물품세의 법적 귀착과 경제적 귀착은 항상 동일한 결과를 나타낸다.
② 물품세 부과에 따른 소비자에로의 조세귀착은 공급의 가격탄력성이 수요의 가격탄력성보다 클수록 더 커진다.
③ 노동수요의 탄력성이 무한히 큰 경우 근로소득세를 부과하면 세부담은 노동자에게 모두 귀착된다.
④ 완전 개방 경제에서 자본에 대한 과세는 전적으로 자본의 사용자에게 귀착된다.
⑤ 조세귀착의 부분균형분석은 특정한 시장에서 부과된 조세가 다른 시장에 영향을 미치지 않고 그 시장에서만 영향을 미친다는 가정 하에서 분배 효과를 측정한다.

✓ 물품세의 법적귀착과 경제적 귀착이 같으면 전가가 없으며 경제적 귀착과 법적 귀착이 다를 때 조세전가가 있는 것이다. 경쟁시장에서 공급이 탄력적일수록 소비자부담이 커지며 노동수요가 무한탄력적이면 노동수요자(기업) 부담은 없고 전액근로자가 부담한다. 완전개방경제라면 자본공급이 완전탄력적인 상황이므로 자본의 소유자는 부담하지 않고 전액 사용자부담으로 귀착된다.   답 ①

2. 경쟁시장의 전가

완전경쟁시장을 가정하면 조세전가는 수요와 공급의 가격탄력성에 의해 결정된다. 예를 들어 단위당 100원의 조세가 생산자에게 부과되든 아니면 소비자에게 부과되든 실제 부담의 크기는 탄력성에 의해 달라진다는 의미이다.

첫째, 수요가 가격에 탄력적일수록 소비자부담은 작아진다. 재화수요가 가격에 탄력적이라는 것은 과세된 재화를 대체할 재화(대체재)가 많다는 의미이므로 굳이 과세된 재화를 구입해야 할 이유가 별로 없다. 그러므로 소비자가 부담할 가능성이 작아진다. 반면 수요가 가격에 비탄력적이면 대체재가 거의 없다는 의미이므로 과세된 재화일지라도 '울며 겨자먹기' 식으로 구입할 밖에 다른 도리가 없다는 것이다.

둘째, 공급이 가격에 탄력적이면 생산자부담이 작아진다. 공급이 탄력적이라면 생산자 입장에서 공급량 조절이 용이하다는 의미이므로 시장에서 생산자가 갖는 협상력이 커질 수 밖에 없다. 따라서 생산자의 조세부담가능성이 작아지는 것이다. 반면 공급이 비탄력적일수록 생산자 스스로 공급량 조절이 곤란하므로 협상력을 거의 갖지 못하며 따라서 조세부담을 많이 해야 할 입장이다.

결국 경쟁시장에서 조세전가규모는 조세가 소비자에게 부과되든 생산자에게 부과되든, 종량세이든 종가세이든 달라지지 않는다. 다만 수요와 공급의 가격탄력성에 주목하면 된다. 수요의 가격탄력성이 소비자가 조세부담을 회피할 가능성, 공급의 가격탄력성이 생산자가 조세부담을 회피할 가능성이라는 것만 파악하면 된다.

04 2020

조세의 법적 귀착과 경제적 귀착이 일치하는 경우는?

① 수요곡선은 우상향하고 공급곡선은 우하향할 때, 소비자에게 과세하는 경우
② 수요곡선은 우하향하고 공급곡선은 우상향할 때, 생산자에게 과세하는 경우
③ 수요곡선은 수직이고 공급곡선은 우상향할 때, 소비자에게 과세하는 경우
④ 수요 및 공급의 탄력성이 모두 단위탄력적일 때, 생산자에게 과세하는 경우
⑤ 수요곡선은 우하향하고 공급곡선이 수평일 때, 생산자에게 과세하는 경우

✓ 소비자에게 부과된 조세가 소비자에게 전액 부담되려면 완전 비탄력적 수요 또는 완전 탄력적 공급이 전제되어야 한다. 생산자에게 부과된 조세가 전액 생산자 부담이려면 완전 비탄력적 공급 또는 완전 탄력적 수요가 전제되어야 한다. 수요곡선이 수직이면 탄력성 값이 영(0)이므로 완전 비탄력적이다. 　답 ③

05 2017

시장수요가 시장공급보다 탄력적인 재화가 있다고 할 때, 이 재화가 거래되는 경쟁적인 시장에서 물품세를 부과하거나 또는 가격보조를 할 경우 새로운 균형에서의 귀착으로 옳은 것을 모두 고른 것은?

> ㄱ. 수요자에게 물품세를 부과할 경우 상대적으로 수요자에게 조세가 더 많이 귀착될 것이다.
> ㄴ. 수요자에게 가격보조를 할 경우 상대적으로 수요자에게 보조금이 더 많이 귀착될 것이다.
> ㄷ. 공급자에게 물품세를 부과할 경우 상대적으로 공급자에게 조세가 더 많이 귀착될 것이다.
> ㄹ. 공급자에게 가격보조를 할 경우 상대적으로 공급자에게 보조금이 더 많이 귀착될 것이다.

① ㄱ
② ㄷ
③ ㄱ, ㄴ
④ ㄷ, ㄹ
⑤ ㄱ, ㄴ, ㄷ, ㄹ

✓ 시장수요가 공급보다 탄력적인 상황이므로 수요자에게 부과된 조세이든 공급자에게 부과된 조세이든 소비자부담은 작고 생산자부담은 크다. 보조금이 지급되어도 보조금의 효과 역시 공급자에게 크게 나타날 것이다. 　답 ④

3. 경쟁시장의 전가 : 계산 예

어떤 재화에 대한 수요함수가 $P=6,000-4Q$이며 공급함수가 $P=2Q$이라고 하자. 이 재화에 단위당 300원의 조세가 부과되면 소비자와 생산자의 부담이 얼마나 되는지 살펴보기로 하자. 우선 과세 이전 균형은 $6,000-4Q=2Q$일 때 이루어지며 균형가격과 수량은 각각 $P=2,000$, $Q=1,000$이다.

단위당 300원의 조세가 부과되면 공급함수가 $2Q+300$으로 변화되므로 $6,000-4Q=2Q+300$일 때 균형이 이루어진다. 균형가격과 수량은 각각 $P=2,200$, $Q=950$이다. 결국 단위당 300원의 조세가 부과된 이후 소비자 가격상승으로 200원 전가(전전)되었으므로 나머지 100원은 생산자의 몫이다.

단위당 300원의 조세 중 소비자가 더 많은 부담을 하는 이유는 수요의 가격탄력성이 공급의 가격탄력성보다 작기 때문이다. 같은 말이지만 생산자가 소비자에 비해 부담을 작게 하는 이유는 공급의 가격탄력성이 수요의 가격탄력성보다 크기 때문이다.

06 2019

수요곡선과 공급곡선에서 생산물 1단위당 300원의 세금이 부과되었다. 300원에서 소비자가 부담하는 세금의 크기는? (단, 수요곡선 : $P=6,000-4Q$, 공급곡선 : $P=2Q$, P : 가격, Q : 수량)

① 50원 ② 100원 ③ 200원
④ 250원 ⑤ 300원

◎ 과세 이전 균형은 $6,000-4Q=2Q$일 때 이루어지며 균형가격은 $P=2,000$이며, 균형거래량은 $Q=1,000$이다. 단위당 300의 조세가 부과되면 $6,000-4Q=2Q+300$를 충족하는 $P=2,200$, $Q=950$이다. 과세 이후 소비자가격은 200원 상승하였다.

답 ③

4. 독점시장의 전가

독점시장에서 전가분석은 경쟁시장과 조금 다르다. 우선 독점시장에서는 공급곡선이 없다. 한 기업만 생산하는 시장이므로 시장가격을 기준으로 공급량을 결정하는 것이 아니라 독점기업 자신의 이윤극대화 생산량을 정한 뒤 소비자가 기꺼이 지불할 수 있는 금액만큼 받아내기 때문이다. 독점시장 전가분석의 특징은 다음과 같다.

첫째, 공급곡선이 없으므로 수요가 비탄력적이면 전가가 용이하므로 소비자 부담이 크고 반대로 수요가 탄력적이면 소비자에게 전가가 곤란하다. 그런데 상품을 생산하는 기업이 우월하므로 소비자입장에서는 대체할만한 재화가 없는 것이나 마찬가지이다. 따라서 소비자 수요는 비탄력적일 가능성이 매우 높다.

둘째, 경쟁시장이 경우 종량세나 종가세나 아무런 차이가 없는 반면, 독점시장의 경우 종가세가 종량세에 비해 더 많은 조세수입을 확보할 수 있다(단, 생산량이 동일할 때). 그러므로 조세수입이 동일하다고 가정하면 종가세가 부과된 경우가 종량세가 부과된 경우에 비해 생산량이 더욱 많을 것이다.

셋째, 한계비용이 일정한(MC곡선 수평선) 경우 수요곡선이 선형이면 부과된 세액의 50%만 소비자에게 전가된다. MC가 일정하고 수요곡선상의 모든 점에서 탄력성이 일정한 경우(원점에 볼록한 수요곡선) 부과된 세액보다 더 큰 금액이 소비자에게 전가된다. 전가규모가 100% 이상인 셈이다.

07 2021

조세의 전가와 귀착에 관한 설명으로 옳지 않은 것은?
① 독점시장의 경우 조세 부담은 소비자에게 모두 전가되지는 않는다.
② 법인세의 법적 부담자는 기업이지만 법인세 과세로 인해 상품가격이 인상된다면 소비자에게도 세 부담이 전가된다.
③ 국민연금제도에서 기여금은 법적으로는 고용주와 근로자가 $\frac{1}{2}$씩 부담하지만 실질적인 부담은 노동의 수요 및 공급의 임금탄력성에 따라 결정된다.
④ 독점시장에서는 공급곡선의 형태에 따라 귀착은 달라진다.
⑤ 독점시장에서 종량세와 종가세가 미치는 효과는 상이하다.

✓독점시장에서 독점기업이 직면하는 수요곡선은 있으나 공급곡선은 없다. 공급곡선이란 주어진 시장가격에 대응하여 기업의 공급하고자 하는 수량과의 관계인데 독점기업은 가격에 순응(price-take)하는 것이 아니라 가격을 설정(price-make)하는 것이 특징이다. 전가의 크기에 영향을 미치는 것은 수요의 가격탄력성과 한계비용곡선의 형태이다.

답 ④

08 2018

비용불변의 독점기업에서 생산하는 제품에 종가세를 부과할 때 나타나는 효과로 옳은 것은?(단, 수요곡선은 선형이며 우하향한다.)

① 비용불변이기 때문에 소비자가격은 변동하지 않는다.
② 종가세의 부담은 소비자와 생산자가 분담한다.
③ 소비자잉여는 불변이다.
④ 독점기업이기 때문에 이윤을 줄이지 않고 대응할 수 있어 독점기업은 불변이다.
⑤ 가격상승은 부과된 단위당 세액보다 크다.

☑ 비용불변의 독점기업에 일정액의 조세가 부과되면 단위당 세액의 50%가 소비자에게 전가된다는 사실을 기억하면 된다. 종가세는 가격에 비례하여 부과되는 세금이나 균형상태에서 단위당 일정액이 부과되는 것과 효과가 다를 바 없다. 🗎 ②

09 2016

시장 내 모든 기업이 이윤극대화를 추구할 때, 종가세와 종량세의 조세귀착에 관한 설명으로 옳지 않은 것은?

① 완전경쟁시장의 경우 과세 후 균형점에서 수요가격과 공급가격의 차만 같으면 종가세와 종량세의 전가는 동일하다.
② 완전경쟁시장의 경우 과세 후 균형점에서 수요가격과 공급가격의 차만 같으면 종가세와 종량세의 조세수입은 동일하다.
③ 독점시장에서 소비자에게 과세하는 경우 종가세와 종량세가 생산량에 동일하게 영향을 미친다면, 종가세의 조세수입이 종량세의 조세수입보다 많아진다.
④ 독점시장에서 소비자에게 과세하는 경우 종가세와 종량세로 인한 조세수입이 같다면, 종가세의 생산량보다 종량세의 생산량이 더 많아진다.
⑤ 독점시장에서 소비자에게 과세하는 경우 종가세와 종량세가 생산량에 동일하게 영향을 미친다면, 종가세와 종량세의 사중손실(deadweight loss)의 크기는 동일하다.

☑ 완전경쟁인 경우 종량세와 종가세의 효과에 차이가 없는데, 독점인 경우 생산량이 같다면 종가세의 조세수입이 많고 조세수입이 동일하다면 종가세의 생산량이 더 많다. 🗎 ④

5. 독점시장의 전가 : 계산 예

독점시장에서 기업이 직면하는 수요함수가 $Q=300-3P$, 총비용함수가 $TC=\frac{1}{2}Q^2+10Q+20$이다. 정부가 단위당 20원의 조세를 부과한다면 어떤 식으로 조세부담이 배분되는지 살펴보기로 하자. 독점기업은 이윤극대를 추구하므로 $MR=MC$인 점에서 생산량을 결정한다.

첫째, 수요함수를 가격 P에 대해 정리하면 $P=100-\frac{1}{3}Q$이며 한계수입(MR)곡선은 수요곡선과 절편은 동일하고 기울기만 두 배이므로 $MR=100-\frac{2}{3}Q$이다. 총비용함수를 일차 미분하면 한계비용(MC)함수를 구할 수 있으므로 $MC=Q+10$이다. 이윤극대 생산량은 $100-\frac{2}{3}Q=Q+10$을 충족시키는 $Q=54$이며 따라서 과세전 가격은 $P=82$이다.

둘째, 단위당 20원 조세가 부과되면 한계비용이 20원 인상되므로 $MC=Q+30$이 된다. 따라서 이윤극대 생산량은 $100-\frac{2}{3}Q=Q+30$을 충족하는 $Q=42$이다. 소비자가격은 $P=86$이다. 단위당 20원의 조세가 부과되는데 소비자격상승은 4원, 따라서 나머지 단위당 16원은 독점기업의 부담으로 귀착되는 것이다.

10 [2020]

다음은 순수독점의 형태로 운영되고 있는 시장의 수요함수이다.

$$Q=200-4P$$

그리고 이 시장의 독점공급자인 A사의 총비용함수는 다음과 같다.

$$TC=\frac{1}{4}Q^2+10Q+75$$

정부가 소비자에게 단위당 10만큼의 물품세를 부과한다고 할 때, 다음 설명으로 옳은 것을 모두 고른 것은? (단, Q는 수량, P는 가격, TC는 총비용이다.)

ㄱ. 독점공급자는 조세부담을 전가시킬 수 있으므로 세금은 모두 소비자가 부담한다.
ㄴ. 독점공급자의 조세부담이 소비자의 조세부담보다 3배 더 크다.
ㄷ. 조세부담의 크기는 소비자와 공급자가 동일하다.
ㄹ. 독점공급자의 조세부담이 소비자의 조세부담의 $\frac{1}{3}$이다.
ㅁ. 동일한 세금을 소비자 대신 공급자에게 부과해도 조세부담 귀착의 결과는 같다.

---

① ㄱ, ㄴ　　② ㄱ, ㄷ　　③ ㄴ, ㄷ
④ ㄴ, ㅁ　　⑤ ㄹ, ㅁ

✓ 수요함수를 가격(P)에 대해 정리하면 $P=50-\frac{1}{4}Q$이다. 한계수입(MR)은 수요함수(AR)와 절편은 같고 기울기만 두 배로 변화하므로 $MR=50-\frac{1}{2}Q$이다. 총비용함수를 일차미분한 한계비용(MC)은 $\frac{1}{2}Q+10$이다. 따라서 이윤극대 생산량과 가격은 $50-\frac{1}{2}Q=\frac{1}{2}Q+10$을 충족하는 $Q=40$, $P=40$이다. 소비자에게 조세가 부과되면 수요함수가 세액(10원)만큼 당겨져 $P=40-\frac{1}{4}Q$, $MR=40-\frac{1}{2}Q$이다. 이윤극대조건($MR=MC$)를 충족하는 가격과 수량은 $P=42.5$, $Q=30$이다. 생산자에게 조세가 부과된다면 한계비용이 세액(10원)만큼 높아진다. 따라서 이윤극대조건 $50-\frac{1}{2}Q=\frac{1}{2}Q+20$을 충족하는 균형은 $P=42.5$, $Q=30$으로 동일하다. 결국 소비자에게 부과되든 생산자에게 부과되든 소비자부담액은 2.5원이며 나머지 7.5원은 생산자가 부담하는 셈이다. **답** ④

11 2016

순수독점시장의 수요함수는 $Q=300-3P$이고, 독점공급자의 총비용함수는 $TC=\frac{1}{2}Q^2+10Q+200$이다. 정부가 소비자에게 20의 조세를 부과할 때 옳지 않은 것은?

① 세전 균형거래량은 $Q=54$이다.
② 세전 균형가격은 $P=82$이다.
③ 세후 균형거래량은 $Q=42$이다.
④ 소비자가 실제로 부담하는 단위당 세금은 12이다.
⑤ 공급자가 실제로 부담하는 세금은 16이다.

✓ 수요함수가 $P=100-\frac{1}{3}Q$이므로 $MR=100-\frac{2}{3}Q$이다. 총비용함수를 일차미분하면 한계비용이 되므로 $MC=Q+10$이다. 과세전 균형은 $100-\frac{2}{3}Q=Q+10$을 만족하는 $Q=54$, $P=82$이다. 단위당 20의 조세가 부과되면 한계비용이 $Q+30$이므로 세후균형은 $100-\frac{2}{3}Q=Q+3$을 만족하는 $Q=42$, $P=86$이다. 따라서 소비자가격은 4원 상승하며 나머지 16은 생산자의 몫이다. **답** ④

6. 기타 불완전시장의 전가

경쟁시장과 독점시장의 전가에 대해 살펴보았고 여기서는 독점적 경쟁시장과 과점시장의 전가에 대해 살펴보기로 하자. 우선 독점적 경쟁시장은 생산주체는 다수이며 소비자도 다수인 경쟁의 모습을 지니지만, 유사하지만 조금씩 다른 상품을 생산하며 '차별화'된 상품생산이 가능하다는 점이 특징이다.

차별화가능성이 바로 독점요인이 된다. 동일한 냉면이지만 유독 맛있다고 소문난 집이 있고 같은 설렁탕을 판매해도 특별히 맛있다고 정평이 난 집이 있다. 이들은 다른 냉면집 또는 설렁탕집에 비해 차별화된 상품을 생산하며 독점력을 갖는 것이다. 차별화된 제품은 한 마디로 '이질성'을 갖는 상품이다.

따라서 독점적 경쟁시장에서 특정 기업의 제품이 이질성을 확보하면 전가가 용이하지만 제품의 이질성을 갖지 못하는 경우 소비자가격상승을 통해 전가시키기는 곤란하다. 차별화된 상품이라면 어느 정도 높은 가격은 지불해도 판매가능하며 기업입장에서 볼 때 충성고객을 그만큼 확보하고 있는 것과 마찬가지이다.

과점시장은 소수의 생산자가 시장을 점유하는 시장이다. 따라서 소수의 기업이 서로 담합할 수 있고 가격결정에서 다른 기업의 행동을 보고 참조하는 상호의존성이 특징이다. 과점시장에서 조세전가는 시장점유율이 가장 높은 선도기업(가격선도자)의 행태에 많이 의존한다. 선도기업이 조세를 비용인상으로 보고 소비자가격을 인상하면 다른 기업도 따라 가격을 올려 소비자에게 전가하려 든다는 것이다.

12 2016

독점적 경쟁시장 하의 개별기업에 대한 과세의 효과에 대한 설명으로 옳은 것은?
① 독점적 경쟁시장의 상품에 과세한 경우, 기업이 충성고객을 확보하였을 때는 전가가 어렵다.
② 독점적 경쟁시장의 상품에 과세한 경우, 상품에 이질성이 높으면 전가가 어렵다.
③ 독점적 경쟁시장의 기업에 대한 이윤세 부과는 기업의 이윤극대화행위에 영향을 주지 못한다.
④ 완전경쟁시장 개별 기업의 상품에 과세한 경우에 비해 전가가 어렵다.
⑤ 독점적 경쟁시장의 상품에 과세한 경우, 상품의 동질성이 높으면 전가가 용이하다.

⊙ 이질성을 확보하여 충성고객이 많을수록 전가가 용이하며 완전경쟁시장의 개별 기업에 비해 전가는 훨씬 용이하다. 경제적 이윤에 과세하면 세후 균형거래량에 변화가 없다. 답 ③

7. 생산요소과세 귀착

생산의 본원적 요소는 노동, 자본, 토지 등 세 가지이다. 이들 시장에서 조세가 부과될 때 전가와 귀착의 특성이 무엇인지 살펴보기로 하자. 우선 첫째, 노동시장은 노동수요와 노동공급의 임금탄력성에 따라 조세부담이 배분된다. 노동수요가 탄력적이면 기업의 부담이 작아지고 노동급급이 탄력적이라면 근로자 부담이 작아진다. 그러나 현실적으로 노동시간을 자유롭게 조절할 수 있는 근로자가 거의 없음을 감안할 때 노동공급은 매우 비탄력적이다. 따라서 노동시장에 부과된 조세는 대부분 근로자(노동공급자)에게 귀착될 것이다.

둘째, 자본과세의 경우 고려대상 기간이 단기이면 자본공급이 완전 비탄력적(고정)이므로 자본소유자에게 전액 귀착된다. 고려대상 기간이 장기이면 자본공급이 가변적(탄력적)이므로 자본의 사용자에게 전가 가능하다. 자본시장이 개방되어 있으면 개방도가 높을수록 자본소유자 부담은 작아질 것이다.

셋째, 토지에 대한 과세에 대해 살펴보기로 하자. 토지는 공급이 고정되어 있어 완전 비탄력적이다. 따라서 과세 이후 모든 부담은 토지소유자에게 귀착된다. 이를 조세의 자본화 또는 조세환원이라 한다. 자본소유자의 조세부담금액, 즉 자본화금액은 미래조세부담의 현재가치와 일치하며 연간세액을 이자율로 나눈 값이다.

내년부터 특정 토지에 대해 평당 연간 1만 원의 조세가 부과되고 시장이자율이 10%라고 하자. 이때 매년 1만 원을 부담해야 하므로 미래세액의 현재가치는 $\frac{1만 원}{10\%}$ =10만 원이 된다. 따라서 토지거래가 이루어질 때 토지거래금액이 평당 10만 원 감소된다. 세금 때문에 평당 10만 원씩 가격이 하락된 셈이므로 소유자 부담이라는 것이다.

13 [2017]

토지에 부과하는 조세부담이 자본화되어 토지가격이 하락했을 경우 다음 설명으로 옳은 것은?

① 토지처럼 공급이 고정되어 있는 자산에 과세를 하면 조세부담의 자본화가 발생할 수 있다.
② 자본화가 일어나면 조세부담은 누구에게도 귀착되지 않는다.
③ 토지가격은 부과된 조세의 현재가치보다 항상 크게 하락한다.
④ 토지임대사용자에게 모든 조세부담이 귀착된다.
⑤ 조세부과 후 토지구입자에게 모든 조세부담이 귀착된다.

✅ 토지처럼 공급이 고정된 요소에 과세하면 미래 조세부담의 현재가치만큼 토지거래가격이 하락하며 따라서 현재 토지소유자가 모든 조세부담을 다한다. 이같은 전가를 조세의 자본화 또는 조세환원이라 한다.

답 ①

14 2016

생산요소의 조세귀착에 관한 부분균형분석적 설명으로 옳은 것은?
① 노동의 수요탄력성이 무한히 클 경우 근로소득세는 고용주가 모두 부담한다.
② 자본에 과세하는 경우 자본의 개방도가 높을수록 자본공급자의 부담은 높아진다.
③ 공급이 고정되어 있는 토지에 대한 과세는 토지의 현재 소유자에게 귀착된다.
④ 토지의 공급이 신축적일 경우 토지에 대한 과세는 완전한 자본화를 가져온다.
⑤ 노동의 공급탄력성이 매우 작을 경우 근로소득세는 고용주가 대부분 부담한다.

⊙ 노동수요가 탄력적이거나 노동공급이 비탄력적이면 근로자가 근로소득세부담 대부분을 떠안게 된다. 자본과세의 경우 자본공급이 탄력적이거나 자본의 개방도가 높을수록 자본소유자 부담은 작고 자본의 사용자가 많은 부담을 한다. 공급이 고정된 토지에 과세하면 전액 환원되어 현재 소유자에게 귀착된다. 🗐 ③

8. 일반균형귀착분석

고려대상 재화는 두 가지(X, Y), 생산요소도 노동과 자본 두 가지이며 X는 자본집약적, Y는 노동집약적으로 생산된다고 하자. 그리고 생산요소시장과 재화시장은 모두 완전경쟁시장이라 가정하자. 일반균형귀착분석의 결과는 다음과 같다

첫째, 양 부문에 고용된 한 요소에 같은 비율로 부과하는 조세이다. 두 부문의 노동요소에 동률로 과세하면 모든 조세부담은 노동요소에 귀착된다. 두 부문에 고용된 자본요소에 동률로 과세하여도 모든 조세부담은 자본요소에 귀착된다.

둘째, 두 재화 중 한 재화에 과세하는 개별물품세인데 귀착결과는 과세된 재화생산에 집약적으로 사용된 요소의 부담이다. 자본집약적인 X재에 과세하면 노동에 대한 자본의 상대가격이 하락하며 귀착이 결정된다.

셋째, 특정 재화생산에 사용된 특정 요소에만 과세하는 부분요소과세인데 이는 산출효과와 요소대체효과로 분리해 살펴보아야 한다. X부분에 사용된 자본에 대한 과세의 경우 산출효과는 집약적으로 사용된 자본의 상대가격이 하락하는 것이다. 요소대체효과는 집약도와 관계없이 과세된 요소, 즉 자본의 상대가격 하락으로 나타난다. 산출효과와 요소대체효과 모두 자본의 상대가격하락이므로 조세귀착은 노동에 대한 자본의 상대가격 하락으로 귀결된다.

15 2018

하버거(A. Harberger)는 조세귀착에 관한 일반균형 모형에서 다음과 같이 가정하였다. 이러한 경우에 나타나는 현상으로 옳지 않은 것은?

> ㄱ. 두 재화 X, Y가 있으며, 생산기술은 일차동차(선형동차)이고 X는 자본집약적 부문이고 Y는 노동집약적 부문이다.
> ㄴ. 모든 시장은 완전경쟁이고 노동과 자본의 총량은 일정하고 부문 간 요소 이동성이 완전하다.

① X부문과 Y부문의 노동에 대한 동률의 조세는 그 부담이 모두 노동에 귀착된다.
② X재화에 물품세를 부과하면 노동에 대비한 자본의 상대가격을 높이게 된다.
③ X부문의 자본에 대한 과세는 산출효과를 통해 노동에 대비한 자본의 상대가격을 낮추게 된다.
④ X부문의 자본에 대한 과세는 요소대체효과를 통해 노동에 대비한 자본의 상대가격을 낮추게 된다.
⑤ Y부문의 노동에 대한 과세 시 산출효과와 요소대체효과는 서로 같은 방향으로 작용한다.

✓ 1) 노동요소에 대한 일반요소과세, 모든 조세부담은 노동에 귀착된다.
  2) 개별물품과세, 재화생산에 집약적으로 사용된 요소의 상대가격이 하락한다. 따라서 자본의 상대가격이 하락한다.
  3) 부분요소과세 중 산출효과, 집약적으로 사용된 요소가 부담한다. 따라서 자본의 상대가격이 하락한다.
  4) 부분요소과세 중 요소대체효과, 과세된 요소의 상대가격이 하락한다. 따라서 자본의 상대가격이 하락한다.
  5) Y부문 노동에 과세할 때 산출효과는 노동의 상대가격 하락(노동집약적이므로), 요소대체효과는 노동의 상대가격하락(과세된 요소가 노동)이므로 두 효과의 방향은 동일하다.

답 ②

12. 개인소득세

1. 포괄적 소득 : 헤이그-사이먼즈의 소득정의

포괄적 소득에는 개인 경제력 증가에 기여한 모든 원천이 다 포함되어야 한다. 규칙적 소득은 물론 불규칙적 소득까지 실현된 소득은 물론 미실현소득까지 그리고 귀속소득도 과세대상에 포함되어야 한다. 개인을 기준으로 모든 소득을 기준으로 과세하면 수평적 공평과 수직적 공평실현이 더욱 용이하다. 하지만 현실적으로 미실현소득을 계산하는 것이 엄청난 작업이며 귀속소득을 포함시키는 작업 또한 많은 행정비용이 소요되므로 이들을 제외하고 과세하는 것이 보통이다.

포괄적 소득은 일정기간동안 개인경제력증가에 기여한 모든 것을 의미한다. 헤이그와 사이먼즈(Haig-Simons)는 발생주의(發生主義)에 입각하여 일정기간 동안 경제주체가 획득한 경제적 이득 또는 일정기간 동안의 소비지출과 자산가치의 순변화분이라 보았다.

01 2020

소득세에 관한 설명으로 옳은 것은?

① 여가가 정상재인 경우, 소득세 부과의 노동 공급에 대한 대체효과와 소득효과는 같은 방향으로 작용한다.
② 헤이그-사이먼즈(Haig-Simons)의 포괄적 소득 정의에 따르면, 소비도 소득세의 과세대상이 된다.
③ 비례소득세는 수직적 공평성을 제고시킨다.
④ 이자소득세를 부과할 경우, 소득효과는 저축에 대한 매력을 상대적으로 감소시켜 저축의욕을 떨어뜨린다.
⑤ 수평적 공평성을 중시하는 누진적인 소득세에서는 과세기준이 되는 소득이 증가하면, 세금부담액은 증가하고 평균세율은 감소한다.

✓ 헤이그-사이먼즈의 포괄적 소득은 개인의 일정기간 동안 경제력 증가의 모든 가치를 포함한다. 이는 개인의 소비지출액과 순자산증가가치의 합계와 일치하는 것이다. 여가가 열등재일 때 소득효과와 대체효과의 방향이 같고, 이자소득세에 따른 소득효과는 저축의욕 증가이다.   답 ②

2. 소득공제와 세액공제

개인을 기준으로 모든 소득을 종합한 뒤 개인사정을 고려하는 단계가 있다. 결혼여부, 부양가족(처자식)여부, 노령부모여부, 동거 장애인 여부 등을 고려하여 수평적 공평을 도모하는 발판을 마련하는 것이다. 이를 소득공제제도라 하며 개인사정, 더 나아가 돈을 벌기 위해 꼭 필요한 지출 등을 고려하자는 취지이다.

세법상 이런저런 공제조항에 의해 소득공제 총액이 1,000만 원이라고 하자. 한계세율 15%를 적용받는 계층의 경우 1,000만 원 소득공제로부터 150만 원의 세금절약효과를 얻는다. 반면 한계세율이 40%인 소득계층의 경우 1,000만 원 공제의 세금절약효과가 무려 400만 원에 달한다. 따라서 소득공제는 같은 금액이라면 고소득자일수록 유리한 결과를 낳는다.

세액공제는 개인을 기준으로 소득을 종합하고 개인사정을 고려한 뒤 초과누진세율을 적용해 세액이 산출된 이후, 산출된 세액 중 일정금액을 공제하는 것이 세액공제이다. 세액공제는 정책목적 달성 또는 특정 경제행위의 장려를 위해 존재하는 것이다. 세액 중 일정액을 공제(만약 100만 원)하는 것이므로 산출된 납세액이 작은 사람에게는 세금절약효과가 매우 크지만 소득이 많아 납세액이 많은 고소득계층의 경우 조세경감비율은 매우 작게 느껴질 수 있다. 결국 소득공제는 조세부담의 누진성(수직적 공평)을 약화시키는 요인이며 세액공제는 조세부담의 누진성을 강화하는데 기여한다.

02 2018

개인소득세의 소득공제와 세액공제에 관한 설명으로 옳지 않은 것은?
① 누진세율 구조인 경우 세액 공제의 실제 조세 감면 효과는 대상자의 소득이 클수록 크게 나타난다.
② 소득공제는 담세능력에 따라 과세하고자 하는 것이다.
③ 소득공제를 실시하면 파레토 효율성 조건 중의 하나인 교환의 조건을 충족하지 못한다.
④ 개인들의 수요에 대한 가격탄력성이 각각 다른 상황에서 특정 경제행위의 장려가 조세감면의 목표라면 소득공제가 세액공제보다 효과적일 수 있다.
⑤ 현재 우리나라 세액공제 사례로 의료비, 정치후원금 등이 있다.

✓1) 동일금액 세액공제일 때 저소득자의 감면효과가 크다.
 2) 소득공제는 개인사정을 고려하는 것으로 수평적 공평을 위한 도구이다.
 3) 소득공제대상 재화가 있을 때 재화의 상대가격변화에 영향을 미칠 수 있다.
 4) 가격탄력성이 유사하면 세액공제가 효과적이나, 가격탄력성이 상이한 경우 일괄적으로 소득공제하는 것이 특정 경제행위 장려에 더 효과적일 수 있다.
 5) 의료비는 급여총액의 3%를 초과한 금액이 세액공제되며, 정치후원금의 경우 10만 원까지는 전액 세액공제 받는다.

답 ①

03 2016

소득구간별 세율이 아래와 같을 때, 연금저축에 대하여 400만 원까지 소득공제혜택이 주어지던 것이 400만 원까지에 대하여 10%의 세액공제로 전환되었다고 가정할 경우의 효과로 옳은 것은?

소득계층	세율
저소득층	5%
중소득층	15%
고소득층	30%

① 중소득자의 혜택이 상대적으로 증가한다.
② 저소득층의 연금저축이 감소할 것이다.
③ 저축금액에 관계없이 모든 계층에게 같은 금액의 세제혜택이 주어진다.
④ 고소득층의 혜택이 상대적으로 더 감소한다.
⑤ 소득분배 개선 효과는 없다.

☑ 소득공제로부터 얻는 이득은 저소득층 20만 원(400×5%), 중간소득층 60만 원(400×15%), 고소득층 120만 원(400×30%)이다. 이를 10% 세액공제로 전환하면 연금저축액이 400만 원에 이르면 일괄적으로 모든 소득계층에 40만 원의 혜택이 돌아간다. 저소득자의 경우 혜택이 늘어나 그들의 연금저축 증가유인이 되며 중간층과 고소득층은 소득공제에 비해 20만 원과 80만 원의 혜택감소가 발생한다. 저소득자에 상대적으로 큰 이득이 돌아가므로 재분배효과가 있다.   답 ④

3. 과세단위선택

과세단위선택의 문제는 개인을 기준으로 과세하는 것이 옳은가 아니면 가족을 기준으로 과세하는 것이 옳은가의 문제이다. 가족소득 전체를 기준으로 과세하면 공평성 측면에서 유리할 것이다. 그리고 개인기준과세는 가족단위과세에 비해 2차 노동공급자의 각종 의욕에 미치는 영향이 적으므로 효율성측면에서 우월할 것이다. 배우자의 소득금액이 3억 원이라면 2차 노동공급자는 단돈 100원만 벌어도 한계세율 42%를 적용받기 때문이다.

가족을 기준으로 과세하면 개인기준과세에 비해 부담세액이 증가한다. 남녀(男女) 두 사람이 있을 때 이들이 결혼하기 전에는 개별적으로 조세부담을 하면 된다. 그러나 결혼을 하여 가정을 이루면 둘의 소득을 합하여 누진세율이 적용되므로 개인기준 과세액보다 세액이 많아진다. 결혼 때문에 조세부담 금액이 많아지는 것이므로 이를 결혼벌금 또는 결혼세라고 한다. 따라서 결혼의사결정에 중립적이지 못할 수 있다.

결혼벌금의 문제해결을 위해 여러 가지 방법이 있으나 이분이승법이 가장 널리 사용된다. 두 사람의 소득을 둘로 나눈 뒤 세액을 산출한다. 그리고 산출된 세액에 2를 곱하여 최종세액을 결정하는 방식이다.

04 2020

개인소득세는 누진세이고, 과세 단위는 개인단위 과세와 부부합산 과세가 있다. 이러한 과세 단위가 가지는 특징에 관한 설명으로 옳지 않은 것은?

① 개인단위 과세는 각 납세자의 지불능력을 잘 반영하는 특징을 가지고 있다.
② 부부합산 과세는 가족이 경제활동의 기본 단위라는 인식에 기반하고 있다.
③ 부부합산 과세의 경우, 주소득원과 그 배우자가 각각 직면한 한계세율은 동일하다.
④ 개인단위 과세의 경우, 주소득원과 그 배우자가 각각 직면한 한계세율은 상이하다.
⑤ 비탄력적인 부문에 높은 세율을 부과한다는 램지원칙에 개인단위 과세보다 부부합산 과세가 더 잘 부합한다.

✓ 개인단위과세는 개별 납세자의 지불능력에 따른 세금이며 부부합산과세는 가족을 경제활동의 단위로 간주한다. 부부합산과세의 경우 남편이 주소득자로 많은 소득이 있어 높은 한계세율이 적용된다면 부인의 소득이 단돈 일 원만 있어도 동일하게 높은 세율이 적용된다. 따라서 이차 노동공급자(부인)의 근로의욕에 미치는 영향이 클 수 밖에 없다. 따라서 램지법칙에 따라 비탄력적인 부문에 높은 세율을 적용하고자 하면 개인단위 과세에 부합된다. 답 ⑤

05 2020

A와 B, C와 D는 각각 부부이며, 두 가구의 소득과 소득세액은 다음의 표와 같다. 이에 관한 설명으로 옳은 것을 모두 고른 것은?

가구		개인소득	개인 소득세액	가구 총소득	개인소득세액 합계	가구 합산 시 세액
1	A	1억 원	4천만 원	1억 2천만 원	4천 1백만 원	4천 9백만 원
	B	2천만 원	1백만 원			
2	C	6천만 원	1천 2백만 원	1억 2천만 원	2천 4백만 원	4천 9백만 원
	D	6천만 원	1천 2백만 원			

ㄱ. 가구합산을 하는 경우, 결혼세(marriage tax)의 문제가 발생한다.
ㄴ. 세율 체계의 누진성, 조세부담의 수평적 형평성, 결혼에 대한 중립성은 동시에 만족될 수 없다.
ㄷ. 결혼세의 문제는 세율체계의 누진성 때문에 발생한다.

① ㄱ　　② ㄱ, ㄴ　　③ ㄱ, ㄷ
④ ㄴ, ㄷ　　⑤ ㄱ, ㄴ, ㄷ

✓ 개인단위로 부담하는 세액에 비해 가구합산 할 때 세액이 훨씬 높다는 것은 결혼으로 두 개인이 하나가 되어 조세부담이 증가하는 소위 결혼벌금(또는 결혼세)의 문제이다. 가구단위로 과세하면 부부소득이 합산되어 과세소득이 증가하는데 세율구조가 누진적이므로 부담세액이 많아질 수 밖에 없다. 답 ⑤

4. 선형소득세수함수의 이해

선형소득세수함수는 X축에서 출발하는 직선형의 세수함수이다. X축에서 출발한다는 것은 일정소득에 달하기까지 세액이 없고 일정소득을 초과하는 부분에만 과세하겠다는 것이다. 최소한의 일정소득은 면제되는 셈이며, X축 절편값은 이런저런 소득공제액의 합계로도 이해할 수 있다. 세수함수 $T=(Y-500)\times 0.2$를 살펴보자.

다시 정리하면 $T=-100+0.2Y$인데 소득이 500에 달하면 납세액이 영(0)이므로 500가지의 소득에 대해서는 세금이 없다는 의미이다. 면제점이 500 또는 각종 소득공제의 합계가 500이라 해석해도 무방하다.

한계세율은 소득과 관계없이 20%로 일정하나 평균세율은 그렇지 않다. 소득이 1,000원이면 납세액은 100원, 소득이 2,000원이면 납세액은 300원이다. 따라서 1,000원 소득일 때 평균세율은 10%, 2,000원 소득일 때 평균세율은 15%이므로 소득이 증가할 때 평균세율이 증가하므로 누진성 조건에 부합된다.

면세점은 다른 요인에 의해 실질적 변화를 가져올 수 있다. 물가상승보다 빠르게 소득이 성장하는 경우 면세점을 그대로 유지하면 실질적으로 면세점이 낮아지는 꼴이므로 면세자의 비율은 낮아질 것이다. 그리고 개인연금저축공제액 확대, 다자녀가정 인적공제 확대조치 등이 수반된다면 면세되는 개인(또는 가구)의 비율은 높아질 것이다.

06 2016

다음과 같은 형태로 운영되는 소득세 과세체계에 관한 설명으로 옳지 않은 것은? (단, 부의 소득세는 고려하지 않는다.)

$$T=(Y-1,000)\times 0.3 \ (T\text{는 세액}, Y\text{는 소득})$$

① 평균세율보다 한계세율이 항상 높다.
② 비례세에 비해 수직적 형평성을 개선하고 있다.
③ 소득공제액은 1000이다.
④ 세액공제액은 300이다.
⑤ 누진세 체계를 가지고 있다.

✓ 세수함수가 $T=-300+0.3Y$이므로 선형누진세수함수이다. 소득(Y)이 1,000이면 납세액이 영(0)이므로 소득공제액은 1,000이다. 한계세율은 30%로 일정하나 중요한 것은 평균세율이다. 소득이 2,000에서 3,000으로 증가할 때 평균세율은 15%$\left(\dfrac{300}{2,000}\right)$에서 20%$\left(\dfrac{600}{3,000}\right)$로 증가하므로 누진세이다. 위 세수함수에서 세액공제는 설명할 수 없다.

답 ④

5. 누진성의 판단/해석

다음에 있는 소득계급구간과 한계세율의 관계를 이용해 누진성여부에 대해 판단할 수 있다. 한계세율과 평균세율의 관계 그리고 소득의 변화에 따른 평균세율의 변화도 살펴볼 수 있다.

소득계급	한계세율
0원 ~1,000만 원 이하	10%
1,000만 원 초과 ~2,000만 원 이하	20%
2,000만 원 초과	30%

첫째, 일단 과세표준이 1,000만 원을 초과하면 누진세효과가 나타난다. 적용되는 한계세율이 10%에서 20%로 상승하기 때문이다. 그리고 평균세율은 같은 세율구간일지라도 소득증가에 따라 상승한다. 소득이 1,200만 원이면 납세액 140만 원, 소득이 1,500만 원이면 납세액은 200만 원이다. 따라서 평균세율은 $\frac{140}{1,200}=11.67\%$에서 $\frac{200}{1,500}=13.33\%$로 상승한다. 위의 표에서 알 수 있듯이 1,200만 원과 1,500만 원은 동일한 세율구간이지만 소득증가에 따라 평균세율이 증가함을 알 수 있다.

둘째, 한계세율이 평균세율보다 높게 나타난다. 소득이 증가할 때 평균세율이 증가하면 누진성 조건이 충족되는데 누진적이면 한계세율이 평균세율보다 높다. 소득이 1,500만 원일 때 한계세율은 20%이나 평균세율은 13.33%인 것을 보면 알 수 있다.

셋째, 최고세율이 적용되는 구간(2,000만 원 초과)에서 소득이 증가할 때 한계세율은 30%로 일정하지만 평균세율은 계속 증가한다. 소득이 3,000만 원이면 납세액은 600만 원, 소득이 4,000만 원이면 납세액은 900만 원이다. 따라서 평균세율은 20%에서 22.5%로 증가한다.

넷째, 개인의 근로의욕에 영향을 미치는 것은 한계세율의 변화이다. 따라서 평균세율이 증가해도 동일한 한계세율이 적용되는 구간이면 근로의욕에 부정적 효과가 커지는 것은 아니다. 소득이 3,000만 원인 사람이나 4,000만 원인 사람 모두 한계세율 30%를 적용받으므로 노동공급의사결정에 동일한 영향을 받는다.

07 2021

소득세율이 소득구간에 따라 0에서 100까지는 10%, 100 초과 200까지는 20%, 200 초과에서는 30%이다. 갑의 총소득 240에서 각종 공제를 한 후 과세가능소득은 180이다. 갑의 한계세율(A)과 실효세율(B)은?

① (A) : 10%, (B) : 약 14.4%
② (A) : 10%, (B) : 약 10.8%
③ (A) : 20%, (B) : 약 10.8%
④ (A) : 20%, (B) : 약 14.4%
⑤ (A) : 30%, (B) : 약 14.4%

✓ 한계세율은 세법상 명목세율을 의미하며 실효세율은 공제이전 총소득에서 납세액이 차지하는 비율을 말한다. 총소득 240, 과세가능소득 180이므로 공제액은 60이다. 180에 대해 누진율을 적용하면, 100까지 10%이므로 10, 100 초과 200까지 20%인데 100을 초과하는 금액이 80이므로 16, 200을 초과하는 금액은 없다. 따라서 갑의 납세액은 26이다. 실효세율은 $\frac{26}{240}$이므로 10.83%, 소득금액 180이 속하는 법정한계세율이 20%이다.

답 ③

08 2021

누진세에 관한 설명으로 옳지 않은 것은?

① 조세회피가 발생할 가능성이 있다.
② 경제적 효율성이 저해될 수 있다.
③ 조세를 소득의 함수로 나타내면 원점을 지나는 선형조세함수의 형태가 된다.
④ 정부로부터 제공받는 서비스의 정도와 관계없이 조세부담을 해야 한다.
⑤ 경기변동 시 자동안정화 기능을 한다.

✓ 누진성을 띠려면 소득이 증가할 때 평균세율이 높아져야 하며 한계세율이 평균세율보다 커야 한다. 누진세율은 실업수당과 함께 자동안정장치의 예이다. 일정한 한계세율이 적용되면 여가의 상대가격이 하락하며 여가소비를 증가시키려는 대체효과가 발생하므로 근로의욕감소의 모습으로 조세회피가 발생한다. 대체효과가 초과부담의 원인이므로 비효율성이 야기되는 것은 물론이다. 선형세수함수가 누진성을 띠려면 X축에서 출발하는 선형이어야 한다. 원점에서 출발하는 선형세수함수는 비례세율이다.

답 ③

09 2017

소득세 구조가 누진적인 경우가 아닌 것은?

① 면세점이 존재하고 선형조세함수일 경우
② 면세점은 없으나 한계세율이 소득에 따라 증가할 경우
③ 세수탄력성이 1보다 클 경우
④ 한계세율과 평균세율이 같을 경우
⑤ 한계세율은 일정하나 평균세율이 소득에 따라 증가할 경우

✓ 면세점이 존재하고 선형세수함수이면 한계세율은 일정하나 누진세율구조이다. 면세점이 없더라도 소득 증가에 따라 한계세율이 체증하면 누진세율구조이다. 누진세율이면 한계세율이 평균세율보다 크며 조세수입의 소득탄력성이 1보다 크다.

답 ④

10 2017

근로소득세율이 다음과 같다고 한다.

구간	근로소득(단위 : 만 원)	세율(%)
(1)	1,200 이하	6
(2)	1,200 초과 ~ 4,600 이하	15
(3)	4,600 초과 ~ 8,800 이하	24
(4)	8,800 초과 ~ 15,000 이하	35
(5)	15,000 초과 ~ 50,000 이하	38
(6)	50,000 초과	40

이 때 구간 3)인 4,600만 원 초과~8,800만 원 이하에 해당하는 세율을 현재의 24%에서 30%로 인상할 경우 다음 중 옳은 것을 모두 고른 것은?

ㄱ. 구간 (1)~(3)에 속하는 사람들의 평균세율이 내려간다.
ㄴ. 구간 (4)~(6)에 속하는 사람들의 노동공급 선택에 왜곡이 발생한다.
ㄷ. 구간 (4)~(6)에 속하는 사람들의 평균세율이 올라간다.

① ㄱ   ② ㄴ   ③ ㄷ
④ ㄱ, ㄴ   ⑤ ㄴ, ㄷ

✓ 구간 1과 2의 소득자의 평균세율에 영향이 없고 구간 3의 소득자의 평균세율엔 영향이 있다. 구간 3을 초과하는 소득자의 근로의욕에 왜곡이 발생할 수 있다. 구간 3 이상 소득자의 납세액이 증가하므로 그들이 평균세율은 올라간다.

답 ⑤

6. 인플레이션과 조세부담

인플레이션은 명목소득을 증가시켜 초과누진세율체계에서 더 높은 한계세율을 적용받게 만들어 실질조세부담을 증가시킨다. 물가상승율만큼 명목소득이 증가하면 조세부담은 그보다 더 높은 비율로 증가하기 때문이다. 누진세율구조에서 물가상승이 더 높은 한계세율을 적용받도록 조정하는 효과는 세율구간상승(bracket creeping)효과라 한다. 소득세율이 비례세율이라면 물가상승율만큼 명목소득이 증가하면 조세부담율 역시 물가상승율과 동일한 비율로 상승하여 실질조세부담에 아무런 변화가 없다.

그러나 법인소득세는 세율이 비례세율일지라도 실질 조세부담이 증가한다. 법인소득세의 경우 납세액을 결정할 때 감가상각을 비용으로 처리한다. 물가가 상승할 때 허용되는 감가상각 규모에 변화가 없으면 실질 감가상각규모가 감소되는 것이다. 따라서 법인세의 경우 비례세율이라 하더라도 감가상각의 실질가치가 감소하므로 실질적으로 조세부담이 증가하게 된다.

11 2020

경제 내 모든 가격이 동일한 율로 인상되는 인플레이션이 발생할 경우, 실질적인 조세부담이 영향을 받지 않는 것은?

① 면세점 이상 구간에 대해서만 단일세율을 적용하는 소득세
② 기업 이윤에 대한 단일세율의 과세
③ 누진적인 개인소득세
④ 누진적인 양도소득세
⑤ 누진적인 재산세

✓ 인플레이션으로 물가가 상승할 때 면세점을 인상하지 않으면 실질적 감면규모가 감소하므로 실질 조세부담이 증가한다. 어떤 조세이든 누진세율이 적용되면 실질 조세부담은 증가한다. 답 ②

12 2018

개인소득세에 대한 설명으로 옳지 않은 것은?

① 헤이그-사이먼스(Haig-Simons)소득은 두 시점 사이에서 발생하는 경제적 능력 순증가의 화폐가치이다.
② 우리나라는 가구단위가 아닌 개인단위로 개인소득세를 과세하고 있다.
③ 감면 총규모를 유지하면서 소득공제를 세액공제로 변경하는 경우 수직적 형평성은 개선된다.
④ 우리나라의 소득세제는 실현주의를 기본 원칙으로 채택하고 있다.
⑤ 누진적인 소득세 하에서 인플레이션은 실질 조세부담을 낮추는 효과를 가진다.

✓ 세액공제는 같은 금액이라면 저소득자에게 유리하다. 누진세제인 경우 인플레이션은 실질 조세부담의 증가를 가져온다. 물가상승율 만큼 명목소득이 증가하면 더 높은 한계세율을 적용받는 세율구간의 상승(bracket creeping) 현상으로 조세부담 증가율이 소득증가율을 앞서기 때문이다.   답 ⑤

13 2017

A국과 B국 모두 개인소득세를 도입하고 있다. A국은 비례세율구조이고, B국은 누진세율구조이다. 명목소득과 물가가 같은 비율로 상승한다고 할 때, 세법이 변화하지 않는 경우에 A국과 B국의 실질조세 징수액은?

① A국, B국 모두 증가한다.
② A국은 감소하나 B국은 증가한다.
③ A국은 증가하나 B국은 감소한다.
④ A국은 변화가 없고 B국은 증가한다.
⑤ A국은 증가하고 B국은 변화가 없다.

✓ 비례세율구조라면 명목소득이 물가상승율과 같이 증가할 때 실질조세부담에 차이가 없다. 그러나 누진세율구조인 경우 명목소득과 물가상승율이 일치하여 실질소득이 불변일지라도 조세부담증가율이 소득증가율보다 커 실질 조세부담이 상승한다.   답 ④

7. 최적탈세모형

탈세모형은 앨링험과 샌드모(Allingham & Sandmo)의 모형이 대표적이다. 개인이 자신의 소득을 신고하면 소득 중 t율로 소득세를 부과한다. 그러나 무작위적 감사를 통해 탈루소득이 파악되면 a율만큼 벌금을 부과한다. 당연히 세율(t)보다 벌금율(a)이 높다. 이들은 적발되지 않을 때 개인의 순소득과 적발되어 벌금을 낼 때의 순소득을 이용하여 기대효용함수를 설정하고 이를 극대화할 수 있는 방법을 설명하고 있다.

첫째, 감사받을 확률이 증가하면 탈루소득이 줄어든다. 감사확률의 증가는 적발확률의 증가로 적발확률의 증가는 탈세의 한계비용(MC)을 높이는 결과를 가져오기 때문이다. 둘째, 벌금률이 증가하면 탈루소득은 감소한다. 벌금률 증가도 탈세의 한계비용 증가요인이므로 탈루소득 감소에 기여할 것으로 예상할 수 있다.

셋째, 세율인상의 효과인데 세율인상은 탈루소득 1원당 한계편익(MB)을 증가시켜 탈루소득 증가에 기여한다. 그런데 앨링험과 샌드모는 대체효과와 소득효과의 상대적 크기에 따라 달라질 수 있다는 견해를 제시한다. 대체효과는 세율인상(한계편익증가)에 따른 대체효과이므로 탈루소득의 증가로 나타난다. 소득효과는 납세자가 절대위험기피체감의 특성을 갖는다고 가정하므로 탈루소득 감소로 나타난다.

절대위험기피 체감이란 소득이 증가할수록 위험부담을 증가시킨다는 것이므로 과세로 인한 소득감소는 위험부담 감소, 즉 탈루소득 감소로 나타난다. 그런데 납세자가 위험기피체감의 특성을 지닐 것인지도 의문이며 설사 그렇다 하더라도 소득효과의 크기가 매우 작을 것으로 기대된다. 따라서 세율인상이 탈루소득의 증가에 기여한다고 믿어도 무방하다.

14 [2020]

탈세와 절세에 관한 설명으로 옳지 않은 것은?

① 절세는 합법적으로 세금을 절약하는 것이다.
② 알링햄-샌드모(M. Allingham & A. Sandmo)에 따르면, 탈세의 편익은 세율로 표현될 수 있으며, 세율이 낮을수록 탈세는 늘어나게 된다.
③ 절대위험기피도가 체감하는 개인은 세율이 오르면 탈루소득의 크기를 줄인다.
④ 탈세로 인한 심리적 비용이 클수록 탈세 규모는 감소한다.
⑤ 알링햄-샌드모에 따르면, 세율을 일정한 수준에서 유지하고 감사확률과 벌금을 적절하게 조절하여 탈세를 방지하는 것이 바람직하다.

✓ 한계세율이 탈세의 한계편익(MB)이므로 세율이 낮아질수록 한계편익이 감소하는 것이므로 탈루소득의 크기는 감소한다. 한계비용(MC)은 감사확률과 벌금액에 의해 결정된다. 절대위험기피체감이란 소득이 증가할 때 위험한 것을 더 가지려한다는 것이므로 세율이 올라 소득이 감소하면 위험보유(탈루소득) 또한 감소한다.

답 ②

15 [2019]

알링햄-샌드모(M. Allingham and A. Sandmo)의 탈세모형에 관한 설명으로 옳지 않은 것은?

① 세율 인상에 따른 대체효과는 탈루소득을 줄이는 방향으로 작용한다.
② 탈세행위는 불법성을 특징으로 한다는 점에서 조세회피와 구별된다.
③ 탈세 방지 수단으로 적발 확률의 증가와 벌금 인상을 고려할 때, 행정비용 측면에서는 높은 벌금의 부과가 바람직하다.
④ 절대위험기피도 체감의 특성을 가진 납세자를 가정한다.
⑤ 탈세행위는 수평적 공평성뿐 아니라 수직적 공평성에도 부정적 효과를 낳는다.

✓ 세율인상은 탈세의 한계편익을 증가시켜 탈루소득의 증가에 기여한다.

답 ①

16 2018

다음 중 탈세에 관한 설명으로 옳지 않은 것은?

① 탈세에 대한 벌금률을 높이면 탈세는 감소한다.
② 세무감사의 확률을 높이면 탈세는 감소한다.
③ 임금소득에 비해 자영업 소득의 탈세율이 높은 경우가 많다.
④ 귀속소득을 보고하지 않아 탈세가 되는 경우가 많다.
⑤ 세율 인상의 대체효과는 탈루소득을 증가시킨다.

✓ 1) 벌금율 인상은 한계비용의 인상이므로 탈루소득을 감소시킨다.
   2) 세무감사확률이 높아지면 발각률이 높아져 한계비용이 인상된다. 따라서 탈루소득은 감소할 것이다.
   3) 근로소득자의 소득탈루는 현실적으로 매우 어렵다.
   4) 귀속소득은 현실적으로 과세대상소득이 아니므로 탈루의 대상이 될 수 없다.
   5) 세율인상은 한계편익의 증가요인이므로 탈루소득의 증가를 가져온다.

답 ④

8. 근로소득세의 노동공급효과

근로소득세는 개인의 근로의욕에 부정적 효과를 미친다. 근로소득에 소득세가 부과되면 시간당 임금율(w)이 하락하여 여가의 상대가격 역시 하락한다. 여가의 상대가격하락은 소득효과와 대체효과를 통해 근로의욕에 영향을 미친다.

대체효과. 여가의 상대가격하락에 따른 대체효과는 여가소비량의 증가, 즉 근로의욕 감소이나, 소득효과를 살펴보려면 정상재/열등재 구분이 필요하다. 여가가 정상재인 경우 소득효과는 여가소비량의 감소, 즉 근로의욕증가로 나타나는 반면 여가가 열등재인 경우 소득과세로 소득감소효과가 나타나면 여가소비량이 오히려 증가하게 되어 근로의욕이 감소한다.

결국 여가가 정상재인 경우 소득세가 근로의욕에 미치는 효과는 소득효과와 대체효과의 상대적 크기에 따라 달라지며 여가가 열등재이면 소득효과와 대체효과 모두 근로의욕 감소이므로 소득세는 반드시 근로의욕감소로 나타난다. 일반적으로 여가가 정상재일 때에도 대체효과가 소득효과보다 클 것으로 예상되므로 소득세는 근로의욕에 부정적인 영향을 미친다.

17 2021

근로소득에 비례소득세를 부과하는 경우 나타나는 효과에 관한 설명으로 옳지 않은 것은? (단, 여가는 정상재이고, 근로소득만 존재한다.)

① 초과부담은 세율이 높아질수록 커진다.
② 노동공급곡선이 우상향이면 시장임금률은 상승한다.
③ 노동공급곡선이 수직이면 전부 근로자에게 귀착된다.
④ 실질소득의 감소로 노동공급을 증가시키려는 소득효과가 나타난다.
⑤ 대체효과와 소득효과가 동일하여 노동공급이 일정하면 순임금률과 시장임금률은 동일하다.

✓ 근로의욕에 부정적인 대체효과와 근로의욕에 긍정적인 소득효과가 동일하면 노동시간에 아무런 변화가 없다. 그러나 시장임금율(w)과 세후 순임금율[$w(1-t)$]이 동일한 것은 아니다. 소득과세로 나타나는 초과부담은 상품과세와 마찬가지로 세율의 제곱에 비례한다.

답 ⑤

18 2018

근로소득세 부과가 노동공급에 미치는 영향으로 옳은 것은?

① 여가가 정상재일 경우, 소득효과와 대체효과 모두 노동공급을 증가시키므로 총 노동공급은 증가한다.
② 여가가 정상재일 경우, 소득효과로 노동공급이 증가하고, 대체효과로 노동공급이 감소하여 총노동공급의 변화는 알 수 없다.
③ 여가가 열등재일 경우, 소득효과와 대체효과 모두 노동공급을 증가시키므로 총 노동공급이 증가한다.
④ 여가가 열등재일 경우 소득효과로 노동공급이 감소라고, 대체효과로 노동공급이 증가하며 총노동공급의 변화는 알 수 없다.
⑤ 여가가 열등재일 경우 소득효과로 노동공급이 증가하고, 대체효과로 노동공급이 감소하여 총노동공급의 변화는 알 수 없다.

✓ 여가가 정상재인 경우 소득세 부과에 따른 소득효과는 노동공급 증가, 대체효과는 노동공급 감소이므로 소득효과와 대체효과의 상대적 크기에 따라 근로의욕효과가 다르게 나타난다. 여가가 열등재이면 대체효과는 근로의욕감소로 동일하지만 소득효과가 여가가 정상재일 때와 반대, 즉 근로의욕감소로 나타난다. 따라서 여가가 열등재이면 소득효과와 대체효과 모두 근로의욕감소이므로 근로의욕은 반드시 감소한다.

답 ②

19 [2017]

근로소득세 부과가 노동시장에 미치는 효과에 관한 설명으로 옳은 것은?

① 여가가 정상재일 경우 임금변화에 따른 소득효과가 대체효과보다 작다면 후방굴절형 노동공급곡선이 될 것이다.
② 여가가 열등재일 경우 비례소득세를 부과하면 노동공급량은 감소한다.
③ 여가가 정상재일 경우 비례소득세를 부과하면 대체효과는 노동공급을 늘리는 방향으로 작용하고 소득효과는 노동공급을 줄이는 방향으로 작용한다.
④ 여가가 정상재일 경우 누진소득세 부과가 노동공급에 미치는 영향은 비례소득세부과와 유사하지만 고소득자에게 유리하다.
⑤ 여가가 정상재일 경우 선형누진소득세의 평균세율이 비례소득세와 동일하다면 노동공급에 미치는 효과는 동일하다.

✓ 1) 여가가 정상재일 때 대체효과가 소득효과보다 크면 우상향하는 노동공급곡선, 소득효과가 대체효과보다 크면 후방굴절하는 노동공급곡선이다.
2) 여가가 열등재이면 근로소득세의 대체효과는 근로의욕 감소, 소득효과 역시 근로의욕 감소이다.
3) 여가가 정상재일 때 대체효과는 근로의욕 감소, 소득효과는 근로의욕 증가에 각각 기여한다.
4) 여가가 정상재일 때 누진소득세부과는 비례소득세에 비해 대체효과가 크므로 근로의욕에 더욱 부정적이다. 고소득자일수록 조세부담이 많아지므로 불리하다.
5) 근로의욕에 영향을 미치는 것은 한계세율이므로 동일한 부담을 전제해도 선형누진세의 한계세율이 크므로 근로의욕에 부정적이다.

답 ②

20 [2016]

근로소득세가 노동공급에 미치는 영향으로 옳은 것은?

① 여가가 정상재일 때, 비례소득세 부과로 인한 대체효과가 소득효과보다 크면 노동공급은 늘어난다.
② 여가가 정상재일 때, 비례소득세와 동일한 조세수입을 가져다주는 비왜곡적인 정액세를 부과하는 경우 노동공급에 미치는 효과는 동일하다.
③ 여가가 열등재일 때, 비례소득세 부과로 인한 대체효과가 소득효과보다 크면 노동공급은 늘어난다.
④ 여가가 열등재일 때, 비례소득세와 동일한 조세수입을 가져다주는 비왜곡적인 정액세를 부과하는 경우 노동공급에 미치는 효과는 동일하다.
⑤ 여가가 열등재일 때, 비왜곡적인 정액세를 부과하는 경우 소득효과만 존재하여 노동공급은 감소한다.

✓ 여가가 열등재이면 비례소득세부과로 인한 대체효과는 동일(근로의욕 감소)한데 소득효과는 여가가 정상재인 경우(근로의욕 증가)와 반대이다. 여가가 열등재일 때 소득효과는 대체효과와 함께 근로의욕 감소이다. 따라서 여가가 열등재일 때 정액세가 부과된다면 소득효과만 나타나며, 소득효과는 근로의욕 감소이다.

답 ⑤

9. 후방굴절노동공급곡선

X축에 노동시간, Y축에 시간당 임금율을 두고 노동공급곡선을 그리는데 노동공급곡선이 우상향하면 시간당 임금율이 증가할 때 노동시간이 늘어난다. 반대로 소득과세로 시간당 임금율이 하락하면 노동시간이 감소한다. 과세 이후 소득효과와 대체효과가 동시에 나타났는데 대체효과가 소득효과보다 컸기 때문이다.

노동공급곡선이 후방으로 굴절되는 구간에서는 임금율 상승에 따라 노동시간이 감소한다. 후방굴절구간에서 소득세가 부과되면 과세 후 임금율 하락으로 노동시간이 증가한다. 소득과세로 근로의욕이 증가한 이유는 소득효과가 대체효과보다 크기 때문이다.

21 [2017]

임금이 상승할 때 처음에는 우상향하다가 일정 임금 수준 이상에서 후방굴절형태를 갖는 노동공급곡선과 관련된 설명으로 옳은 것은? (단, 여가는 정상재라 가정한다.)

① 후방굴절 구간에서는 대체효과가 소득효과보다 크다.
② 임금과 노동공급이 정(+)의 관계인 구간에서는 근로소득세를 증가시키면 노동공급은 증가한다.
③ 후방굴절 구간에서 근로소득세를 증가시키면 노동공급은 증가한다.
④ 근로소득세 과세는 초과부담을 초래하지 않는다.
⑤ 근로소득세 납부 후 임금율은 상승한다.

✓소득효과가 대체효과보다 크면 노동공급곡선은 후방굴절한다. 임금율 상승이 노동시간을 줄이고 임금율 하락이 노동시간을 증가시키는 모습이다. 후방굴절 노동공급곡선을 가정할 때 근로소득세가 부과되면 순임금율이 하락하므로 노동시간이 늘어난다.   답 ③

10. 이자소득세의 효과

소득세가 저축에 미치는 효과도 소득효과와 대체효과의 상대적 크기를 통해 할 수 있다. 그런데 현재소비를 기준으로 판단할 때, 미래소비를 기준으로 판단할 때 조금 다른 결과가 나타나므로 유의해야 한다.

첫째, 현재소비를 기준으로 판단하면, 소득세 부과로 세후 이자율이 낮아지면 현재소비의 상대가격이 하락한다. 상대가격 하락에 따른 대체효과는 현재소비량의 증가, 즉 저축의욕 감소이다. 소득효과는 소득과세로 인한 소득감소효과는 현재소비 감소이므로 저축의욕 증가로 나타난다. 결국 소득효과와 대체효과의 상대적 크기에 따라 달라진다.

둘째, 미래소비를 기준으로 판단하면 조금 다르다. 소득세 부과 이후 미래소비의 상대가격은 상승한다. 현재소비의 상대가격 하락은 미래소비의 상대가격 증가와 같은 의미이다. 따라서 대체효과는 미래소비의 감소, 즉 저축의욕 감소로 나타난다. 소득감소효과(소득효과) 역시 미래소비 감소로 나타나 저축의욕에 부정적으로 작용한다. 이자소득과세 이후 소득효과 및 대체효과 모두 저축의욕에 부정적임을 일 수 있다.

22 [2020]

피셔(I. Fisher)의 시점간 자원배분 모형에서 이자소득세에 관한 설명으로 옳은 것은?(단, 현재소비와 미래소비는 둘 다 정상재이다.)

① 미래소비는 감소하게 된다.
② 저축은 반드시 감소한다.
③ 현재소비에 대한 대체효과는 현재소비를 감소시킨다.
④ 현재소비에 대한 소득효과는 현재소비를 증가시킨다.
⑤ 이자소득세를 부과하면 현재소비의 상대가격이 높아진다.

✓ 이자소득에 과세하면 현재소비의 상대가격은 하락하고 반면 미래소비의 상대가격은 상승한다. 현재소비의 가격하락으로 대체효과는 현재소비 증가(=저축의욕 감소), 소득효과는 현재소비 감소(=저축의욕 증가)로 나타난다. 미래소비의 상대가격이 상승하므로 대체효과는 미래소비 감소, 소득효과 역시 미래소비의 감소로 나타난다. 소득효과와 대체효과 모두 미래소비를 감소시키는 힘으로 작용한다. 🔖 ①

23 [2018]

이자소득세 부과의 효과로 옳지 않은 것은? (단, 현재소비와 미래소비는 모두 정상재이다.)

① 이자소득세 부과 시 민간저축과 정부저축의 합은 그 변화를 알 수 없다.
② 이자소득세가 부과되면 미래소비의 가격이 상승하는 효과를 가진다.
③ 이자소득세 부과 시 민간저축은 증가할 수도 감소할 수도 있다.
④ 이자소득세 부과 시 현재소비는 대체효과에 의해 증가하고 소득효과에 의해 감소한다.
⑤ 이자소득세 부과 시 미래소비에 주는 영향은 대체효과와 소득효과로 나눠지는데 이를 두 효과는 서로 반대 방향으로 작동한다.

☑ 1) 소득효과와 대체효과의 상대적 크기를 따져 저축에 미치는 영향을 논하는데, 이때 저축은 민간저축이다.
  2) 이자소득에 과세되면 현재소비 상대가격 하락, 미래소비의 상대가격은 상승한다.
  3) 이자소득세가 저축에 미치는 효과는 소득효과와 대체효과의 상대적 크기에 따라 다르다.
  4) 대체효과는 현재소비 증가(저축의욕 감소), 소득효과는 현재소비 감소(저축의욕 증가)이다.
  5) 이자소득세가 미래소비에 미치는 영향은 명확하다. 미래소비의 상대가격 상승으로 미래소비 감소하는 대체효과와 조세부과 후 실질소득이 감소하여 미래소비가 감소하는 소득효과가 나타나므로 대체효과와 소득효과의 방향은 동일하며 따라서 미래소비는 반드시 감소한다.

답 ⑤

11. 인플레이션과 실질이자율

인플레이션은 이자소득자에게 어떤 영향을 미칠까? 저축을 하면 이자소득이 있고 이자소득이 있으면 소득세가 부과된다. 지난해에 비해 물가가 3% 인상되었다고 하자. 은행에서 제시한 명목이자율은 5%이고 정부가 부과하는 이자소득세율은 20%라고 하자. 인플레이션이 이자소득자의 실질소득과 이자소득에 미치는 영향을 살펴보면 다음과 같다.

저축하고 이자소득 5%를 받았어도 물가가 3% 인상되었다면 실질 이자소득은 2%(5%−3%)에 불과하다. 물가상승이 실질소득을 감소시키기 때문이다. 정부가 부과하는 세금은 명목이자율을 기준으로 부과하므로 조세부담은 1%(5%×20%)이다. 결국 실질 이자소득은 2%에서 세금 1%를 차감한 1%에 불과한 것이다. 결국 물가상승으로 저축자의 실질이자수익율은 5%가 아니라 1%로 감소되었음을 알 수 있다.

24 [2017]

인플레이션율이 3%, 명목이자율이 5%일 경우 20%의 이자소득세율이 적용된다면 납세 후 실질수익율은?

① 1%   ② 2%   ③ 3%
④ 4%   ⑤ 5%

✓ 명목이자율이 5%인데 물가상승율이 3%라면 실질이자율은 2%이다. 이자소득세는 명목이자를 기준으로 과세하므로 이자소득세 부담은 1%(5%*20%)이다. 따라서 소득세 공제 이후 실질이자소득은 1%에 불과하다.

답 ①

12. 위험자산보유에 미치는 영향

소득세가 위험부담행위에 영향을 미치는 영향 역시 소득효과 및 대체효과를 통해 살펴볼 수 있다. 위험이 내재된 자산(예 주식)보유로부터 소득이 발생하면 이 중 일정비율을 소득세로 징수하는 것이므로 수익률이 감소된다. 수익률감소에 따른 대체효과는 위험보유자산의 비율을 낮추는 것이다. 즉 위험이 있는 자산의 수익이 낮아지므로 보유량을 줄이는 것이다.

소득효과는 위험부담행위의 소득탄력성$\left(\dfrac{\text{위험보유변화율}}{\text{소득변화율}}\right)$에 따라 달리진다. 탄력성 값이 양(+)이면 소득이 증가할 때 위험자산보유를 증가시킨다는 의미하므로 소득과세로 수익이 낮아지면 위험자산의 보유비율은 감소한다. 탄력성 값이 음(-)이면 소득이 증가할 때 위험자산의 보유를 감소시키는 것이므로 소득세로 수익률이 감소하면 위험자산의 보유비율은 증가한다. 결국 위험부담행위의 소득탄력성이 양(+)이면 소득효과가 위험보유비율 감소, 위험부담행위의 소득탄력성이 음(-)이면 소득효과는 위험보유비율의 증가이다.

따라서 위험보유의 소득탄력성이 양(+)이면 소득효과와 대체효과 모두 위험보유비율의 감소이므로 소득세가 위험자산의 보유비율을 감소시키는 효과를 갖는다. 위험보유비율의 소득탄력성이 음(-)이면 소득효과는 위험보유 증가, 대체효과는 위험보유 감소이므로 소득효과와 대체효과의 상대적 크기에 따라 달라진다.

25 2021

투자자들이 자산유형별로 상이한 위험과 기대수익률을 고려하여 수익률을 극대화하도록 자산을 구성한다고 한다. 투자의 안전성이 정상재이고 투자자의 위험회피도가 체증적인 경우, 수익에 대한 비례소득세 부과가 투자자의 자산구성에 미치는 효과에 관한 설명으로 옳은 것은?

① 기대수익률이 하락하여 안전성에 대한 기회비용이 증가함으로써, 위험자산의 비중은 작아진다.
② 완전손실상계제도가 있는 경우, 위험자산의 비중은 커진다.
③ 완전손실상계제도가 있는 경우, 투자 수익과는 달리 손실에 대해 정부와 투자자가 공동부담하도록 한다.
④ 손실상계제도를 전혀 허용하지 않는 경우, 위험자산의 비중에는 영향이 없다.
⑤ 손실상계제도를 전혀 허용하지 않는 경우, 소득효과가 대체효과보다 큰 경우에 한해 위험자산의 비중은 감소한다.

✓ 위험자산의 수익에 대한 과세가 위험보유에 미치는 영향은 소득효과와 대체효과의 상대적 크기에 의존한다. 과세로 수익률이 감소하므로 위험보유를 적게 하는 것이 대체효과, 과세로 실질소득이 줄어 위험보유를 더 하는 것이 소득효과(위험기피도 체증의 경우)이기 때문이다. 완전손실차감제도가 있으면 수익은 물론 손실까지 정부가 공동부담하므로 위험보유비중은 반드시 증가한다. 답 ②

26 2016

안전자산과 위험자산으로 구성되어 있는 경제에서 안전자산의 수익률은 0이며, 개인은 수익극대화를 추구한다. 위험자산에 비례소득세를 부과하고 손실 보상을 전혀 해주지 않는 경우의 설명으로 옳은 것은?

① 위험부담 행위의 소득탄력성이 양이면, 소득효과는 위험자산에 대한 투자를 줄이고 대체효과는 위험자산에 대한 투자를 늘려 총효과는 불확실하다.
② 위험부담 행위의 소득탄력성이 음이면, 소득효과와 대체효과 모두 위험자산에 대한 투자를 늘린다.
③ 위험부담 행위의 소득탄력성이 양이면, 소득효과와 대체효과 모두 위험자산에 대한 투자를 줄인다.
④ 위험부담 행위의 소득탄력성이 음이면, 소득효과와 대체효과 모두 위험자산에 대한 투자를 줄인다.
⑤ 위험부담 행위의 소득탄력성이 양이면 소득효과와 대체효과가 발생하지 않아 위험자산에 대한 투자는 불변이다.

✓ 1) 위험부담행위의 소득탄력성이 양(+)인 경우 소득효과는 위험부담행위 감소, 대체효과 역시 위험부담행위 감소이다.
  2) 위험부담행위의 소득탄력성이 음(−)인 경우 소득효과는 위험부담행위 증가, 대체효과는 위험부담행위 감소이다. 답 ③

13 법인소득세

1. 법인세 : 과세대상과 세율

　법인소득세는 법인의 이윤에 대해 부과하는 세금이다. 개인이 아닌 법인을 기준으로 과세하는데 법인이 벌어들인 금액을 기준으로 하기에 소득과세의 일종이다. 우리나라 법인세의 과세대상은 법인이윤과 청산소득 그리고 부동산 양도차익까지 포함한다. 순이윤에 대한 조세이므로 이윤획득에 필요한 경비는 비용 처리되므로 과세대상에서 제외된다. 금융기관의 차입이 많은 법인은 지급 이자비용이 많아 과세대상이 작아지며 따라서 세금을 납부할 때 이득을 보게 된다. 기업의 재무구조를 악화시킨다는 비판을 받는 이유이기도 하다.

　우리나라의 경우 과세대상 이윤이 2억 원 이하일 때 2%, 2억 원 초과 200억 원 이하이면 20%, 200억 원 초과 3,000억 원 이하에 22%, 3,000억 원을 초과하는 법인은 25%의 최고한계세율을 적용받는다. 개인소득세와 같이 초과누진세율구조이다.

　법인실재설에 입각 법인세가 부과되므로 동일소득에 대한 이중과세의 문제가 야기된다. 기업의 활동결과 얻은 이윤에 대해 법인세를 부과하고 이를 주주에게 배당할 때 다시 소득세가 부과되기 때문이다. 이중과세의 문제를 해결할 목적으로 배당세액공제제도가 있는데 이는 배당부분에 대한 이중과세만 조정하는 것이므로 완전한 조정은 아니다.

01　2018

조세에 관한 설명으로 옳지 않은 것은?

① 법인세의 과세대상은 법인 이윤과 배당 소득이다.
② 부가가치세의 면세제도는 형평성을 증진시키는 효과가 있다.
③ 직접세의 예로 소득세, 간접세의 예로 부가가치세를 들 수 있다.
④ 소득세는 노동과 여가의 선택에 대해서 중립적으로 작용하지 않는다.
⑤ 부가가치세는 직접세에 비해 조세 저항이 낮아 세수확보에 유리하다.

✓ 법인소득세의 과세대상은 이윤, 청산소득 그리고 부동산 양도차익이다. 기업은 생산활동 결과 얻은 이윤을 주주에게 배당으로 지급하고 나머지는 사내에 유보한다.　　답 ①

2. 법인세의 전가/귀착

법인세는 조세구분상 직접세에 해당되므로 법적 부담자와 경제적 부담자가 같아야 한다. 즉 자본소유자가 실제 부담을 해야 한다. 그러나 법인세의 전가에 대해서는 여러 가지 견해가 존재하는데 이들을 열거하면 다음과 같다.

첫째, 법인세를 자본과세로 간주하는 경우이다. 단기에는 자본공급이 고정되어 있으므로 자본소유자가 전액 부담한다. 하지만 고려대상이 장기이면 자본공급이 가변적이므로 조세부담이 자본의 사용자에게 일부 또는 전부 전가될 수 있다.

둘째, 자본의 이동이 국내로 한정되면 법인세 부담은 자본소유자에게 귀착될 가능성이 높다. 하지만 자본이 이동이 자유로울수록(해외로 이전될 가능성) 자본소유자가 조세부담을 회피할 가능성이 높아진다.

셋째, 법인세를 경제적 이윤세로 간주하는 경우이다. 경제적 이윤세가 되려면 공제되는 비용이 경제적 비용이어야 한다. 감가상각비용은 경제적 상각비용과 일치하여야 하고 이자비용을 공제할 때 타인자본에 대한 지급이자는 물론 자기자본에 대한 귀속이자까지 정확히 공제되어야 한다. 이렇게 된다면, 즉 경제적 이윤에 과세된다면 생산량이나 소비자가격에 아무런 변화가 나타나지 않으므로 전액 자본소유자의 부담으로 귀착된다. 더 중요한 것은 법인세가 경제적 이윤세라면 과세에 따른 왜곡이 일체 없다는 점이다.

3. 법인세와 소득세의 통합

법인세는 법인이윤을 기준으로 법인과세 하고 세후 이윤 중 주주에게 배당이 이루어질 때 소득세를 부과하므로 이중과세의 문제가 있다. 이중과세의 조정은 당연한 것이며 크게 완전조정방식과 부분조정방식 두 가지로 구분할 수 있다.

첫째, 완전통합방식은 조합방식과 자본이득방식이 있다. 조합방식은 법인의 주주를 조합원으로 간주, 모든 이윤(사내유보나 배당 구분 없이)을 주주에게 귀속시킨 뒤 개인소득세 하나만 부과하자는 것이다. 자본이득방식은 개인소득세의 과세대상에 자본이득까지 포함시켜 이중과세를 해결하자는 것이다. 법인이윤이 주주에게 배당되면 개인소득세를 부과하고 사내유보된 부분은 주식가치 상승에 기여할 것이다. 따라서 주식가치상승과 같은 자본이득도 소득과세 대상에 포함된다면 개인소득세 하나만으로 이중과세의 완전한 조정이 가능하다.

둘째, 불완전한 조정방식으로 배당세액공제방식과 차등세율제도가 있다. 배당세액공제방식은 귀속방식의 현실 적용의 예이며 개인소득세를 납부할 때 산출세액에서 일정액을 공제하는 방식이다. 과세대상 종합소득에 배당소득이 합산되어 있으면 귀속법인세액(배당소득금액의 19% 가량)을 종합소득세액에서 공제하는 것이다.

차등세율제도란 사내유보와 배당에 각기 다른 법인세율을 적용하라는 것이다. 차후 소득세가 부과될 배당부분에 대해 낮은 법인세율을 적용하고 그렇지 않은 사내유보부분에 대해서는 정상적인 법인세율을 적용하자는 것이다. 차등세율의 경우 사내유보에 상대적으로 높은 세율이 적용되어 기업저축인 사내유보에 부정적인 영향을 미칠 수 있다. 기업저축의 감소는 민간투자감소 나아가 경제성장의 지체로 연결될 수 있다.

02 2021

법인세와 소득세를 통합하는 방식 중 완전통합방식에 해당하는 것은?

① 자본이득방식(capital gains method)
② 법인방식(corporation method)
③ 귀속제도(imputation system)
④ 차등세율제도(split rate system)
⑤ 배당세액공제제도(dividend gross-up method)

☑ 완전통합방식, 즉 법인소득세를 없애고 개인소득세 하나만으로 운영하는 경우로 자본이득방식과 조합방식 두 가지가 있다. 우리나라의 배당세액공제제도는 귀속방식에 해당되며 배당분에 해당되는 법인세액만 조정하는 것이다. 차등세율제도 역시 배당부분에 상대적으로 낮은 법인세율을 적용하자는 소득적인 부분 조정방식이다.

답 ①

03 2018

법인세와 소득세의 통합에 관한 설명으로 옳은 것을 모두 고른 것은?

ㄱ. 조합방식(partnership method) : 완전통합으로 배당이나 사내유보를 구분하지 않고 개인소득세로 부과하는 방식이다.
ㄴ. 자본이득방식(capital gains method) : 완전통합으로 법인소득 중 배당되는 부분은 개인소득으로, 사내유보는 자본이득으로 과세하는 방식이다.
ㄷ. 배당세액공제제도(dividend gross-up method) : 부분통합으로 법인의 모든 이윤에 과세한 후, 이중과세를 피하기 위하여 법인세 과세분 전체를 개인소득세에서 세액공제하는 방식이다.
ㄹ. 차등세율제도(split rate system) : 부분통합으로 법인의 이윤 중 배당된 부분에 대해서는 사내유보가 되는 부분보다 더 낮은 법인세율을 적용해 주는 방식이다.

① ㄱ, ㄹ
② ㄴ, ㄷ
③ ㄱ, ㄴ, ㄹ
④ ㄴ, ㄷ, ㄹ
⑤ ㄱ, ㄴ, ㄷ, ㄹ

✓ 완전통합방식으로 조합방식과 자본이득방식이 있고 부분통합방식으로 배당세액공제제도와 차등세율제도가 있다. 배당세액공제제도는 법인세를 부과할 때 모든 이윤을 기준으로 과세한 뒤, 개인소득세를 부과할 때 배당부분에 해당하는 법인세액을 개인소득세 산출세액에서 공제하는 방식이다. 답 ③

4. 법인세와 기업투자

법인세가 기업의 투자에 긍정적으로 작용할리 만무하다. 기업이 얻은 수익 중 일부를 세금으로 징수하니 기업 입장에서는 투자의욕이 감소할 것이기 때문이다. 그러나 이를 방지하기 위해 기업이 이윤획득을 위해 필수적인 부분을 비용으로 인정하면 법인세부담이 작아지고 나아가 기업투자에 긍정적 유인이 될 수 있다. 법인세의 투자효과분석을 위한 모형으로 조르겐슨(Jorgenson)의 사용자비용이 핵심적이다. 사용자비용을 중심으로 투자효과에 대한 논의를 살펴보면 다음과 같다.

첫째, 사용자비용은 기업이 자본재의 구입 및 보유에 따른 기회비용을 의미하며 감가상각비용과 이자비용으로 구분된다. 사용자비용이 인하되면 기업의 투자의욕이 증가할 것이므로 세법상 이자비용 및 감가상각비용에 대해 비용처리하면 기업입장에서 법인세부담이 낮아지고 따라서 투자의욕이 증가할 것이란 내용이다.

둘째, 현실적으로 법인세법을 보면 이자비용이나 감가상각비용 이외에도 가속상각의 허용, 투제세액공제, 조세부담의 유예, 각종 비과세 감면조치 등을 통해 기업투자 촉진을 모색하고 있다. 기업에게 지나치게 많은 혜택을 준다는 비판이 있을 정도이다.

셋째, 중립적 법인과세에 대한 논의도 있는데 이들은 경제적 비용의 정확한 공제에 초점을 맞춘다. 감가상각을 허용할 때 진정한 잔존가치변화를 반영하자는 것이며, 이자비용을 공제할 때 타인자본에 대한 지급이자 뿐 아니라 자기자본에 대한 귀속이자까지 공제하자는 것이다. 다른 한 가지는 이자비용공제는 일체 허용하지 않고 감가상각공제를 할 때 자본재 구입 즉시 전액을 감가상각하자는 것이다.

넷째, 법인세의 투자효과를 분석하는 가늠자로 토빈-q와 한계실효세율이란 개념이 있다. 토빈-q란 '$\frac{\text{시장평가가치}}{\text{자본재 대체비용}}$'이므로 자본재의 대체비용이 클수록 투자에 부정적이다. 가속상각이나 이자비용공제 등은 기업의 자본재 대체비용을 낮추어 투자에 긍정적이다. 자본의 한계실효세율이란 '$\frac{(\text{세전수익률}-\text{세후수익률})}{\text{세전수익률}}$'이며 법인세법상 기업에 대한 우대(또는 혜택)가 많을수록 세전수익률과 세후수익률의 격차가 작아질 것이므로 한계실효세율 값이 작을수록 기업투자에 긍정적이다.

04 2021

조겐슨(D. Jorgenson)의 신고전학파 투자이론에 관한 설명으로 옳지 않은 것은?

① 중요한 투자결정요인은 자본의 사용자비용이다.
② 자본의 사용자비용이 낮아지면 투자는 늘어난다.
③ 자본의 사용자비용에는 포기된 다른 투자로 인한 기회비용도 포함된다.
④ 자본재 구입비용은 즉시 비용처리하고, 지급이자에 대한 비용공제는 허용하지 않는 경우 법인세는 투자에 중립적이다.
⑤ 자기자본의 귀속이자비용이 공제되지 않아도, 차입금에 대한 이자공제가 허용되고 세법상 감가상각률과 경제적 감가상각률이 일치하면 법인세는 투자에 영향을 미치지 않는다.

✓ 기업의 투자의사결정에서 중요한 역할을 하는 것은 자본의 사용자비용이며 사용자비용이 낮아질수록 기업투자에 긍정적이다. 사용자비용에 변화가 없는 중립적 법인과세의 방법은 다음과 같다. 첫째, 자본재구입비용은 즉시 경비처리하고 이자관련비용은 일체 공제하지 않는다. 둘째, 타인자본에 대한 이자비용은 물론 자기자본의 귀속이자비용까지 모두 공제하고 세법상 감가상각률을 진정한 상각률과 일치시키는 방법이다.

답 ⑤

05 2020

법인세 과세표준 계산 시 타인자본에 대한 이자지불액만 공제된다고 하자. 이러한 과세방식으로 인한 법인의 의사결정에 관한 설명으로 옳은 것은?

① 자기자본에 비해 차입을 선호한다.
② 배당금에 비해 사내유보를 선호한다.
③ 회사채 발행을 기피한다.
④ 현금자산 보유를 기피한다.
⑤ 부동산 보유를 기피한다.

✓ 타인자본에 대한 이자지불액은 공제해주고 자기자본에 대한 귀속이자가 공제되지 않는다면 기업은 조세부담을 줄이기 위해 차입을 통해 자본을 조달하려 할 것이다.

답 ①

06 2019

조세와 기업의 투자에 관한 설명으로 옳지 않은 것은?

① 신고전과 투자이론에 따르면 자본의 사용자 비용이 적을수록 투자가 증가한다.
② 자본스톡의 사용자비용탄력성이 클수록 조세정책이 기업의 투자에 미치는 영향이 크다.
③ 토빈의 q이론에 따를 경우, 자본의 대체비용이 클수록 투자가 줄어든다.
④ 자본의 사용자 비용과 관련된 한계실효세율 측정은 세전수익률을 세후수익률로 나누어서 구할 수 있다.
⑤ 투자를 촉진하기 위한 방법으로는 가속상각제도의 채택, 투자세액공제 허용 등이 있다.

✓ 한계실효세율이란 $\dfrac{(세전수익률-세후수익률)}{세전수익률}$ 로 측정한다. 토빈 q는 자본의 대체비용에서 자본의 시장평가가 차지하는 비율 $\left(\dfrac{시장평가가치}{대체비용}\right)$ 이므로 1보다 커야 투자촉진을 기대할 수 있다. 답 ④

07 2018

법인세에 관한 설명으로 옳지 않은 것은?

① 경제적 이윤에 대한 과세하는 형태의 법인세는 기업의 생산 결정을 왜곡하지 않는다.
② 법인세 부과로 인해 법인소득 단계와 개인소득 단계에서 이중 과세하는 문제가 발생한다.
③ 우리나라의 법인세율은 여러 세율로 구성된 누진구조로 되어 있다.
④ 타인자본에 대해서만 이자비용 공제를 허용하는 법인세는 투자재원 조달 방식에 왜곡을 가져오지 않는다.
⑤ 국가 간의 조세경쟁이 존재하는 경우 투자를 유치하기 위해 각국은 법인세율을 낮춘다.

✓ 1) 법인세가 경제적 이윤세라면 과세 이후 생산량과 가격에 영향이 없다.
  2) 법인세는 법인과세 이후 주주에게 배당되는 부분에 개인소득세가 부과되므로 이중과세의 문제가 있다.
  3) 우리나라 법인세율은 2%에서 25%까지 초과누진세율이 적용된다.
  4) 자기자본에 대한 귀속이자는 공제하지 않고 타인자본에 대해서만 이자비용공제가 허용되면 투자재원 조달에 있어 타인자본을 우대하는 왜곡이 발생된다.
  5) 국가간 조세경쟁은 각국의 법인세율 인하 요인이 된다. 답 ④

08 [2017]

어떤 기업이 자본재에 투자하려고 한다. 이 때 첫 해에 이 투자에 대해 전액 감가상각을 허용하는 경우(A)와 이자비용의 손금처리를 부인하는 경우(B)로 구분할 때, A와 B가 각각 이 투자에 미치는 영향은?

① A : 투자촉진, B : 투자촉진
② A : 투자촉진, B : 투자위축
③ A : 투자위축, B : 투자촉진
④ A : 투자불변, B : 투자불변
⑤ A : 투자불변, B : 투자위축

◎ 전액감가상각(완전상각)하는 경우 사용자비용이 인하되므로 투자촉진효과, 이자비용을 손금으로 처리하지 않으면 사용자비용이 하락되지 못하므로 기업투자에 부정적이다. 답 ②

5. 기타 : 인플레이션 및 M-M정리

인플레이션이 법인세에 미치는 영향은 다양하다. 우선 인플레이션으로 감가상각공제의 실질가치가 떨어지며 감가상각의 실질가치가 낮아지면 법인세부담이 높아진다. 인플레이션으로 자본재가격이 상승하는데 자본재 가격상승이 감가상각비용에 충분히 반영되지 않으면 불리하게 작용한다. 재고자산평가에서 선입선출법에 의존하면 물가상승 이후 늦게 편입된 자산의 명목가치가 높아지므로 기업의 부담은 더욱 증가한다. 반면 부채를 얻어 자본재를 구입하는 경우 실질 부담이 감소될 가능성이 있다.

기업에게 '어느 정도의 부채비율이 최적인가?', '이윤 중 어느 정도의 비율로 주주에게 배당하는 것이 좋을까?' 등이 관심사이었다. 그런데 모딜리아니와 밀러에 의하면 기업의 가치를 극대화하는 최적자본구조는 존재하지 않는다. 부채-자본 비율의 크기와 기업가치 사이에 아무런 영향이 없다는 것이다. 한편 현실적으로 배당을 많이 하는 기업이 훨씬 유리할 것으로 판단되는데 이들은 기업의 배당정책 역시 기업가치에 아무 영향을 미치지 않는다는 것이다.

09 2019

법인세에 관한 설명으로 옳지 않은 것은?

① 우리나라 법인세 제도에서는 기업의 부채가 클수록 법인세 부담이 줄어든다.
② 모딜리아니-밀러(F. Modigliani and M. Miller)의 제1명제는 기업 가치 극대화를 위한 최적 자본구조가 존재하지 않는다는 것이다.
③ 우리나라의 현행 법인세 법정 최고 세율은 25%이다.
④ 인플레이션에 의해 감가상각공제의 실질가치가 떨어지면 법인세 부담이 가벼워진다.
⑤ 소득세와 법인세의 통합은 효율성뿐 아니라 공평성의 차원에서도 논의된다.

✓세법상 감가상각의 크기가 불변인 상태에서 인플레이션이 야기되면 감가상각금액의 실질가치가 감소한다. 이는 과세대상이윤의 확대와 동일한 의미이므로 기업의 조세부담이 증가한다. 🗒 ④

14 소비세

1. 개별물품세의 가격효과

특정 재화에 과세하는 개별물품세는 조세수입확보 목적보다 개별재화소비의 규제를 목적으로 한다. 과세 이후 소비자가격이 상승하면 수요량이 감소할 것이기 때문에 규제효과가 크게 나타나려면 해당 재화수요의 가격탄력성이 커야 한다.

다양한 재화 중 특정 재화에 과세하므로 상대가격의 변화를 가져오며 따라서 가격효과가 유발된다. 가격효과는 소득효과와 대체효과로 구분되는데 대체효과는 정상재와 열등재 모두 과세로 인한 가격상승의 결과 수요량이 감소한다. 소득효과의 경우 정상재와 열등재에 따라 달리 나타나는데 정상재의 경우 개별물품과세(=소득감소효과)의 소득효과는 수요량의 감소이며 열등재의 경우 과세로 소득이 감소하면 소득효과에 의해 수요량이 증가한다.

따라서 한 재화가 정상재이면 과세 이후 소득효과와 대체효과 모두 수요량 감소 효과이므로 반드시 수요량이 감소하지만, 열등재인 경우 소득효과는 수요량 증가 대체효과는 수요량 감소이므로 소득효과와 대체효과의 상대적 크기에 따라 수요량 증감여부가 결정된다.

2. 간이과세자

간이과세자는 매입세액공제법에 의해 납세액이 결정되는 일반과세자와 달리 업종별 매출액에 부가가치율을 곱한 금액의 10%만을 납부한다. 2020년까지 간이과세자의 요건이 연간 매출액 4,800만 원이었으나 2021년부터 연간매출액 8,000만 원 이하이면 간이과세자에 해당된다. 업종별 부가가치율을 보면 종전에는 5%에서 30%이었으나 2021년 이후 부가가치율이 조정되어 15%에서 40%까지 설정되어 있다. 따라서 간이과세자의 조세부담이 그만큼 늘어날 것으로 예상된다.

그리고 과거에는 연간 매출액이 3,000만 원 미만인 경우 부가가치세 납부의무면제자에 해당되었으나 2021년 이후 연간매출액 4,800만 원 이하이면 납부의무가 면제된다. 간이과세자의 적용요건이 연간매출액 4,800만 원에서 8,000만 원으로 완화되어 간이자과세자의 비율이 높아질 것으로 예상된다.

01 2016

우리나라 소득세 및 부가가치세 체계에서 면세자 비율을 낮추기 위한 방안으로 옳지 않은 것을 모두 고른 것은? (단, 향후 경제성장률과 물가상승률은 모두 양의 값이며 경제성장률이 더 높다. 현재의 소득공제 항목은 모두 존치된다.)

> ㄱ. 소비활력 제고를 위해 간이과세자의 간이과세 적용요건을 완화한다.
> ㄴ. 면세점을 현재 수준으로 유지한다.
> ㄷ. 저출산 문제에 대응하기 위해 다자녀 가정의 인적공제를 확대한다.
> ㄹ. 개인연금저축의 공제액을 확대한다.

① ㄱ, ㄴ
② ㄴ, ㄷ
③ ㄷ, ㄹ
④ ㄱ, ㄴ, ㄹ
⑤ ㄱ, ㄷ, ㄹ

✓ 1) 간이과세자 적용요건이 완화되면 간이과세자 비율이 더 높아진다.
2) 물가상승이 있을 때 면세점을 현 수준으로 유지하면 면세자비율은 점차 감소한다.
3) 다자녀가정의 인적공제가 확대되면 비과세범위가 더욱 커진다.
4) 연금저축공제가 확대되면 비과세범위는 더 늘어난다.

답 ⑤

3. 우리나라 부가가치세

우리나라의 부가가치세는 개인소득세와 함께 조세수입에서 차지하는 비중이 크다. 부가가치세가 소비세이므로 소비자입장에서 조세저항이 적게 나타난다. 부가가치세의 기본세율은 10%이며 연간매출액 8,000만 원 이하인 납세자는 간이과세자로 구분되어 "매출액 × 업종별 부가가치율 × 10%"의 원칙에 따라 납세액이 결정된다. 업종별 부가가치율이 15%~40%이므로 실제 부가세 부담비율은 1.5%~4% 정도인 셈이다. 부가가치세액은 매출세액에서 매입세액을 공제하는 매입세액공제법에 따라 결정된다.

수출품에는 영세율(zero rating)을 적용하여 완전비과세효과가 나타난다. 물론 완전비과세효과는 거래의 최종단계에 영세율이 적용될 때 가능하다. 해외에 수출되는 물품의 경우 국내법에 따른 조세부담은 일체 없고 해당 재화가 소비되는 나라의 법에 따라 세부담이 결정되어야 한다는 소위 '소비지과세원칙(또는 목적지원칙)'에 따른 것이다.

부가가치세에서 면제조치가 있는데 면세는 거래의 최종단계에 적용하여 조세부담 인하 나아가 소비자가격 하락효과가 있다. 면세대상재화가 생활필수품이면 가격하락에 따라 저소득계층에게 이득이 되므로 소득재분배에 기여할 수 있다. 그러나 일률적인 세율(10%)보다 낮은 세율이 적용되는 것이므로 재화간 상대가격의 왜곡을 가져와 대체효과 그리고 선택의 교란에 따른 비효율성이 유발된다는 단점이 있다.

02 2021

부가가치세에 관한 설명으로 옳지 않은 것은?

① 각 생산단계에서 추가된 부가가치에만 과세되어 수직적 통합을 방지하는 효과가 있다.
② 영세율을 통해 수출품에 대해 조세를 효과적으로 환급해 줄 수 있다.
③ 소비형 부가가치세는 투자를 촉진하는 장점이 있다.
④ 매입세액 공제방식은 탈세를 방지할 수 있다.
⑤ 어떤 상품이 면세의 대상인 경우 중간단계에서 납부한 부가가치세까지 환급해 준다.

✓ 면세대상이면 최종단계의 부가가치세액만 감면되어 소비자가격이 하락하는 효과가 있다. 매입세액공제법이 적용되면 매입과 매출 시 각각 세금계산서를 보유하며 상호견제(체크)가 가능하므로 탈세방지에 효과적이다. 🗒 ⑤

03 2017

우리나라 부가가치세에 관한 설명으로 옳지 않은 것은?

① 현재 우리나라 세목 가운데 세수입이 가장 크다.
② 기초생활필수품은 영세율 대상이다.
③ 일반적으로 소득세에 비해 조세저항이 작다.
④ 수출품에 대한 영세율 적용은 완전면세 효과를 나타낸다.
⑤ 재화와 용역(서비스)의 생산·유통과정에서 창출되는 부가가치가 과세 대상이다.

✓ 생활필수품은 면세대상이며, 생필품면세로 소득재분배효과가 있는 반면 재화간 상대가격을 교란하는 비효율성이 있다. 영세율대상은 수출품이며 부가가치세에서 유일한 비과세효과를 갖는다. 🗒 ②

15 재산세

1. 보유과세

우리나라의 재산과세는 보유과세와 이전과세 둘로 구분된다. 보유과세는 재산의 보유사실을 기준으로 조세를 부과한다는 것이며 지방세인 재산세 국세인 종합부동산세가 여기에 해당된다. 특히 종합부동산세는 2021년 현재 정부의 잘못된 부동산정책으로 부동산 가격이 급등한 이후 공시지가도 큰 폭으로 인상되었다. 따라서 종합부동산세의 부담이 증가하는 계층에 상당한 불만요인으로 작용하고 있다.

이전사실에 대한 과세는 지방세인 취등록세 국세인 상속세, 증여세 및 양도소득세 등이 여기에 해당된다. 취등록세는 재산의 취득 및 등기에 따른 세금이므로 소유권 이전에 따라 발생되는 세금이다. 일반적으로 지방세에서 보유세 비중이 높은 것이 보통인데 우리나라의 경우 보유세인 재산세보다 취등록세 비중이 크다는 것이 특징이며 단점이다. 재산 보유사실에 대한 조세수입 비중이 커야 지방재정의 안정성이 확보된다.

상속세는 상속인이 사망한 이후 재산이전에 대한 과세이며 증여세는 증여자가 생존해 있을 때 재산이 이전될 때 부과된다. 모두 공평과세의 근거에서 정당화되며 따라서 상/증세율 또한 높은 것이 보통이다. 양도소득세는 타인에게 부동산을 양도할 때 취득가액과 판매가격의 차이, 즉 양도차익에 대해 부과되는 조세이다. 양도차익에 과세하는 것은 자본이득과세의 일종이며 우리나라의 경우 부동산투기근절을 위해 1977년 도입된 조세이다.

문재인 정부의 강력한 투기근절대책으로 일가구 다주택자의 양도차익에 대해서는 정상적인 세율에 상당비율의 벌칙형 세율을 부가(附加)하여 60%의 세율이 적용되도록 하였다. 그럼에도 불구하고 부동산 시장에 매물로 나오는 것은 거의 없었고 조세부담이 적은 증여세를 선택할 요량으로 자식에게 증여하는 경우가 많았다.

2. 조세의 자본화(조세환원)

토지와 같이 공급이 고정된 생산요소에 조세가 부과되면 조세부담 전액이 토지 소유자에게 귀착되는데 이를 조세의 자본화 또는 조세환원이라고 한다. 부동산 보유에 대해 조세가 부과되면 부동산가격이 하락하는 형태로 부동산 소유자가 조세부담을 한다는 논리이다. 따라서 보유세의 실질부담은 현재 소유자인 셈이다.

편의상 연 이자율이 5%라 가정하고 내년부터 보유 토지 제곱미터(m^2)당 1만 원의 조세가 부과되면 내년 조세부담액의 현재가치는 $\dfrac{1만\ 원}{(1+5\%)}$이다, 5%만큼 할인된 금액이 현재가치이다. 2년 뒤의 현재가치는 $\dfrac{1만\ 원}{(1+5\%)^2}$, 3년 뒤의 그것은 $\dfrac{1만\ 원}{(1+5\%)^3}$, n년 뒤의 조세부담금액의 현재가치는 $\dfrac{1만\ 원}{(1+5\%)^n}$이다. 따라서 이들을 모두 합하면 무한등비급수의 합계에 해당되므로 $\dfrac{1만\ 원}{5\%}$, 즉 20만 원이다.

결국 현재 토지소유자가 토지를 거래할 때 제곱미터 당 20만 원 하락된 금액으로 판매해야 한다는 논리이다. 따라서 토지보유에 과세하면 현재소유자가 전액 부담하며 부담금액, 즉 자본화금액은 연간세액을 이자율로 나눈 값과 일치한다.

01 2021

토지에 부과된 조세의 자본화(capitalization)에 관한 설명으로 옳은 것은?
① 자본화의 크기는 기간 당 할인율에 비례한다.
② 세율이 높을수록 조세의 자본화 정도는 작아진다.
③ 조세부담은 토지임대사용자에게 귀착된다.
④ 토지가격의 변동 폭은 부과된 조세의 현재 가치보다 크게 나타난다.
⑤ 토지와 같이 공급이 고정된 자산에 과세하면 미래 조세부담이 미리 예측되어 가격이 하락하는 현상을 말한다.

✓ 자본화는 토지처럼 공급이 고정된 자산에 과세할 때 모든 조세부담이 토지소유자에게 귀착되는 현상이다. 토지과세의 결과 미래조세부담흐름의 현재가치만큼 토지거래가격이 하락한다. 답 ⑤

02 2021

부동산 관련 조세에 관한 설명으로 옳지 않은 것은?
① 부동산의 공급탄력성이 0이면 과세에 따른 초과부담이 발생하지 않는다.
② 부동산 보유세 인상 시 조세의 자본화에 의하여 부동산 가격이 상승하게 된다.
③ 우리나라의 부동산 취득 시 내는 조세로는 지방세인 취득세가 있다.
④ 우리나라의 재산세와 종합부동산세는 부동산 보유 시 부과된다.
⑤ 우리나라의 양도소득세는 부동산 양도 시 발생하는 차익에 대해서 과세하는 국세다.

✓ 부동산공급이 완전 비탄력적이면 초과부담은 없다. 공급이 완전 비탄력적인 재산에 과세하면 소유자가 전액 부담하는데 이를 조세의 자본화라 한다. 우리나라의 재산과세에는 지방세 중 취등록세, 국세 중 종합부동산세, 양도소득세 등이 있다. 답 ②

3. 자산과세와 동결효과

자산과세의 경우 자산의 소유주를 기준으로 과세하는 것이 아니라 소유자가 보유한 부동산 물건(物件)을 기준으로 과세하므로 대물세(對物稅)에 해당된다. 자산과세는 정부가 개인의 자산을 안전하게 지켜주고 재산권행사를 가능케 하므로 이에 대한 대가로 과세한다는 의미에서 편익원칙이 부합된다. 그리고 자산에 과세할 때 소유자가 부담한다면 자산소유자는 그렇지 않은 사람에 비해 담세능력이 더 있으므로 능력원칙에도 부합된다.

우리나라의 경우 사람은 물론 자산의 지역편중이 심해 자산세를 지방세로 편입하여 지방정부가 과세하면 지역간 재정수입의 편차가 크게 나타나 재정불균형의 원인이 될 수 있다. 이미 검증된 바이나 얼마 전 피케티의 '21세기 자본'에서 강조된 불평등의 원인이 '노동수익률보다 자산수익률이 더욱 높았다.'는 점이다. 보유한 자산으로부터 수익을 얻는 개인이 열심히 노동소득을 획득한 사람에 비해 소득이 더욱 빠르게 성장하므로 소득분배의 불평등이 더욱 심화될 수밖에 없다.

동결효과란, 예를 들어 부동산 양도소득에 대해 조세를 부과하면 납세에 대한 저항으로 부동산을 매매하지 않으므로 이에 따라 부동산거래가 동결(凍結)되는 효과를 말한다. 부동산거래의 동결은 공급 감소효과를 가져와 부동산가격상승에 기여할 것이다.

개인종합소득세 이론에서 헤이그-사이먼즈의 논의를 보면 미실현 자본이득에도 실현된 다른 자본이득처럼 과세하도록 규정되어 있다. 만약 이들 논리에 따라 과세된다면 자산을 그대로 보유하는 경우와 처분하는 경우 조세부담에 차이가 없다. 그러나 현실적으로 실현된 자본이득에만 과세하므로 조세부담의 회피목적으로 자산의 실현시기를 지연시키려 할 것이다. 이때 자산거래 자체가 활성화되지 못하므로, 즉 동결효과를 가져와 문제가 된다.

04 2016

재산세와 같은 일반적 자산과세(property tax)에 관한 설명으로 옳지 못한 것은?
① 자산과세의 세부담자는 자산소유자이지만, 주로 물건을 기준으로 과세되므로 대물세로 간주된다.
② 자산수익률이 노동수익율보다 높은 경우 자산과세의 강화는 소득분배 불평등도를 완화시킨다.
③ 자산과세를 지방세의 근간으로 하면 지역간 재정불균형을 심화시킬 수 있다.
④ 이론적으로 동결효과로 인하여 부동산거래를 활성화시킨다.
⑤ 능력원칙과 이익원칙을 모두 구현할 수 있는 과세방식이다.

✓ 자산과세의 동결효과는 자산거래를 위축시키는 효과이므로 부동산시장의 활성화를 방해하는 요인이다. 자산보유에 따른 수익률이 노동수익률보다 높은 경우 자산과세강화는 편익원칙과 능력원칙에 모두 부합되는 조세이다. 답 ④

4. 소득세와 자산과세의 조합 : 소득세 면세점 인상＋재산세 증세

수직적 공평효과를 염두에 둔다면 소득세 면세점을 인상하고 재산에 부과되는 조세를 강화하는 방법이 효과적이다. 우선 면세점이 인상되면 저소득자의 부담이 줄어 저소득계층의 실질소득이 증가하는 효과가 있다. 하지만 면세점 인상은 고소득자 입장에서도 소득세부담이 감소되는 효과가 나타난다. 고소득자의 조세부담 감소가 그들의 근로의욕에 미치는 영향은 부정적일 것이다. 한계세율에 변화 없으니 추가되는 대체효과는 없는 반면 소득세부담 감소로 실질소득이 증가한다면 근로의욕은 감소할 것이기 때문이다.

재산세부담이 추가되면 재산보유의 수익률이 감소하므로 고소득자의 소득감소 효과가 크게 나타난다. 재산세부담이 주는 근로의욕 효과는 소득감소 효과이므로 근로의욕에 긍정적이다. 따라서 '면세점 인상＋재산세부담 증가' 조치가 근로의욕에 미치는 효과는 불분명할 것이다. 재산보유가 소득에 탄력적일수록, 즉 고소득자일수록 재산의 보유비중이 큰 폭으로 증가한다면 재산세 증세로 수직적 공평이 강화되는 것은 자명하다.

16 사회보장제도

1. 사회보험제도 개요

사회보험제도는 사회보장제도의 하나이며 말 그대로 보험을 통해 최소한의 안전망을 구축하는 것이다. 사회보험에는 국민연금, 국민건강보험, 고용보험, 산업재해보험, 노인장기요양보험제도 등이 있다.

예를 들어 국민연금의 경우 퇴직 이후 소득의 불확실성 해소를 위해 정부가 관여하는 것인데, 개개인이 자신의 미래에 대해 잘 준비한다면 이럴 필요가 없으나 충분한 준비를 못하므로 정부가 개입하는 것이다. 온정적 측면에서 간섭한다고 생각하면 된다. 국민연금이 사회보험으로 운영되는 이유 중 하나는 역선택 문제 때문인데, 민간보험에서 운영할 때 일찍 퇴직할 사람만 가입하고 늦게 퇴직할 사람은 가입하지 않는다면 운용이 불가하다. 따라서 모든 사람을 강제로 가입하게 만드는 모습의 사회보험이 필요한 것이다. 그리고 연금지급 시 균등부분에 의한 연금지급으로 소득재분배에도 기여할 수 있다.

건강보험의 경우 민간보험에서 이 제도를 실시하면 질병확률이 높은 사람은 가입하고 질병확률이 낮은 사람은 굳이 비싼 보험료를 납부할 필요가 없으므로 가입하지 않는 역선택의 문제가 발생한다. 역선택 문제를 해결하는 방법 중 하나가 질병확률에 관계없이 모든 국민들을 강제로 가입시키는 것이다. 하지만 건강보험의 경우 일단 가입하면 병원 출입 시 한계비용이 매우 저렴하므로 굳이 병원에 갈 환자가 아님에도 병원을 찾는 사람이 많아지는, 소위 도덕적 해이의 문제가 발생될 수 있다.

고용보험제도의 역할에서 실업수당지급이 대표적이다. 경기가 불황이면 실업자가 많아지므로 이들에게 실업수당을 지급하면 최소한의 소비지출이 가능하다. 실업상태에서 빠졌으나 최소한의 소비지출이 가능하면 경기를 부양하는 데에도 기여할 수 있다. 실업수당(고용보험제도)이 경기안정 효과를 갖는다고 말하는 근거이다.

01 2020

사회보험과 공공부조에 관한 설명으로 옳지 않은 것은?

① 사회보험으로 국민기초생활보장제도의 재원을 충당한다.
② 공공부조는 원칙적으로 정부의 예산으로 충당한다.
③ 부과방식의 사회보험은 수지균형을 원칙으로 한다.
④ 공공부조의 수혜 대상 결정은 소득·재산조사를 근거로 한다.
⑤ 사회보험의 재원은 원칙적으로 보험료를 충당한다.

☑ 사회보험은 보험료를 재원으로 운영된다. 국민연금이나 국민건강보험 등이 각 개인이 납부하는 보험료를 기반으로 운영되는 것이 좋은 예이다. 우리나라의 공공부조는 국민기초생활보장제도이며 이는 정부의 조세수입을 재원으로 저소득계층이 최소한의 생활을 할 수 있도록 지출하는 것이다. 🖹 ①

02 2019

정부가 사회보험을 도입하는 근거로 옳지 않은 것은?

① 역선택 문제 때문
② 도덕적 해이를 방지하기 위해
③ 온정주의(paternalism) 때문
④ 외부효과를 해결하기 위해
⑤ 소득재분배를 위해

☑ 역선택문제 해결을 위해 강제로 가입하는 사회보험이 정당화된다. 이밖에도 불완전한 보험가입이 주는 부정적 외부효과를 시정하려는 목적, 계층간 소득재분배를 추구하려는 목적, 국민의 이익을 위한 정부의 개입 즉 온정적 측면 등을 이유로 들 수 있다. 도덕적 해이는 사회보험 운영에서 나타날 수 있는 문제점이다. 건강보험의 도입으로 불필요하게 병원을 방문하여 비효율성을 낳는 것이 좋은 예이다. 🖹 ②

2. 국민연금제도 : 경제적 효과

국민연금은 은퇴 이후 노후소득감소에 대비한 것이며 이것이 사회보험으로 운용되는 이유는 역선택 문제 때문이다. 우리나라의 국민연금은 부과방식이 아닌 적립방식으로 운용되며 자신이 매월 일정액의 급여를 적립한 뒤 퇴직 이후 연금으로 수령해가는 방식이다. 본인의 기여를 본인이 되돌려 받는다는 측면에서 자부심을 가질 수 있고 세대간 소득재분배문제가 발생하지 않고 지급불능의 상태에 빠질 가능성도 부과방식에 비해 작다. 하지만 이자율이 점차 하락하는 현실에서 적립기금의 누적속도가 늦어진다는 부정적 측면이 있다.

국민연금의 운영이 개인의 저축에 미치는 효과는 일반적으로 부정적이다. 퇴직 이후 연금이 지급되므로 자발적으로 저축할 이유가 사라져 저축이 감소한다는 것인데 이를 자산대체효과라 한다. 국민연금이 미래 자산을 대신하므로 스스로 저축할 필요성이 사라진다고 생각하면 된다. 그러나 연금이 미래 저축의 중요성을 인식하게 만들어 저축이 증가하며(인식효과), 갈수록 커지는 연금부담으로 자식에게 많은 상속을 할 목적으로 저축이 늘어날 수 있고(상속효과), 퇴직상태에 있는 기간이 길어지므로 더 많은 저축을 필요로 한다(은퇴효과)는 등 국민연금이 저축에 긍정적으로 작용할 수 있다는 주장도 만만치 않다.

국민연금이 개인의 근로의욕에 미치는 효과는 불분명하다. 연금갹출금(우리나라의 경우 표준보수월액의 9%)이 비례소득세와 같으므로 소득효과와 대체효과의 상대적 크기에 따라 달라질 수 있기 때문이다. 노동수요자인 기업 입장에서는 근로자의 연금갹출금 중 절반을 기업에서 부담해야 하므로 기업입장에서 보면 비용증가요인이다. 따라서 노동수요에 부정적으로 작용할 가능성이 크다.

03 **2021**

연금보험을 사회보험 형태로 운영하는 이유로 옳은 것을 모두 고른 것은?

> ㄱ. 재정수입 확보　　　ㄴ. 세대 내 소득재분배
> ㄷ. 시장실패 보완　　　ㄹ. 온정적 간섭주의

① ㄱ, ㄴ, ㄷ　　② ㄱ, ㄴ, ㄹ　　③ ㄱ, ㄷ, ㄹ
④ ㄴ, ㄷ, ㄹ　　⑤ ㄱ, ㄴ, ㄷ, ㄹ

⊘ 국민연금이 운영되는 역선택 문제 해결을 위해, 즉 시장실패의 보완을 위해 정부가 개입하는 것이다. 정부개입은 온정적 측면에서 정당화되며 연금제도의 운영을 통해 소득재분배가 실현될 수 있다. 우리나라의 경우 '균등부분'에 의한 연금지급이 좋은 예이다.　　　답 ④

04 2021

공적연금과 사적연금에 관한 설명으로 옳지 않은 것은?

① 인플레이션이 있는 경우 공적연금과 달리 사적연금에는 인플레이션에 조정된 연금이 지급된다.
② 공적연금은 사적연금 시장에서 나타날 수 있는 역선택 문제를 해결할 수 있다.
③ 공적연금은 사적연금보다 준비금을 적게 보유할 수 있다.
④ 사적연금은 공적연금에 비해 수요자의 다양한 요구에 대응하기 용이하다.
⑤ 공적연금은 위험의 공동 부담이라는 측면에서 사적연금 시장에서 나타날 수 있는 도덕적 해이 문제를 해결할 수 있다.

◉ 역선택문제 해결을 위해 공적연금(사회보험)이 제시된 것이며 개인의 보험료를 기반으로 연금이 지급되므로 특별히 준비금을 많이 조유할 필요는 없다. 그리고 공적연금도 인플레이션이 있을 때 이에 대한 조정 이후 연금지급액이 결정된다. 답 ①

05 2016

공적연금보험제도 도입이 민간저축에 미치는 영향에 관한 설명으로 옳지 않은 것은? (단, 다른 조건은 일정하다고 가정한다.)

① 노후대비에 대한 인식이 더욱 제고되어 민간저축은 증가한다.
② 연금보험료를 납부하게 되면 개인의 가처분소득 감소로 민간저축은 감소한다.
③ 평생에 걸친 소비의 현재가치는 소득의 현재가치와 같다는 조건 하에서 자산 대체효과는 민간저축을 감소시킨다.
④ 상속효과에 따르면 민간저축은 증가할 것이다.
⑤ 공적연금보험제도의 실시로 발생하는 은퇴효과는 민간저축을 감소시킨다.

◉ 자산대체효과를 보면 연금도입이 자발적 저축의 저해요인이다. 하지만 인식효과, 상속효과, 조기은퇴효과 등에 따르면 연금도입으로 자발적 저축이 증가한다. 답 ⑤

3. 우리나라 국민연금제도

국민연금제도가 도입된 것은 1988년이며 국내에 거주하는 18세 이상 60세 미만의 국민이면 누구나 가입할 수 있다. 다만 공무원, 군인 및 사립학교 교직원은 자체 연금프로그램(공무원 염금, 군인연금, 사립학교교직원 연금)이 별도로 있으므로 국민연금 가입대상에서 제외된다.

우리나라 국민연금은 기본적으로 적립방식에 따르며 본인의 표준보수월액의 9%를 매월 납부하도록 되어 있다. 사업장 가입자의 경우 가입자가 절반인 4.5%, 그의 고용주가 나머지 4.5%를 부담하도록 되어 있다. 가입자의 표준보수월액이 일정액을 초과하는 경우(2021년 7월 현재 524만 원) 초과분에 대해서는 보험료가 부과되지 않는, 즉 소득의 상한이 설정되어 있어 부담분배의 역진성이 발생하고 있다.

개인과 고용주가 납부한 보험료를 기금으로 조성하여 연금기금과 그 운용수익을 재원으로 연금을 지급하고 있다. 기본연금액의 선정에 전체가입자의 평균보수, 본인의 가입기간 중 평균보수, 가입기간 등이 고려되어 연금액이 설정된다. 전체가입자의 평균보수에 의해 연금액이 지급되는 부분이 있어(균등부분) 소득재분배효과를 갖는다고 한다.

연금급여수준의 척도로 소득대체율(또는 연금급여율)을 사용하는데 이는 '본인 연금액을 본인 퇴직 이전의 평균보수로 나눈 값'이다. 우리나라의 경우 보수수준이 낮을수록 소득대체율이 커지는 경향이 있으며 이를 근거로 국민연금의 재분배효과를 말하기도 한다.

06 2020

국민연금의 재정적자를 줄이기 위한 조치와 효과로 옳지 않은 것은?
① 보험료율의 인상은 저소득근로자들에게 부담이 되지 않는다.
② 보험료율의 인상은 개인들의 현재 가처분소득을 줄일 것이다.
③ 보험료 부과 상한이 월 급여 400만 원에서 450만 원으로 인상된다면 월 급여 200만 원인 근로자의 납입보험료는 영향을 받지 않는다.
④ 연금수급연령의 상향 조정은 단기적으로 연금수급자 수를 줄인다.
⑤ 연금수급연령이 65세이고 평균수명이 80세라고 가정할 때, 연금수급연령을 1년 상향조정하면 재정적자를 줄일 수 있다.

✅ 1) 보험료율의 인상은 모든 근로자의 보험료부담이 증가하는 것이므로 저소득 근로자의 부담 역시 상승한다.
2) 보험료율 인상은 비례소득세부담 증가와 동일하므로 개인 가처분소득을 감소시킨다.
3) 보험료부과의 상한이 있어 역진성이 있는데 상한선의 인상은 역진성 완화에 기여하며 저소득자의 보험료와는 무관하다.
4) 연금수령연령을 높이면 단기적으로 연금수급자수가 감소된다.
5) 따라서 수령연령 상향조정은 연금 재정적자감소에 기여할 수 있다.

답 ①

07 2019

우리나라의 국민연금제도에 관한 설명으로 옳은 것은?

① 우리나라의 국민연금제도는 국내에 거주하는 16세 이상 60세 미만의 국민이면 가입이 가능하다.
② 공무원, 군인, 사립학교 교원 등은 별도의 연금제도에 가입하지만, 본인이 원하면 국민연금에도 동시 가입이 가능하다.
③ 우리나라 국민연금은 적립방식을 취하는데, 납부된 보험료로 기금을 조성하고 기금과 운용수익으로 연금을 지급한다.
④ 사업장 가입자의 연금보험료 중 기여금은 가입자 본인이, 부담금은 사용자가 부담하는데, 그 금액은 각각 기준소득월액의 5.0%이다.
⑤ 국민연금제도 도입에 따른 은퇴효과와 상속효과는 자발적인 저축을 감소시킨다.

✓ 1) 국민연금은 만 18세 이상 60세 미만이면 가입가능하다.
  2) 공무원연금, 군인연금, 사립학교교직원연금은 국민연금과 별개로 운영되며 해당 연금가입자는 국민연금에 가입할 수 없다.
  3) 우리나라는 적립방식으로 운영되므로 개인이 납부한 보험료를 적립하여 기금을 마련하고 국민연금공단에서 이를 운용하여 발생된 수익을 기준으로 연금이 지급된다.
  4) 연금갹출율은 9%이며 사업장 가입자의 경우 절반인 4.5%만 본인이 부담하며 나머지 4.5%는 고용주가 부담한다.

답 ③

08 2018

연금제도에 관한 설명으로 옳지 않은 것은?

① 노후소득 감소에 대비한 사회보험제도이다.
② 사회보험으로 운용하는 이유는 역선택 문제가 있기 때문이다.
③ 우리나라의 국민연금은 적립방식이 아닌 부과방식으로 도입되었다.
④ 연금제도가 가지는 재산대체효과 민간저축을 줄이는 방향으로 작용한다.
⑤ 부과방식의 연금이 운용되게 되면 세대간 소득이전이 발생할 수 있다.

✓ 국민연금은 퇴직 이후 소득감소에 대비한 사회보험이며 우리나라의 경우 부과방식이 아닌 적립방식을 채택해 운영되고 있다. 만약 부과방식이라면 현재 돈을 버는 사람이 현재 소득이 없는 사람에게 소득을 이전하는 것이므로, 노동인구의 추이에 따라 세대간 소득이전이 발생될 수 있다.

답 ③

4. 건강보험 : 도덕적 해이

건강보험이 후생에 미치는 효과를 살펴볼 때 적정 병원방문횟수를 기준으로 판단한다. 적정병원방문횟수는 병원방문에 따른 한계비용과 국민의 병원수요곡선으로 알 수 있다. 한계비용과 수요곡선이 일치하는 점에서 최적방문횟수를 구할 수 있는데, 건강보험 때문에 병원에 갈 때 본인의 추가부담이 전혀 없다면 한계비용은 영(0)이다. 따라서 추가부담이 없는 경우 최적방문횟수는 수요곡선과 X축이 만나는 점이 최적횟수이다. 그러나 우리나라의 경우도 본인에게 최소한의 부담을 요구하고 있으므로 본인부담금이 있다고 생각하는 것이 옳다.

병원수요곡선 $P=400-Q$이며 건강보험이 없는 경우 방문당 한계비용 100, 건강보험이 있을 때 방문당 한계비용이 20이라고 하자. 최적 병원방문횟수는 $400-Q=100$을 충족하는 $Q=300$, 즉 300회 방문이 최적임을 알 수 있다. 건강보험도입으로 본인부담금 20이 요구된다면 한계비용은 20으로 감소되므로 $400-Q=20$을 충족하는 $Q=380$이 최적방문횟수이다.

건강보험도입으로 개인 한계비용이 낮아지므로 적정수준 이상으로 병원을 방문하므로 이는 도덕적 해이에 해당된다. 나아가 개인이 무상으로 병원을 방문할 수 있다면 $400-Q=0$를 충족하는 $Q=400$이 최적횟수이다. 추가부담 일체 없이 병원방문이 가능하면 도덕적 해이는 극에 달한다. 도덕적 해이로 인한 후생비용은 적정수준을 초과하는 부분의 총편익과 총비용의 변화를 살펴보면 알 수 있다.

09 2016

병원 방문의 수요곡선이 $400-Q$(Q : 병원 방문 횟수)이고, 건강보험이 없는 상태의 방문당 비용은 100, 건강보험 가입 시 방문당 본인부담금은 20이다. 소비자의 도덕적 해이로 인한 후생비용은?

① 3,200 ② 4,000 ③ 5,000
④ 6,000 ⑤ 6,400

✓ 건강보험이 없을 때 최적방문횟수는 300회($400-Q=100$)이며 건강보험이 도입되면 한계비용이 낮아져 최적방문횟수가 380($400-Q=20$)으로 증가한다. 300회에서 380로 80회 추가되어 얻는 편익의 총계는 수요곡선 아래 면적(4,800)이며 총비용은 애초 한계비용곡선 아래 면적(8,000)이므로 건강보험의 후생비용은 3,200원(8,000−4,800)인 셈이다. 답 ①

10 2020

의료보험의 도덕적 해이에 관한 설명으로 옳지 않은 것은?

① 의료보험에 가입하면 개인들은 건강관리를 철저히 하지 않는 경향이 있다.
② 민간 의료보험의 경우, 건강관리를 등한시하는 사람의 가입이 증가한다.
③ 의료보험에 가입하면 본임부담 진료비가 줄어 들어 병원에 자주 간다.
④ 실손 민간 의료보험의 경우, 고가의 치료 방식을 선호하는 경향으로 인하여 보험금 지출이 늘어난다.
⑤ 의료 서비스에 대한 실제 비용보다 환자의 지불액이 낮을 때 발생한다.

✅ 도덕적 해이란 '정보가 적은 사람이 볼 때 정보가 많은 사람이 바람직스럽지 않은 행동을 하는 경우'이다. 의료보험 때문에 본인부담이 감소하므로 병원에 자주 출입하고 스스로 건강관리를 철저히 하지 않는 것이 좋은 예이다. 최근 실손보험의 예에서 필요 이상의 고가진료를 선호하는 경향이 두드러지게 증가하는 것도 좋은 예이다. 만약 민간에서 의료보험이 운영된다면 질병확률이 높은 사람이 우선적으로 가입하는 소위 역선택의 문제가 발생할 것이다.

답 ②

5. 건강보험 : 요금제

건강보험요금(진료비)을 계산하는 방법은 포괄수가제와 행위별 수가제 둘로 나뉜다. 포괄수가제도는 의료서비스의 종류, 양에 관계없이 질병에 따라 미리 책정된 진료비를 의료기관에 지급하는 제도이다. 포괄수가제의 경우 과잉진료행위를 방지하고 진료비부담이 저렴해지고 진료비 관련 진료기관과 환자사이의 분쟁을 없애는 좋은 방법이다. 그러나 특정 진료행위에 대해 정해진 가격이 있으므로 의료서비스의 질이 저하될 수 있는 단점이 있다.

행위별 수가제도는 개별진료행위에 대해 하나하나 진료비가 달라 이를 모두 합계하여 진료비가 청구되는 제도이다. 행위별 수가제가 시행되면 진료의 다양성이 증대될 것이며 의사의 전문성도 제고될 수 있고 나아가 의료서비스의 질적 수준이 높아질 것으로 예상된다. 그러나 과잉진료가능성 그리고 의료비급증이 문제점이 있다.

11 2017

의료보험제도에서 포괄수가제와 행위별수가제에 관한 다음 설명으로 옳은 것을 모두 고른 것은?

> ㄱ. 포괄수가제의 경우 행위별수가제에 비해 과잉진료 행위가 줄어든다.
> ㄴ. 포괄수가제의 경우 행위별수가제에 비해 의료서비스 품질의 저하가 우려된다.
> ㄷ. 포괄수가제에 비해 행위별수가제는 의학 발전에 부정적이다.

① ㄱ ② ㄱ, ㄴ ③ ㄱ, ㄷ
④ ㄴ, ㄷ ⑤ ㄱ, ㄴ, ㄷ

✓ 행위별수가제를 한다면 의료행위 하나하나에 대해 다른 수가가 적용되므로 과잉진료의 우려가 있다. 하지만 의학발전에는 기여할 수 있다. 현행 포괄수가제로 운영되면 어떤 형태의 치료도 동일한 수가이므로 굳이 발전(서비스 향상)을 위한 노력의 필요성이 없다.

답 ②

6. 고용보험 : 경제적 효과

고용보험제도는 실업수당, 직업능력개발 및 직업알선 등의 기능을 한다. 따라서 실업수당만 지급하는 다른 나라의 제도에 비해 훨씬 포괄적이고 적극적이다. 고용보험제도에 근거 실업수당이 지급되므로 고용보험제도의 효과를 정리하면 다음과 같다.

첫째, 실직상태에 빠지면 일정기간 실업수당을 지급하므로 근로자로 하여금 적극적으로 구직활동을 하는데 방해요인이 될 수 있다. 실업수당의 지급으로 구직활동을 게을리 한다면 도덕적 해이의 문제가 나타나는 것이다. 현실적으로 실업수당의 지급액이 높을수록 구직활동에 부정적이다.

둘째, 실업수당의 지급은 경기안정기능을 한다. 경기가 나빠 실업자가 많아지면 소비지출 감소(총수요의 감소)로 경기가 더욱 악화될 가능성이 있다. 그런데 실직과 동시에 실업수당이 지급되면 일정부분 소비지출이 가능하여 경기침체를 방지할 수 있다. 자동으로 경기를 안정시키는 효과를 갖는다.

셋째, 고용보험제도가 갖는 재분배효과이다. 안정된 직종에 종사하는 근로자는 실업수당을 받을 가능성이 낮고 불안정한 직종에 종사하는 근로자는 실업수당의 수령가능성이 매우 높다. 그런데 안정적 직종에 종사할수록 고소득자일 가능성이 크고 불안정한 직종일수록 급여가 낮은 저소득자일 가능성이 높다. 따라서 안정된 직종의 근로자들이 불안정한 직종의 근로자에게 소득을 이전하는 효과가 있어 재분배기능이 있다는 것이다.

12 2016

우리나라 고용보험제도는 보험료를 일정기간 납부하면 실직 시 일정기간 실업급여로 지급하게 된다. 이의 경제적 효과로 옳은 것은?

① 구직활동을 하지 않게 한다.
② 자발적 실업자에게도 지급된다.
③ 도덕적 해이는 발생하지 않는다.
④ 경기가 좋아지면 실업급여의 지급이 늘어난다.
⑤ 소득대체율이 높을수록 구직노력을 덜 하게 하는 유인이 발생한다.

◎ 우리나라의 실업급여는 적극적으로 구직활동을 하는 사람에게 최장 7개월 가량 지급된다. 따라서 일자리를 빨리 찾으려 하지 않아 마찰적 실업률을 높일 수 있다. 소득대체율(실업급여/재직시급여)이 높을수록 일자리를 찾는 노력은 소홀해질 것이다.   ⑤

17 공공요금이론

1. 공기업의 의의

공기업이란 사적재의 생산을 정부 또는 공공부문이 담당하는 경우를 말한다. 여러 가지 이유가 있으나 주로 비용체감의 성격이 있고 재화소비에 공공성이 고려되어야 하는 철도, 가스, 전력 등을 공기업에서 담당한다.

비용체감의 특성이란 생산량이 증가할 때 단위당 평균비용이 체감하는 것이므로 개별기업이 경쟁적으로 생산하는 경우에 비해 공기업이 나서 일괄적으로 생산/배분하는 것이 훨씬 효율적이다. 그런데 경제적 효율성을 위해 가격이 한계비용과 일치되어야 하는데 평균비용이 체감하면 한계비용(MC)이 평균비용(AC)에 미치지 못하므로 '가격=한계비용'의 요건에 맞추면 기업이 손실을 보게 된다. 그렇다고 이윤극대 논리에 따르면 높은 시장가격과 턱없이 적은 생산량 때문에 비효율적이므로 정부가 나서 규제하는 것이 보통이다.

공기업 운영의 목적은 이윤극대 또는 재정수입확보가 아니므로 손실 없이 효율적 생산량을 유지하도록 규제하는데 초점이 있다. 공공부문이 생산을 담당하면 각종 비효율이 예상되므로 민간부문에 생산을 일임하는 것이 좋다는, 소위 민영화논리도 설득력이 있다. 민간부문이 주체가 되었을 때 공공부문에 비해 효율적인 측면도 많지만 서비스가격 상승이 우려되며, 주식회사 형태인 경우 주주와 경영자의 불일치인 '주인-대리인문제'가 야기될 가능성도 있다.

01 2019

공기업에 관한 설명으로 옳은 것은?
① 비용체감산업의 경우 효율적 공급을 위해 규제를 해도 해당 민간 기업이 지속적으로 초과이윤을 얻기 때문에 공기업으로 운영해야 한다.
② 비용체감산업을 공기업으로 운영하고자 하는 경우 재정수입 확보가 주요 목적이다.
③ 산업이 대규모인 경우 자원의 효율적 배분을 위해 공기업으로 운영해야 할 필요성이 있다.
④ 공기업 민영화하면 '주인-대리인 문제'는 사라진다.
⑤ 공기업 민영화 요구의 경제학적 근거는 기존 비용체감산업의 성격이 변화된 데서 찾을 수 있다.

1) 최소한 평균비용가격($P=AC$)으로 규제하면 기업의 초과이윤은 없다.
2) 서비스 특성상 정부가 생산을 담당하는 것일 뿐 재정수입확보가 우선되는 것은 아니다.
3) 산업 자체의 대규모 여부가 중요한 것이 아니라 비용체감의 특성이 중요하다.
4) 민영화하면 주주와 경영자 사이에 주인-대리인 문제가 발생할 수 있다.
5) 공기업의 민영화 요구는 민간부문 경영의 효율성에서 의미를 찾을 수 있다.

답 ⑤

2. 규모수익체증과 공공요금

비용체감의 특성이 있는 경우 민간부문에서 생산을 담당하면 이윤극대화점($MR=MC$)에서 생산량이 결정되므로 독점이윤이 발생하여 후생이 감소된다. 비용체감의 특성은 '평균비용＞한계비용'을 의미하므로 가격과 한계비용의 일치는 기업 손실을 부를 수밖에 없다. 따라서 규제의 방향은 기업 손실 없이 효율적인 생산량을 유지하는 것이다.

전기나 수도와 같은 사용재의 성격을 갖는 서비스는 조세수입으로 전액 공급비용을 충당하는 것보다 공공요금을 적용하는 것이 효율적이다. 사용량에 따라 공공요금을 적용해야 '아껴 쓸 유인'이 있는 것이며 본인이 사용한 부분에 대해 본인이 부담하는 것이 공평성 측면에서도 타당하기 때문이다.

공공요금의 설정방식은 첫째, 한계비용가격을 적용하되 이에 따른 손실을 정부가 조세수입으로 보전하는 방법이 있다. 둘째, 서비스가격을 평균비용(AC)과 일치시키는 평균비용가격정책이 있다. 평균비용가격을 유지하면 생산량이 최적생산량에 미치지 못하지만 독립채산이 가능하므로 정부개입의 필요성이 없다는 장점이 있다.

셋째, 이부요금제도로 기본요금을 별도로 설정하고 사용량에 비례한 가변요금(사용요금)을 추가로 부과 징수하는 경우이다. 사용요금으로 가변비용을 충당하고 기본요금으로 고정비용을 충당한다면 손실 없이 운영이 가능하다.

넷째, 성수기와 비성수기 차별가격정책을 들 수 있다. 비성수기 서비스요금은 가변비용(한계비용)과 일치시키고 성수기 소비자에게 받는 요금은 고정설비비용까지 회수할 만큼 높게 책정하자는 것이다.

02 2018

규모수익체증 하에서 적정 공공요금 결정이론에 관한 설명으로 옳지 않은 것은?
① 한계비용 가격설정방법으로 요금을 결정하면, 공급되는 공공서비스 양은 효율적이다.
② 한계비용 가격설정방법으로 요금을 결정하면, 공공서비스를 생산하는 기관은 이윤을 창출할 수 없다.
③ 평균비용 가격설정방법으로 요금을 결정하면, 공급되는 공공서비스 양은 비효율적이다.
④ 평균비용 가격설정방법으로 요금을 결정하면, 공공서비스를 생산하는 기관은 이윤을 창출할 수 있다.
⑤ 이부가격제도(two-part traiff)는 기업의 손실 규모를 줄이기 위하여 도입된다.

◎ 한계비용가격은 효율적 배분을 보장하지만 기업의 손실이 발생한다. 이를 시정하기 위해 평균비용가격을 설정하면 기업의 손실은 없으나 생산량이 적정 수준에 미치지 못해 비효율적이다. 평균비용가격에서 기업이 평균비용을 회수하므로 손실이 없지만 이윤 역시 없다.

답 ④

3. 공공요금 : 램지규칙

램지규칙에 따라 공공요금이 설정되려면 공공서비스수요의 가격탄력성에 반비례하는 공공요금이어야 한다. 후생상실을 극소화하는 요금체계이므로 '역탄력적' 방식으로 가격이 설정되어야 하는데 '가격에서 가격과 한계비용의 격차가 차지하는 비율'이 수요의 가격탄력성과 반비례관계에 있어야 한다.

예를 들어 X와 Y 두 부문이 있고 한계비용과 시장서비스가격이 $MC_X=20$, $MC_Y=30$, $P_X=25$, $P_Y=50$ 이라고 하자. 만약 Y수요의 탄력성=1일 때 위와 같은 가격과 한계비용의 관계가 유지되려면 효율성상실을 극소화하는 X재 수요의 탄력성은 2이어야 한다.

효율성상실의 최소화를 위해 "$\dfrac{\dfrac{(P_Y-MC_Y)}{P_Y}}{\dfrac{(P_X-MC_X)}{P_X}}=\dfrac{X수요의\ 탄력성}{Y수요의\ 탄력성}$"이 유지되어야 하므로

$\dfrac{\dfrac{(50-30)}{50}}{\dfrac{(25-20)}{25}}=\dfrac{0.4}{0.2}$ 이다. 그러므로 Y수요의 탄력성이 1이면 X수요의 탄력성은 2이어야 한다.

03 2016

정부가 공급하는 상호 독립적인 공공서비스 X와 Y의 한계비용은 각각 $MC_X=20$, $MC_Y=30$이고, 가격은 각각 $P_X=25$, $P_Y=50$이다. Y의 수요의 가격탄력성이 1일 때, 요금 책정에 따른 효율성 상실의 극소화를 보장하는 X의 수요의 가격탄력성은?

① 1   ② 2   ③ 2.5
④ 3   ⑤ 3.5

✅ 공공요금결정에서 램지규칙에 관한 물음이다. 가격에서 가격과 한계비용의 격차가 차지하는 비율이 공공서비스수요의 가격탄력성과 반비례할 때 효율성상실이 극소화된다. X재의 경우 가격에서 가격과 한계비용의 격차가 차지하는 비율은 $0.2\left[=\dfrac{(25-20)}{25}\right]$이며 Y재의 경우 그 비율이 $0.4\left[=\dfrac{(50-30)}{50}\right]$이다. Y재 수요의 가격탄력성이 1이므로, 효율성상실을 최소화하는 X재수요의 가격탄력성은 2이다.

🗒 ②

4. 공공요금 : 이부요금제도

이부요금제도란 기본요금(고정수수료)와 사용요금(사용단위요금)이 병존하는 경우를 말한다. 어린이공원에 입장할 때 기본적으로 입장료를 지불하고 시설(놀이기구)을 이용할 때 별도로 사용료를 지불하는 경우를 생각하면 된다.

고정수수료는 고정수수료에 대한 탄력성이 고려되어야 효율적이다. 서비스소비자 수요가 고정수수료에 탄력적일수록 고정수수료는 낮게, 반대로 사용요금의 비중이 높아야 한다. 고정수수료에 비탄력적인 경우 고정수수료는 높게 그리고 사용요금의 비중을 낮추면 된다. 단일요금이 부과되는 경우에 비해 효율성이 높은 것은 사실이다.

04 2021

공공서비스의 가격설정 이론에 관한 설명으로 옳은 것은?

① 더 많이 소비하는 사람이 더 많은 비용을 부담해야 한다는 원칙을 적용해야 한다.
② 외부성이 존재하는 경우 한계비용과 일치하는 수준에서 가격이 설정되어야 한다.
③ 기존시설에 대한 초과 수요가 존재하는 경우 평균비용에서 경제적 지대를 제외한 수준에서 가격이 설정되어야 한다.
④ 규모의 경제가 존재하는 경우 한계비용과 일치하는 수준에서 가격이 설정되면 효율적인 배분을 달성할 수 있다.
⑤ 램지(F. Ramsey)의 원칙에 따르면 수요의 가격탄력성이 작을수록 가격을 한계비용에 가깝게 설정할 때 효율성이 제고된다.

✓ 공공요금결정에 관한 이론에 관한 질문이다. 규모의 경제가 존재할 때 평균비용이 체감할 때 효율적 배분 조건은 $P=MC$이다. 램지원칙에 의하면 수요의 가격탄력성이 작을수록 공공요금이 높아야 하므로 가격과 한계비용의 격차가 커야 한다. 그리고 기존시설에 대한 초과수요가 있는 경우(성수기) 평균비용에 경제적 지대를 더한 금액을 서비스 요금으로 설정해야 한다. 답 ④

05 2020

자연독점 하의 공기업에서 공공요금 결정에 관한 설명으로 옳은 것은?

① 규모의 경제를 활용하여 평균비용을 낮추기 위해 하나가 아닌 여러 공기업에서 생산하는 것이 바람직하다.
② 민간기업이 생산하고 가격규제를 하지 않으면 사회적 최적생산량 달성이 가능하다.
③ 이부가격제도(two-part tariff)를 도입하면, 생산량 자체는 효율적이다.
④ 한계비용가격 설정을 사용하는 경우 해당 공기업의 경제적 이윤이 0이 된다.
⑤ 평균비용가격 설정을 사용하는 경우 사회적 최적 생산량을 달성할 수 있다.

✓ 1) 규모의 경제는 평균비용 체감의 특성이므로 여러 기업이 아닌 한 기업이 생산을 담당하는 것이 더 효율적이다.
2) 이윤극대를 추구하는 민간기업이 생산할 때 가격규제가 없다면 사회적 최적생산은 불가능하다.
3) 이부가격제도란 효율적 생산량을 생산하며 예상되는 손실을 고정요금과 사용요금의 구성을 통해 해결하고자 하는 것이다.
4) 비용체감의 특성이 있을 때 한계비용이 평균비용보다 낮으므로 한계비용가격은 곧 손실을 의미한다.
5) 평균비용가격을 채택하면 기업의 손실은 없으나 생산량이 최적수준에 못미친다. 답 ③

06 2019

공공요금과 관련된 설명으로 옳지 않은 것은?

① 일반적으로 공공부문이 생산하는 재화나 서비스의 한계비용가격설정은 효율적인 결과를 초래할 수 없다.
② 전기, 수도 등 사용재의 성격을 갖는 재화나 서비스의 경우에는 조세보다 공공요금을 부과함으로써 자원배분의 효율성을 높일 수 있다.
③ 규모의 경제가 작용하는 재화나 서비스의 경우에는 한계비용에 따라 가격을 설정한다면 손실이 발생할 수 있다.
④ 램지가격설정방식은 효율성을 달성할 수 있으나 분배상 문제를 일으킬 수 있다.
⑤ 공공요금 설정에서 분배적 측면을 고려한 낮은 가격책정은 정부의 재정부담을 증가시킬 수 있다.

✓ 한계비용가격설정의 결과 가장 효율적 배분이 이루어진다. 한계비용과 일치하는 공공요금이면 기업손실이 문제가 된다. 답 ①

07 2016

규모에 대한 수확체증인 공공서비스 공급에 있어서 가격을 한계비용과 같도록 설정함으로써 발생하는 손실을 해결하기 위한 방안으로 옳지 않은 것은?

① 일반 세원으로 손실을 충당한다.
② 공공서비스의 평균비용으로 공공서비스가격을 결정한다.
③ 소비자가 사용하는 양에 따라 다른 가격을 설정한다.
④ 소비자로 하여금 일정한 금액을 지불하게 한 다음 소비자가 구입하는 양에 비례하여 추가적인 가격을 설정한다.
⑤ 한계수입과 한계비용이 같은 점을 공공서비스가격으로 한다.

✓ 조세수입으로 충당하는 방법, 평균비용가격을 적용해 기업손실을 원천적으로 없애는 방법, 성수기/비성수기 요금을 차별하는 방법, 기본요금과 사용요금을 병행하는 방법 등이 있다. 한계수입과 한계비용이 일치하는 이윤극대논리에 따라 가격을 정하면 독점가격이 균형가격으로 설정된다. 답 ⑤

18 국공채

1. 공채부담 : 학파별 논의

공채는 조세수입으로 재정수요를 충족하지 못하는 경우 발생할 수 있다. 공채발행수입도 조세수입처럼 정부의 주요 재원조달수단인데 학파별로 여기에 대한 견해가 다르다. 우선 균형재정을 지지하는 고전학파의 경우 '세입 내 세출원칙'을 고수하므로 공채발행에 부정적이다. 공채발행이 용납되는 경우는 전쟁과 같은 국가비상시에 한정되어야 한다는 주장이다.

케인즈 나아가 케인즈 학파의 경우 경기부양을 위한 적자재정을 지지하는 입장이므로 적자공채발행에 긍정적 입장이다. 공채발행을 통해 조달된 재원으로 정부가 지출을 증가시키면 적자분 이상으로 국민소득이 증가한다는 소위 '승수효과'에 따라 적자재정정책을 지지한다.

통화주의론자들은 고전학파와 같이 공채발행의 '구축효과'를 강조하며 적자재정정책의 한계를 지적한다. 공차발행이 시장이자율을 상승시키고 이자율 상승이 민간투자를 감소시켜 결국 균형국민소득이 감소된다는 것이다. 승수효과에 따라 증가된 국민소득 대부분이 구축되어 사라진다는 것이므로 적자재정정책에 반대한다.

공채발행에 따른 적자재정정책의 문제는 공채발행에 따른 부담이 미래세대에게 전가된다는데 있다. 공채발행 당시 소비나 투자가 감소되는 것은 자발적인 반면, 미래 조세부담은 강제적이므로 미래세대가 부담한다는 것이다.

그런데 대등정리(Ricardo-Barro)에 의하면 조세나 공채가 총수요에 미치는 영향에 차이가 없다. 조세는 가처분소득을 감소시켜 당연히 현재소비 감소에 영향을 미친다. 정부의 공채발행도, 공채발행 즉시 미래조세부담 증가를 예상하는 사람들의 저축 증가(＝소비감소) 때문에 현재소비 감소로 귀결된다. 조세나 공채나 총수요에 미치는 영향에서 차이가 없다는 의미에서 '대등정리'라 한다.

끝으로 이용시 지불원칙(사용자부담)에 의하면 정부투자지출재원으로 공채가 적합하다. 공채부담이 미래세대 부담인 것은 분명한데 정부투자지출의 편익도 미래세대에 귀착될 것이기 때문이다. 정부투자서비스의 혜택을 보는 사람이 이에 따른 부담을 하는 것이므로 정당하게 부담배분이 된다는 논리이다.

01 2021

적자재정에 따른 국채발행의 효과에 관한 설명으로 옳은 것은?

① 리카르도(D. Ricardo)는 총수요를 변화시킬 수 있다고 하였다.
② 러너(A. Lerner)는 내부채무는 미래세대의 부담을 증가시킨다고 하였다.
③ 통화주의자들은 총수요가 변한다고 하였다.
④ 배로(R. Barro)는 국민저축과 투자에 전혀 영향을 미치지 않는다고 하였다.
⑤ 케인즈학파는 국채발행을 통해 조세부담을 경감시켜 주어도 총수요는 변하지 않는다고 하였다.

☑ 공채발행수입으로 정부지출을 증가하면(또는 조세감축) 케인즈의 경우 승수배만큼 국민소득이 증가한다고 보았다. 그러나 통화주의론자는 구축효과를 들어 총수요에 영향이 거의 없다고 했고 배로는 리카도(Ricardo)의 대등정리를 이용, 공채발행이나 조세부과나 현재소비를 감소시키는, 즉 저축증대 효과가 있다. 하지만 미래 조세부담 증가로 상쇄되므로 총수요에 아무런 영향이 없다는 것이다. 러너의 경우 내부채무(자국민으로부터 재원조달)는 현재세대 부담이지만 외부채무(외국에서 차입)의 경우 미래세대로 부담이 전가된다고 보았다. 🗒 ④

02 2020

국가채무에 관한 설명으로 옳지 않은 것은?

① 리카도 대등정리가 성립하면, 국채상환에 대비한 저축이 증가하여 이자율이 오르지 않아서 구축효과가 발생하지 않는다.
② 국채발행이 증가하면 이자율 상승하고, 원화 환율이 하락하여 경상수지가 악화된다.
③ 러너(A. Lerner)로 대표되는 국채에 관한 전통적인 견해에 따르면, 내부채무의 경우 미래세대로 부담이 전가된다.
④ 이자율 하락은 국채의 시장가치를 상승시켜 정부부채를 증가시키는 효과가 있다.
⑤ 중복세대모형에 따르면 국가채무는 미래세대로 부담이 전가된다.

☑ 1) 대등정리에 의하면 공채발행 이후 미래 조세부담상환에 대한 예상으로 자발적 저축이 증가한다. 따라서 이자율 상승 및 그에 따른 구축효과의 가능성은 없다.
2) 이자율이 상승하면 외국자본의 유입, 즉 외환공급이 증가하므로 환율이 하락한다. 환율하락은 수출 감소 요인이므로 국제수지 감소에 영향을 미친다.
3) 러너에 따르면 외부채무는 미래세대로 전가되지만 내부채무의 경우 전가가능성은 없다.
4) 이자율과 채권가격은 상호 역의 관계에 있다.
5) 국채발행은 현재세대의 소비 감소 및 미래세대의 조세부담 증가를 야기한다. 자발적 매입이라면 현재세대부담은 없으며, 조세부담은 강제적이므로 미래세대부담은 존재한다. 🗒 ③

2. 공채발행의 효과

정부가 공채를 발행할 때 민간부문에서 원활하게 소화되면 문제가 없으나 그렇지 않은 경우 중앙은행에서 공채를 인수하는 경우도 생각해야 한다. 동일한 규모의 공채가 발행되어도 누가 인수하는가에 따라 경제적 효과는 다르다.

첫째, 중앙은행에서 인수하면 중앙은행 창구를 통해 본원통화 공급량이 증가한다. 통화량 증가는 곧 물가 상승을 유발하므로 인플레이션의 문제가 있다. 둘째, 시중에서 민간에 의해 인수되면 시중이자율이 상승한다. 이자율 상승은 민간투자의 감소, 나아가 국민소득이 감소되는 '구축효과'로 귀결된다.

셋째, 공채발행 잔액 증가가 민간소비의 증가에 기여한다는 '러너(Lerner)효과'도 있다. 내 수중에 현금이 없어도 공채가 많아지면 부자가 된 것과 같다. 즉 공채잔고의 증가는 민간 부(wealth)의 증가와 동일하므로 부의 증가, 즉 소비지출가능성의 증가와 같다.

03 2019

공채에 관한 설명으로 옳지 않은 것은?

① 고전파경제학에서는 균형재정을 바람직한 것으로 보았기 때문에 공채발행을 부정적으로 인식하고 있다.
② 케인스경제학에서는 적자재정에 따른 공채발행을 보다 적극적으로 수용하고 있다.
③ 재원조달 측면에서 볼 때 '리카도(D. Ricardo)의 대등정리'가 적용되면 조세에 비해 공채발행으로 더 큰 총수요 증가를 기대할 수 있다.
④ '이용 시 지불원칙(pay-as-you-use principle)'에 의하면 정부의 투자지출에는 공채발행이 바람직하다.
⑤ 공채발행은 그 목적과 달리 결과적으로 소득재분배를 유발할 가능성이 있다.

✓ 리카도의 대등정리에 의하면 공채발행에 의존하는 것과 조세수입에 의존하는 것 사이에 아무런 차이가 없다. 어떤 방식이든 동일한 효과를 기대한다는 의미의 대등정리이다.

답 ③

04 2018

정부 지출증대를 위한 공채발행이 경제에 미치는 영향에 관한 설명으로 옳은 것은?

① 공채를 전액 중앙은행이 인수할 경우, 경기가 과열된 상태에서는 인플레이션을 억제하는 효과가 있다.
② 공채를 전액 중앙은행이 인수할 경우, 화폐공급량이 감소하기 때문에 유효수요 증대효과는 없다.
③ 공채가 전액 시중에서 소화될 경우, 이자율이 상승하고, 민간투자가 억제되는 현상을 구축효과라고 한다.
④ 공채의 잔액이 증가함에 따라 민간의 소비지출이 감소하는 현상을 러너효과라고 한다.
⑤ 공채가 전액 시중에서 소화될 경우, 중앙은행이 인수할 경우보다 유효수요의 증대효과가 크다.

◉ 1) 공채를 중앙은행이 인수하면 시중통화량이 증가하며 따라서 물가상승 우려가 있다.
2) 중앙은행인수효과는 통화량 증가이며 따라서 총수요는 증가한다.
3) 공채가 시중에서 소화되면 자금수요 증가로 이자율 상승, 민간투자억제효과가 있을 수 있고 이를 공채발행의 구축효과라 한다.
4) 공채잔액증가가 자산(부) 증가를 가져와 민간소비 증대로 연결될 수 있고 이를 러너효과라 한다.
5) 시중인수는 이자율상승을 통해 구축될 가능성이 있는 반면 중앙은행에서 인수하면 통화량 증가로 총수요 증가에 기여한다.

답 ③

3. 정부지출승수

공채발행을 통해 마련된 재원으로 정부는 직접 지출을 증가할 수 있고 또는 조세감축을 통해 총수요 증가를 꾀할 수도 있다. 해외와 교역이 없고 정액세만 존재하며 한계소비성향(b)이 일정한 경우 정부지출승수는 $\frac{1}{(1-b)}$이다. 조세감축에 따른 승수(조세승수, 또는 정액세승수)는 $\frac{-b}{(1-b)}$이다.

만약 한계소비성향이 0.8이며 공채발행규모가 100억 원이라고 하면 정부지출 증가에 따른 국민소득증가의 크기(정부지출승수)는 $5\left[=\frac{1}{(1-0.8)}\right]$이므로 국민소득 확장규모는 500억 원이다. 같은 금액을 조세감축(-100)에 사용한 경우 조세승수의 크기는 $-4\left[=\frac{-0.8}{(1-0.8)}\right]$이므로 확장되는 국민소득의 규모가 400억 원이다.

조세감축에 사용되는 경우가 직접 지출을 증가시키는 경우에 비해 효과가 작은 이유는, 정부지출은 100억 원 전액이 총수요증가재원이 되지만 100억 원의 감세(가처분소득 증가)는 전액 총수요 증가 재원으로 사용되지 않기 때문이다. 한계소비성향이 0.8일 때 100억 원의 가처분소득 증가는 80억 원만 총수요 증가에 투입되기 때문이다.

05 2018

세수의 소득탄력성이 $\dfrac{\Delta T}{\Delta Y} \cdot \dfrac{Y}{T} = 1.2$이고, 조세부담률은 $\dfrac{T}{Y} = 0.25$라고 가정한다. 여기서 $\Delta T = \Delta G$라고 할 때, 정부지출승수 값은? (단, T : 조세수입, Y : 국민소득, G : 정부지출)

① $\dfrac{3}{10}$ ② 1 ③ $\dfrac{5}{2}$

④ $\dfrac{10}{3}$ ⑤ $\dfrac{24}{5}$

✓ $\dfrac{\Delta T}{\Delta Y} \cdot \dfrac{Y}{T} = 1.2$ 이며 $\dfrac{T}{Y} = \dfrac{1}{4}$ 이므로 $\dfrac{Y}{T} = 4$이다. $\dfrac{\Delta T}{\Delta Y} \times 4 = 1.2$이므로 $\dfrac{\Delta T}{\Delta Y}$는 $\dfrac{1.2}{4}$이다. $\Delta T = \Delta G$ 이므로 정부지출승수는 $\dfrac{4}{1.2}$, 즉 $\dfrac{10}{3}$이다. 답 ④

06 2017

민간소비(C), 조세(T), 투자(I)가 아래와 같고 재정은 균형 상태이다. 이 나라의 완전고용국민소득이 4,000이라고 할 때, 정부지출을 증가시켜 완전고용을 달성하고자 하는 경우의 추가 정부지출규모(A)와 감세정책을 통하여 완전고용을 실현하고자 하는 경우의 감세규모(B)로 옳은 것은? (단, Y는 국민소득이다.)

$$C = 200 + 0.8(Y-T),\ T = 400,\ I = 400$$

① $A : 120,\ B : 150$ ② $A : 150,\ B : 120$
③ $A : 300,\ B : 450$ ④ $A : 450,\ B : 300$
⑤ $A : 800,\ B : 1,000$

✓ 재정이 균형상태이므로 정부지출(G) = 조세수입(T)이다. 총수요는 C, I, G의 합이므로 $Y = 200 + 0.8Y - 0.8(400) + 400 + 400$이므로 균형국민소득은 3,400이다. 완전고용소득이 4,000이므로 600의 소득이 추가되어야 한다. 한계소비성향이 0.8이므로 지출승수는 5, 조세승수는 4이다. 따라서 완전고용소득에 이르려면 정부지출 120의 증가 또는 조세감축 150이 수반되어야 한다. 답 ①

19 지방재정

1. 중앙정부와 지방정부 : 역할분담

우리나라도 지방자치가 시작된 지 오랜 시간이 지났다. 지방정부가 담당하는 역할이 그만큼 증가했는데 교과서적으로 중앙정부와 지방정부의 역할구분을 할 때 자원의 효율적 배분은 지방정부가 담당하고 소득재분배 및 경제안정은 중앙정부가 담당하는 것이 좋다. 자원의 효율적 배분에서 가장 중요한 것이 공공재에 대한 개인의 선호이므로 지역주민의 선호파악에 지방정부가 훨씬 유리하기 때문이다.

그러나 공공서비스생산에 규모의 경제가 나타나는 경우 중앙정부가 획일적으로 생산하는 것이 비용측면에서 효율적이다. 공공재소비에 외부성이 존재하는 경우 역시 중앙정부에서 공급하는 것이 효율적이다. 무임승차 가능성이 높은 공공서비스가 있다면 이 또한 중앙정부가 공급에 나서는 것이 바람직하다.

공공재의 파급효과를 기준으로 구분하기도 하는데 국방과 외교처럼 전국적으로 파급되는 공공서비스는 중앙정부가 공급하는 것이 바람직하고 쓰레기수거나 가로(街路) 청소같이 파급효과가 지역적으로 국한되는 경우 지방정부가 나서 공급하는 것이 바람직하다. 마지막으로 편익원칙이 적용되는 경우라면 지방정부가 담당하는 것이 좋다. 공공서비스의 편익을 수혜하는 사람이 조세부담을 하는 경우를 의미한다.

01 2020

지방분권제도가 중앙집권제도보다 더 바람직한 경우에 관한 설명으로 옳은 것은?

① 세금 징수에 있어서 규모의 경제가 존재한다.
② 공공재 공급에 있어서 규모의 경제가 존재한다.
③ 공공재에 대한 선호가 모든 지역에서 동일하다.
④ 주민들의 지역 간 이동비율이 낮다.
⑤ 공공재와 세금에 대한 정보를 획득하는 비용이 높다.

☑ 세금징수나 공공재공급에서 규모의 경제효과가 있다면 지방분권에 비해 중앙집권이 더 효율적이다. 지방공공재의 효율적 공급에 관한 티부모형을 보면, 효율적 배분을 위해 주민의 지역간 자유로운 이동, 공공재와 조세에 관한 완전한 정보가 전제되어야 한다. 답 ④

02 2016

재정연방이론에 따른 중앙정부와 지방정부간 기능배분에 관한 설명으로 옳지 않은 것은?

① 공공재공급효과가 미치는 공간적 범위에 따라 중앙정부와 지방정부가 공급해야 할 공공재를 구분해야 한다.
② 조세부담-편익연계가 강한 공공재는 지방정부가, 그렇지 않은 공공재는 중앙정부가 공급하는 것이 바람직하다.
③ 무임승차의 가능성이 높은 공공재의 경우에는 중앙정부가, 그렇지 않은 공공재는 지방정부가 공급하는 것이 바람직하다.
④ 국방과 외교는 중앙정부가, 쓰레기수거와 거리청소는 지방정부가 공급하는 것이 바람직하다.
⑤ 부정적 외부성이 존재하는 공공재는 중앙정부가 긍정적 외부성이 존재하는 공공재는 지방정부가 공급하는 것이 바람직하다.

☑ 공공서비스의 파급범위가 넓으면 중앙정부가 담당하는 것이 유리하며, 조세와 서비스편익의 연계가 강한, 즉 편익원칙에 부합되면 지방정부가 공급하는 것이 좋다. 외부성이 있다면 긍정적이든 부정적이든 중앙정부가 담당하는 것이 유리할 것이다. 답 ⑤

2. 지방분권화

지방분권이 효율적이라는 견해는 오우츠(Oates)와 티부(Tiebout)의 모형을 중심으로 설명된다. 오우츠 모형을 보면 지방공공재의 외부성이 없고 공공재 공급에 따른 한계비용(MC)이 일정한 경우 중앙정부에 의해 공급되는 경우보다 지방정부가 분권적으로 공급하는 것이 효율적이다. 지역주민의 선호에 따라 지역별로 차등적으로 공급되는 것이 중앙정부가 나서 획일적으로 공급하는 경우에 비해 효율적이기 때문이다.

티부는 몇 가지 비현실적 가정(지역간 자유로운 이동, 취업기회 균등, 공공재에 대한 정보 공개 등)을 하며 개인이 스스로 자신의 거주지를 선택할 때, 즉 자기 발로 선호를 표명하면 공공재의 효율적 공급이 가능하다는 것을 입증하였다. 티부모형을 '발에 의한 투표'라 말하는 이유이기도 하다.

우리나라의 경우 지방재정자립도(지방정부 자주재원/총세입)가 너무 낮아 지방자치의 의미가 크게 퇴색되지만 개인적으로 자신의 선호지역을 거주지로 선택할 수 있고 지역주민의 다양한 의사가 반영되어 서비스공급이 이루어진다는 장점이 있다. 지방분권화의 정도는 중앙집권화율, 즉 정부총지출에서 중앙정부의 직접지출이 차지하는 비중을 기준으로 측정할 수 있다. 중앙집권화율이 높을수록 지방분권의 정도는 미약한 것이다.

03 2021

지방분권제도에 관한 설명으로 옳지 않은 것은?
① 지역의 특성을 반영한 제도의 도입이 용이하다.
② 지역주민의 욕구를 반영한 행정을 실현할 수 있다.
③ 자치단체 간 경쟁을 유발하여 효율적인 생산을 촉진한다.
④ 중앙정부의 교부금으로 인해 지방의 재정자립도가 높아진다.
⑤ 지역 간 재정능력의 불균형으로 지역 간 격차가 커질 수 있다.

☑ 분권화는 지역주민의 욕구를 반영하여 공공서비스가 제공될 수 있다는 효율성 측면에서 긍정적이다. 그러나 지역간 재정능력차이가 큰 경우 지역간 불균형이 심화될 우려도 있다. 이를 해소하기 위해 중앙정부가 지방정부에게 보조금을 지급하는데 보조금의 크기가 늘어나면 균등화효과는 있지만 지방재정자립도는 더 낮아진다.

답 ④

04 2021

티부(C. Tiebout) 가설에 관한 설명으로 옳지 않은 것은?

① 개인의 완전한 이동성이 보장되어야 한다.
② 지방정부가 취한 행동이 외부성을 발생시키지 않아야 한다.
③ 상이한 재정 프로그램을 제공하는 지역사회의 수가 충분히 많아야 한다.
④ 각 지역사회가 공급하는 재화와 조세에 대해 주민이 완전한 정보를 가지고 있어야 한다.
⑤ 공공재의 생산 규모가 증가할수록 단위당 생산비용이 하락하는 규모의 경제가 발생하여야 한다.

✓ 티부가설은 '발에 의한 투표'로 개인이 자신의 의사에 따라 거주지를 선택하면 효율적 배분이 가능하다는 것이다. 티부가설이 성립되려면 완전한 이동성, 많은 수의 자치단체, 완전한 정보 등이 전제되어야 한다. 그런데 단위당 생산비용 하락이란 규모의 경제를 의미하는 것이므로 분권화보다 중앙집권화를 지지하는 전제조건이다. 답 ⑤

05 2019

지방분권에 관한 설명으로 옳지 않은 것은?

① 정부부문의 총지출 중 중앙정부의 직접적 지출이 차지하는 비율을 중앙집권화율이라 하며, 분권 수준을 파악하는 지표로 사용한다.
② 오우츠(W. Oates)는 공공재 공급비용이 동일하다면, 지방공공재는 중앙정부보다 지방정부가 공급하는 것이 효율적일 수 있다고 주장하였다.
③ 오우츠의 분권화 정리는 공공재 공급에 있어서 규모의 경제가 있고, 인접 지역으로의 외부성이 없는 경우에 성립한다.
④ 티부(C. Tiebout)는 개인들의 지역 간 이동이 자유롭다면, 개인들이 선호하는 지방정부를 선택하는 '발에 의한 투표'를 주장하였다.
⑤ 티부모형 지방정부의 재원은 재산세로 충당하는 것을 상정하고 있다.

✓ 오우츠 분권화정리는 공공재 공급비용이 일정한 경우를 가정한다. 공급비용에 규모의 경제가 있다는 것은 대량생산에 따라 비용이 절약된다는 의미이므로, 이런 경우 중앙정부가 담당하는 것이 옳다. 답 ③

06 2018

지방 분권화에 관한 설명으로 옳지 않은 것은?

① 분권화로 지역들이 차별성을 가지고, 여러 지역 중에서 투표자가 자신이 원하는 곳을 선택할 수 있다면 결과적으로 후생이 증가될 수 있다.
② 분권화로 지방정부는 각 지역의 특성에 부합하는 다양한 정책들을 시도할 수 있다.
③ 한 지역의 공공재가 다른 지역에도 영향을 주는 외부성을 가지고 있는 경우 분권화는 효율적인 공공재 배분을 가능하게 한다.
④ 조세행정에는 규모의 경제가 존재하기 때문에 국세 행정을 이용하여 징수하고 이후 지방으로 배분하는 형태로 조세행정과 재정배분이 이루어지기도 한다.
⑤ 지방자치단체장은 선거를 통해 선출되기 때문에 지역 주민들의 수요에 민감하게 반응한다.

✓ 1) 자신이 선호하는 지역으로 이동가능하면 효율적 배분이 가능하다.
2) 각 지방정부는 다양한 정책을 시행할 수 있고 이를 기반으로 인구유입도 기대가능하다.
3) 지역공공재의 외부성이 존재한다면 효율적 배분을 위해 중앙정부가 나서야 한다.
4) 행정적으로 규모의 경제가 있으면 중앙정부가 징수를 담당하는 것이 효율적이다.
5) 우리나라의 경우 지방자치단체장은 선거에 의해 선택된다. 따라서 유권자인 주민선호에 민감하지 않을 수 없다.

🗒 ③

3. 끈끈이효과

이론적으로 보면 중앙정부가 지방정부에게 지급하는 보조금 유형에 따라 효과 역시 다르게 나타난다. 조건부 정율보조금의 경우 지방공공재 상대가격이 하락하므로 (상대가격 하락으로 비효율적이기는 하지만) 공공재 추가공급에 매우 효과적이다. 하지만 무조건부 보조금의 경우 아무 조건 없이 지방정부에게 이전되는 재원이므로 소득효과만 나타나 지방공공재의 공급 증대효과는 물론 지역주민의 사적재 소비량(주민의 조세부담 감소)도 증가할 수 있다.

하지만 무조건부 보조금이나 조건부 정율보조금 모두 지방공공재의 확대에만 사용된다는 것이 현실이다. 이론적으로 기대했던 무조건부 보조금이 기대했던 주민의 조세감면 또는 소득증대에 현실적으로 기여하지 못한다는 의미이다. 중앙정부가 지방정부에게 지급한 보조금은 유형에 관계없이 지역관료의 주머니 속 끈끈이에 달라붙어 있어 지역주민이 이를 떼어 먹기가 매우 어렵다는 뜻에서 '끈끈이 효과'라고 한다.

끈끈이 효과의 이유로 지방관료의 예산규모 극대화동기를 들기도 하고, 주민들이 중앙정부의 보조금을 지방공공재 생산비 하락으로 인식하여 이런 결과가 나타난다는 주장도 있다. 어쨌든 중앙정부의 보조금이 지역주민에게 한계조세가격 하락이라는 '재정착각'을 야기했다는 점을 배제할 수 없다.

07 2016

중앙정부의 지방자치단체에 대한 교부금 지원이 초래하는 끈끈이효과(flypaper effect)에 관한 설명으로 옳지 않은 것은?

① 지방정부의 공공재 지출증대 효과는 중앙정부의 정액교부금 지원을 통한 경우가 중앙정부의 조세감면-주민소득 증가에 의한 경우보다 효과가 더 크다.
② 중앙정부의 교부금으로 인해 지방공공재의 생산비가 하락한 것으로 주민들이 인식하는 경향이 있다.
③ 지역주민이 중앙정부의 교부금 지원에 따른 한계조세가격의 하락으로 인식하는 재정착각에 빠질 수 있다.
④ 관료들이 중앙정부로부터 교부금을 받았다는 사실을 공개할 때 나타나는 현상이다.
⑤ 지방자치단체 관료들의 예산극대화 동기와 무관하지 않다.

✓ 중앙정부가 지방정부에게 지원한 교부금은 유형에 상관없이 공공재공급 증가에 사용되어 진다. 중앙정부의 보조금이 지역주민에게 공공재 생산비용의 하락으로 인식되기 때문이다. 지방관료의 보조금 수혜사실 공개여부와는 무관하다.

답 ④

4. 우리나라 보조금

중앙정부가 지방정부에게 지급하는 보조금은 무조건부 보조금, 조건부 정액보조금, 조건부 정율보조금으로 구분된다. 무조건부 보조금은 아무 조건 없이 재정수입이 부족한 자치단체에 지원하는 것으로 소득효과만 야기하므로 효율적인 반면 징세노력(tax effort)에 역행한다는 단점이 있다.

조건부 정액보조금은 지방정부에게 보조금을 지급하되 사용처를 한정하고 지급하므로 지방정부 입장에서는 자주권이 없다. 이론적으로 공공재는 물론 사적재 소비량 증가에도 기여할 수 있다. 하지만 조건부 정율보조금은 중앙정부와 지방정부의 경비부담비율을 정해놓고 여기에 맞추어 보조금이 지급되므로 지방정부 입장에서 공공재 상대가격이 하락하는 효과가 있다. 따라서 대체효과에 의한 비효율성이 있고 부유한 자치단체가 더 많은 보조금을 받아 지방자치단체간 '빈익빈 부익부' 효과가 있으나 징세노력에 긍정적이며 공공재 추가공급에 효과적이라는 장점이 있다.

우리나라는 지방교부세와 국고보조금의 명목으로 중앙정부가 지원하는데 사업별로 지원하고 지방자치단체의 부담도 명시하는 국고보조금은 조건부 보조금에 해당된다. 지방교부세는 재정수요에 비해 재정수입이 부족한 단체를 대상으로 지급하므로 빈곤한 자치단체에 지급하는 무조건부 보조금에 해당된다.

08 2020

정부 간 재원 이전제도인 교부금에 관한 설명으로 옳지 않은 것은?

① 보조금이 지급될 경우, 지방세가 줄어들어 그로 인해 민간지출이 증가하기보다 지방정부의 지출이 더 많이 늘어나는 현상을 끈끈이 효과로 볼 수 있다.
② 대응교부금의 경우, 공공재 선택에서 대체효과를 발생시키기 때문에 비효율적이다.
③ 무조건부 교부금의 경우, 소득효과만을 발생시키기 때문에 비효율을 억제할 수 있다.
④ 우리나라 국고 보조금과 보통 교부세는 조건부 교부금이다.
⑤ 지방자체단체의 후생수준 증가라는 측면에서 볼 때, 무조건부 교부금은 최소한 대응교부금보다 우월하다.

✓ 무조건부 보조금은 소득효과만 있고 대응보조금은 상대가격 교란의 결과 대체효과가 발생하므로 효율성 측면에서는 무조건부 보조금이 우월하다. 우리나라의 경우 지방교부세는 무조건부 보조금, 국고보조금은 조건부 대응보조금에 해당된다.

답 ④

09 2017

지방재정조정제도의 하나인 보조금제도에 관한 설명으로 옳지 않은 것은?

① 우리나라의 국고보조금은 조건부보조금(conditional grant)이다.
② 우리나라의 보통교부세는 무조건부보조금(unconditional grant)이다.
③ 무조건부보조금은 그 중 일부가 지역 주민의 조세부담을 완화시키는데 사용될 수 있다.
④ 비대응보조금(non-matching grant)은 지역 주민의 사적재 소비를 늘리도록 영향을 미칠 수 있다.
⑤ 대응보조금(matching grant)은 공공재의 소비를 증가시키고 지방정부의 재정부담 완화로 사적재의 소비도 증가시킨다.

✓ 우리나라 국고보조금은 조건부 대응보조금, 지방교부세는 무조건부 보조금에 해당된다. 무조건부보조금은 일부 사적재소비량 증가(지역주민 조세부담 완화효과)에 영향을 미친다. 조건부 대응보조금은 지방공공재의 상대가격을 하락시켜 지방공공재 소비량 증가에 크게 기여하지만 사적재소비량 증가에 기여할 수 없다.

답 ⑤

10 2020

분권화된 체제에서의 지방세에 관한 설명으로 옳지 않은 것은?

① 지역발전을 위한 조세경쟁이 발생한다.
② 조세수출이 발생한다.
③ 지방세율 차이로 인해 지역의 물가가 달라질 수 있다.
④ 지역 간 형평성을 위해서는 지방세율이 동일해야 한다.
⑤ 지방세는 주로 이동성이 작은 자산에 과세하는 것이 바람직하다.

✓ 지방세의 원칙 중 가장 중요한 것이 안정성이다. 주민들에게 생필품과 같은 지역공공재가 안정적으로 공급되려면 지방세수입이 안정적이어야 한다는 것이다. 따라서 이동성이 작은 자산이 과세대상이 되는 것이 바람직하다. 보유과세인 재산세가 가장 적절한 지방세목이라 말하는 이유도 여기에 있다. 각 지방자치단체는 자기 지역에 공장이나 산업단지 유치를 위해 경쟁적으로 낮은 지방세율을 적용하려고 하는, 소위 조세경쟁이 야기된다. 그리고 분권적으로 조세가 결정되면 A지역의 조세를 B지역 주민이 부담하는 조세수출의 문제도 간과할 수 없다. 그리고 지역간 형평성의 문제는 중앙정부가 나서 재원을 재배분하는 것이 바람직하다. 답 ④

최영한

■ 약력
휘문고등학교 졸업
서울대학교 사범대학 졸업
건국대학교 대학원 경제학과 졸업
Utah State University(at Weber) Research Fellow

現) 웅지세무대학교 세무회계정보계열 교수

■ 저서
〈한국의 재정〉
〈재정학〉
〈경제학〉
〈재정학 연습〉
〈현대 사회와 조세〉

PUBLIC FINANCE

최종점검 재정학

초 판 | 2021년 9월 5일 발행
지은이 | 최영한
펴낸이 | 이은경
펴낸곳 | (주)세경북스
주 소 | 서울특별시 서초구 신반포로3길 8, 606호(반포동 반포프라자)
전 화 | 02-596-3596
팩 스 | 02-596-3597
신 고 | 제2013-000189호
정가 : 10,000원

본 출판사의 동의 없이 내용을 복제하거나 전산장치에 저장·전파할 수 없습니다.
Printed in Korea
ISBN : 979-11-5973-273-7 13320

저자와의
협의 하에
인지를
생략함